中国传统政治文化书系

主　编　齐　涛
副主编　蒋海升　谢　天

中国传统法治文化

王玉喜　韩仲秋　著

泰山出版社 · 济南 ·

图书在版编目（CIP）数据

中国传统法治文化 / 王玉喜，韩仲秋著；齐涛主编；蒋海升，谢天副主编. -- 济南：泰山出版社，2023.1
ISBN 978-7-5519-0689-0

Ⅰ. ①中… Ⅱ. ①王… ②韩… ③齐… ④蒋… ⑤谢… Ⅲ. ①法治—文化史—中国—古代 Ⅳ. ①D909.22

中国版本图书馆CIP数据核字（2021）第242670号

ZHONGGUO CHUANTONG FAZHI WENHUA
中国传统法治文化

策　　划 胡　威
主　　编 齐　涛
副 主 编 蒋海升　谢　天
著　　者 王玉喜　韩仲秋
责任编辑 程　强
装帧设计 路渊源

出版发行 泰山出版社
社　　址　济南市泺源大街2号　邮编　250014
电　　话　综　合　部（0531）82023579　82022566
出版业务部（0531）82025510　82020455
网　　址　www.tscbs.com
电子信箱　tscbs@sohu.com
印　　刷 山东华立印务有限公司
成品尺寸 165 mm × 240 mm　16开
印　　张 22
字　　数 310千字
版　　次 2023年1月第1版
印　　次 2023年1月第1次印刷
标准书号 ISBN 978-7-5519-0689-0
定　　价 69.00元

总序

政治文化是基于政治制度和政治行为而形成的政治思想、政治观念与价值取向。它既是对政治制度和政治行为的抽象，又是社会文化中的客观实在，对政治制度与政治行为产生着重要影响。中国传统政治文化则是对中国传统政治制度和政治行为的抽象，具有丰富而深刻的内涵，影响着中国传统政治的构建，也影响着近代以来中国政治道路的选择。

相当长的一个时期以来，我们对传统政治文化没有给予应有的关注，更没有给予客观的评价。多数情况下，我们将其视为封建专制主义的糟粕，将其贴上落后、保守甚至反动的标签，其中一个重要原因是受西方学术范畴与话语体系的影响。

早在启蒙运动时代，一些著名的欧洲启蒙思想家便借中国古代政治之例抨击欧洲封建专制主义。孟德斯鸠在《论法的精神》中认为，历史上存在过三种政体，即共和政体、君主政体与专制政体：共和政体是全体人民或仅仅一部分人民握有最高权力的政体；君主政体由单独一个人执政，不过遵照已确立且被固定了的法律执政；专制政体既无法律又无规章，由单独一个人按照一己的意志与反复无常的性情领导一切。他认为，中国古代就是专制政体，在这种政体下，人的命运和牲畜一样，就是本能服从与接受惩罚，即使西方的暴君统治也强过东方的专制统治。

冷战时期，有的学者基于强烈的意识形态偏见，不遗余力地揭示东方专制主义的“罪恶”，其中最具代表性的就是美国历史学家魏特夫的《东方专制主义：对于极权力量的比较研究》一书。该书认为：东方国家的治水导致了专制政体与东方专制主义，“由此产生的权力是一种极权力量。在这样的治水社会中，政治上是君主暴政，经济上消灭土地私有制，文化上是奴性状态。生活在这种治水社会中的民众必然屈从于中央集权，处在全面恐怖之中，最终陷入全面的孤独”①。当然，也有许多严肃的西方学者从不同角度探讨和研究中国传统政治文化，但往往不得要领，比如，近代政治学的代表性学者马克斯·韦伯曾着力于中国古代政治研究，并认定中国古代政治体制是家产官僚制。所谓家产官僚制，就是以家产制国家为基础，家产制与官僚制相结合的政治体制。马克斯·韦伯认为：“当君侯以一种人身的强制，而非领主式的支配，扩展其政治权力于其家产制之外的地域与人民，然而其权力的行使仍依循家权力的行使方式时，我们即称之为家产制国家。”②当家产制国家继续扩大时，必然要借助于官僚制度，国家愈大，对官僚制度的依存就愈是绝对。马克斯·韦伯在《儒教与道教》一书中提到，自秦王朝开始，各王朝都是“家产官僚制”，在这一体制下，君主将国家政权作为私人权力与私人家产，置于其官僚制行政的管理之下。这一体制下的官僚不同于近代官僚，他们更像是君主的家臣与“包税人”，他们必须与君主建立人身依附关系，获准在其任职范围内充分的收益权，他们可以将其行政内所得的收入作为俸禄，事实上与

① 金寿福：《东方专制主义理论是冷战产物》，《历史评论》2020年第2期。

② 马克斯·韦伯：《韦伯作品集Ⅲ：支配社会学》，康乐、简惠美译，广西师范大学出版社，2004，第103页。

其私人收入并无区别。

对于孟德斯鸠出于工具目的对东方专制主义的批判可以另当别论，但其影响力不容忽视；对于魏特夫等人的观点，学界虽进行了较为充分的讨论，但并非从根本上解决了相关理论问题；对于为数颇多的严肃学者所进行的相关研究，国内学术界也进行了积极的回应与讨论，但对中国传统政治文化研究长期未见全面深入的突破，并未构建起完整的、客观的研究体系。究其原因，在于分析工具的选择。西方学者所使用的学术范畴与话语体系，都是在对西方文明的发展研究基础上形成的，他们往往以之为标准来评判中国传统政治文化。马克斯·韦伯这位严肃的学者，尽管注意到了中国传统社会种种内在逻辑与独特存在，但仍不愿放弃其既有的范畴，而是以家产制与官僚制这两个既有范畴打造出“家产官僚制”之履，削足适履，将中国传统政治塞入其中。国内学术界与西方学术界关于中国传统政治文化的对话、对中国传统政治文化的研究，也多是借用舶来的西方政治学的理论与范畴，难免力不从心，甚至还可能带来更严重的后果。中国台湾学者林端在21世纪初不无忧虑地认为，马克斯·韦伯对中国传统政治与法律存在诸多误解，“如果这些误解不断存续下去，甚至中国人的世界也越来越接受这种误解的说法，会是很可怕的事情，到最后中国人自己不了解中国文化的特征，却顺着西方人的眼睛来看自己的中国，看自己的文化”[①]。在以往的学术讨论中，我们总是说西方人戴着有色眼镜看中国问题，实际上，最大的问题在于我们自己也戴着西式有色眼镜看自己的问题。所以，我们的当务之急是摘下这副眼镜。

摘下西式有色眼镜，我们会蓦然发现，在人类政治文明进程

① 尤陈俊：《中国传统法律文化的重新解读与韦伯旧论的颠覆——〈韦伯论中国传统法律：韦伯比较社会学的批判〉评介》，《法制与社会发展》2006年第2期。

中，并不存在唯一正确的普世的政治思想、政治观念与价值取向。习近平总书记在2021年世界经济论坛“达沃斯议程”对话会上的特别致辞中指出：“世界上没有两片完全相同的树叶，也没有完全相同的历史文化和社会制度。各国历史文化和社会制度各有千秋，没有高低优劣之分，关键在于是否符合本国国情，能否获得人民拥护和支持，能否带来政治稳定、社会进步、民生改善，能否为人类进步事业作出贡献。各国历史文化和社会制度差异自古就存在，是人类文明的内在属性。没有多样性，就没有人类文明。多样性是客观现实，将长期存在。”①习近平总书记在中共十九届四中全会第二次全体会议的讲话中还指出：“一个国家选择什么样的国家制度和国家治理体系，是由这个国家的历史文化、社会性质、经济发展水平决定的。”②

西方近代政治文明就不是资本主义时代的专利，而是在欧洲独有的历史文化基础上产生的，如美国学者拉塞尔·柯克所说：“（美国）秩序的根基可蜿蜒曲折地追溯到希伯来人对上帝之下的有目的的道德生活的认知。它们涵括了古希腊人在哲学和政治上的自我意识；罗马人的法治与社会组织经验涵育了这些根基；它们与基督教对人之责任、希望和救赎的理解盘根错节地交织在一起；它们从中世纪的习俗、学问和英勇精神中吸取生命的养料；它们紧紧地抓住16世纪酝酿的宗教情绪；它们源自英格兰千辛万苦争来的法律之下的自由；殖民时期美国一百五十年的共同体经验强化了这些根基；它们得益于18世纪的辩论；它们借着《独立宣言》和美国宪法崭露峥嵘；它们经过美国内战的严酷考验后又全面恢复生机。”③

① 习近平：《让多边主义的火炬照亮人类前行之路——在世界经济论坛“达沃斯议程”对话会上的特别致辞》，《人民日报》2021年1月26日第2版。

② 习近平：《习近平谈治国理政》（第三卷），外文出版社，2020，第119页。

③ 拉塞尔·柯克：《美国秩序的根基》，张大军译，江苏凤凰文艺出版社，2018，第474页。

同样，中国现代政治文明也是在中国独有的社会土壤中生长起来的，其中，传统政治文化是十分重要的组成部分，如习近平总书记所指出的："像这样的思想和理念，不论过去还是现在，都有其鲜明的民族特色，都有其永不褪色的时代价值。这些思想和理念，既随着时间推移和时代变迁而不断与时俱进，又有其自身的连续性和稳定性。"①

因而，对中国传统政治文化的发掘与构建不仅可以让我们认识过去的中国，更可以助益于当代中国政治文明的发展，助益于中国特色社会主义制度和国家治理体系的进程。我们必须摘下西式有色眼镜去看中国自己独特的政治制度与政治行为，去把握与构建中国人自己的传统政治文化。

摘下西式有色眼镜，我们可以发现，在五千年中华文明发展进程中，我们创造了独具风格的传统国体，"天下"与"社稷"是基本的国家范畴。

中国早期政治家们坚定地认为，"天下"是他们政治作为的地理空间，也是国家政权覆盖的地理范围。从西周王朝的"普天之下，莫非王土；率土之滨，莫非王臣"，到孔子所秉持的"修身齐家治国平天下"，陈述的是同一政治表达。在这一政治框架中，"国"只是政权存在，无论是万国时代，还是西周各诸侯国都是如此。天子是天下的最高统治者，是各国的宗主，具有至高无上的地位。对于远近不同、关系不同的各国政权，均认定为同一天下，分为五服，设定不同的责任与义务，以德怀远、万国来朝是最为理想的天下治理状态。在秦汉统一王朝时代，虽然诸侯之国消失，但天下观并未改变，历代王朝仍认定自身为天下宗主，以天下为己任。

在这一政治框架中，正统与正朔成为非常重要的政治符号，统

① 习近平：《习近平谈治国理政》（第一卷），外文出版社，2014，第171页。

治者都认定自己是天下正统所在，而正统的标志就是奉其正朔。正朔是历法，使用其颁行的历法，就是奉其正朔，认可其正统地位。因而，对于天下各政权，历代王朝或有征讨，但并无掠夺，只要称臣纳贡，奉其正朔，便可换来封名，获得应有的保护。

在这一政治框架下，统一的王朝是历史发展的基本形态，每一个分裂时代都是被动的，分裂时代的任何一个王朝无不以正统自居，都想让其他王朝奉其正朔，都不肯偏安一方。海内为一的大一统是每个王朝共同的追求。

中国早期政治家们还敏锐地将天下细分为社稷、民、君三个组成部分。在《孟子·尽心下》中，孟子旗帜鲜明地认为："民为贵，社稷次之，君为轻。"这一论述的意义不仅仅是认识到了民众在社会历史中的地位，更是将社稷与君分离开来，以君主为代表的统治者只是社稷的管理者，并非社稷本身，这成为中国古代最为重要的政治传统。齐宣王曾问孟子，商汤推翻夏桀、周文王讨伐商纣王，是否真有此事？孟子说有。齐宣王又问，臣弑其君可否？孟子回答是，凡背弃仁义、残害百姓者，就是独夫民贼，人人可诛之。可以说，"民惟邦本"的政治理念在中国古代深入人心。唐太宗曾把君主与百姓的关系比之为舟与水的关系，说"水可载舟，亦可覆舟"，这也是认可君权并非神圣不可转移。因而，当统治者不足以维持其统治时，总是被农民起义拉下马来，实现改朝换代。

必须指出的是，在一次又一次的历史更替中，天下未变，文化人伦未变，天下之民及其共同的精神追求与心理取向未变，社稷也未变。所谓王朝的周期更替只是政权变动，而非国家变动。五千年的中华文明从未中断，赓续至今。

摘下西式有色眼镜，我们还会发现中国传统政体的明显特性，可以看到中国古代政治文明之路是一条不同于西方社会的文明之路，它有着集权一统的行政体制、充分发育的政府职能和平等开放的社会结构。

就传统行政体制而言，韩非为秦始皇设计了“事在四方，要在中央。圣人执要，四方来效”[①]的行政体制总则。这里所说的“圣人”就是君主。中央对于地方，“如身之使臂，臂之使指，莫不制从”[②]，指挥自如；君主对于全国，则是“天下之事无大小皆决于上”[③]。此总则通行于整个中国古代社会，各王朝自上而下设置层层相属的地方行政机构，又设置了分工明确、职责清晰的职能部门，确保各地权力集于中央王朝，中央王朝权力集于君主。

在这样一种体制下，基本不存在独立的政治实体。古代中国没有西方中世纪相对独立的自治城市，王朝的体系一直延伸到城市里坊；也没有西方中世纪自行其是的封建领主和自治村庄，王朝的体系也囊括了所有村落；更没有西方中世纪宗教的威权，各种宗教都在王朝行政体系的管理之中。还必须说明的是，中国古代各王朝均非所谓“家产制”国家，皇室财产与王朝财产始终有清晰的界限，君主私人财务与社会公共财政也并未合一。

就传统政府职能而言，“父母官”可以说是对传统政府职能的最好概括，王朝政府几乎是唯一的主体。中国古代各级政府是实施社会管理的全能的一元化政府，从中央到地方，有着构造齐全、涵盖几乎所有事务的机构与管理者。无论是国计民生，还是司法、治安、民政以及宗教、教化等，都在各级政府的一元化管理体系之中。如经济事务的管理，从农业到工商业，无一遗漏。中央王朝既有大农令、大农丞、劝农使，又有均输官、平准官，还有工部、户部、少府等。县一级则有工曹、户曹、市曹等，连县城中的市场也有市令与均平令进行市场秩序与物价管理。社会精神文化生活也是在一元化的管理下，倡导什么礼俗，尊崇什么宗教，甚至于表彰

① 高华平、王齐洲、张三夕译注：《韩非子》，中华书局，2010，第59页。
② 班固：《汉书》，中华书局，1962，第2237页。
③ 司马迁：《史记》，中华书局，1959，第258页。

孝子烈妇、调和邻里之争，都在政府的统辖之下，可以说是事无巨细，无所不包。尤其是基层地方政府，几乎就是一地之大家长。

在这样一种体制下，没有行政权力之外的权力存在，没有类似西方中世纪的各种社会中间组织分割其事权，也没有西方中世纪那样的各式法庭分割其司法裁判权，更没有西方中世纪的议会分割其税收或其他社会权力。中国古代社会存在着宗族与其他各色民间组织，但都不具有较为完整的权力，只是在行政权力的认可或赋予下，拥有一定的社会权力，是行政权力的补充或延伸。

就传统社会结构而言，中国古代社会的最大特点就是“编户齐民”制度，其实质是相对平等、开放的社会角色体系。中国古代社会存在着明显的角色差异、社会地位差异，但没有严格的社会鸿沟，不同角色的人们拥有一个共同的身份，即编户齐民，所有人户都在政府的编制管理之中，都可能实现社会角色的转换。

在这样一种体制下，中国古代的农民有可能转而为官或是经商，“朝为布衣，暮为卿相”并非个例；而西方却是严格的身份世袭制，中世纪的农民没有此通道。中国古代的“士”是文化的掌握者与传承者，也是社会流动的中转站；西方中世纪的文化都垄断在教会之手，直接制约了社会的活性。中国古代社会实行家产继承的诸子均分制，每一个子嗣都可以均等地继承家业，保障了社会结构的稳定；西方中世纪则是长子继承制，大量余子与骑士的沉淀成为其社会结构的一个顽疾。

摘下西式有色眼镜，我们又会发现，中国传统治理体系也独具风格，难以用现有政治范畴进行诠释，无论是中国传统政治治理体系、经济治理体系，还是文化治理体系，都是如此。

就中国传统政治治理体系而言，现有的民主、法治、专制等范畴都难以表达中国传统政治治理体系的本来。如，中国古代政治是民主政治吗？当然不是。是专制政治吗？也不全是。中国古代有君主专制，但君主的权力往往受到制约，实际是有限君权，最为典型的是唐朝的三省六部制，从诏令的起草、复核到执行，都有庞大的官僚部门负责，彼此制约。而且，还有较为完整的朝堂议事制度、监察制度、谏议制度，朝堂之上，并非君主一言九鼎。另外，中国古代王朝均有十分完整庞大的法律规定，从民事、刑事到社会事务、行政运转都有详尽规定，依法行政的色彩十分明显，但又难以认定这就是法治社会，因为从君主到各级地方官员，他们在各种事务中的自由裁量权还是比较突出的。这就是中国传统政治治理体系的实际：既非民主，又非专制；既非法治，又非人治。

就中国传统经济治理体系而言，现有的国有化、私有化等范畴，也都难以准确表达传统经济治理体系。以土地制度为例，在中国古代相当一个时期，土地一直没有明确的国有或私有的属性，虽然自秦王朝统一后，宣布“令黔首自实田”，似乎认可了农民的土地所有权，农民可以转让与买卖土地，但此后，各王朝仍不断进行土地的重新调整与分配：从西汉的授田制、王莽的王田制，到西晋的占田制、北朝与隋唐的均田制，王朝政权总在不断地否定私有，保障农民的土地占有；直到明清时期，农民仍不具备西方私有权属意义上的完整的土地私有权。以工商政策为例，中国早期国家形成于三次社会大分工完成之前，使工商业在出现之初就打上了明显的国家印记。春秋战国以来，虽然允许私营工商业发展，但“工商食官”制度并未终结，官营工商业一直未退出历史舞台，而且还处在不断发展中，从而出现了官营工商业和私营工商业并存，官营工商业一直处于垄断与主导地位的格局，这一格局贯穿中国古代社会两千年。

就中国传统文化治理体系而言，现有的文化专制、思想自由等范畴同样无法诠释中国传统的文化治理体系。以思想自由定性中国传统文化治理显然荒谬，但是，以文化专制指认中国传统文化治理同样不妥。中国历代王朝都重视文教，推广教化，中国古典文化的繁荣世所公认。更为重要的是，中国古代社会没有出现西方中世纪宗教力量钳制思想的现象，人们拥有较为宽松的信仰选择，除了以祭天为核心的垄断性信仰外，并无多少禁区。

中国传统政治的上述特性，当然是在中国长期稳定的农耕文明土壤中形成的，其中最根本的一点就是中国古代政治文明独特的发生与发展道路。中华文明有着独特的发生途径与成长历程，传统中的胎记遗存清晰可辨。一万多年前相当长的一个时期，由于受大理冰期的影响，全球性气温下降，冰川扩张，海平面大幅度降低，渤海、黄海、东海成为新的大陆，朝鲜半岛、日本列岛以及台澎诸岛都与东亚大陆连为一体。在这方新的土地上，我们的先民们拥有了更为广阔的生存空间，自北向南，依次活动着渔猎采集群落、初始农耕群落、高级采集狩猎群落。我们上古传说中的尧、舜、禹、共工、三苗、蚩尤等，都生存于其中。而当时的旧大陆，尤其是北部大陆，由于严寒与干旱，冻土带南移，人口较为稀少。一万年前左右，随着大理冰期的结束，全球性气温转暖，冰川融化，暴雨成灾，海水上涨，接踵而至的洪水淹没了新大陆，也湮没了新大陆上的所有文明。人们的生存空间大大缩小，幸存的群落与群落间发生了旷日持久的冲突，尧、舜、禹与共工、三苗的战争都在此列。[①]

在中华文明的发生史上，存在着一个一直没能解决的问题，那就是早期文明的源头究竟在何处？现在看来，答案应当有了，即这一时期的洪水与战争是中国早期文明的源头。在治洪、御洪的过程中，尧舜禹集团内部开始萌生社会分工、公共权力以及刑罚，尧舜禹的禅代、鲧的放逐以及四岳的存在，都为我们透露出了这样的信息。更为重要的是，洪水进逼所引起的大规模的群体战争同样在促成权力与统治的萌生。《吕氏春秋·荡兵》曾言："人曰'蚩尤作兵'，蚩尤非作兵也，利其械矣。未有蚩尤之时，民固剥林木以战矣，胜者为长。长则犹不足治之，故立君。君又不足以治之，

① 齐涛主编：《世界史纲·绪论》，泰山出版社，2012，第1～7页。

故立天子。天子之立也出于君，君之立也出于长，长之立也出于争。”“立长”“立君”“立天子”，实际上是国家形成三阶段的写照。尧、舜、禹与共工、三苗的战争，标志着“立长”阶段的开始，也意味着中国早期文明的滥觞。

中国早期文明萌生后所面临的主要压力仍是群体间的冲突与对抗。随着生产的进步、人口的膨胀，这种对抗愈演愈烈。群体内部的组织体系也开始完备。这种组织体系的完备首先是在聚落中实现的，尔后又逐渐延伸，进而形成了早期方国，其时间大约在五六千年前，这也就是古史上所谓的“万邦时代”。随着方国间对抗与联系的逐步加强，方国共同体开始出现，夏王朝的建立标志着更大范围方国共同体的出现，也标志着大一统王朝的萌生。此时的方国共同体并非方国联盟，而是诸方国对方国共同体的主导者的服从与认可；而作为方国共同体主导者的夏，对其他方国也并非征服与掠夺，而是视为同类，致力于人文教化的一统。商之代夏、周之代商，只是一个主导者对另一个主导者的取代，人文教化一统的方国共同体并未改变。在此基础上建立的国家政权已带有浓重的统一国家色彩。经过春秋战国的历史整合，至秦王朝建立，大一统的中央集权王朝已经形成，西方近代意义上的国家已经出现在两千多年前的中国，大一统传统由来已久，根深蒂固。

由于中华文明的萌生缘于冰后期群体间的对抗，其萌生之时，私有财产和贫富分化尚未出现，私有制与阶级也未产生，三次社会大分工更没有展开，氏族血缘组织还未被地缘组织所取代，因此这些历史任务都是由先行出现的国家机器渐次完成的。这一过程，必然要打上国家的烙印。国家政权对社会的控制与管理是全方位的，国家政权之外的其他力量难以生成。

与文明发生的途径相联系，国家产生之时，没有明显的阶级对立和阶级差别，没有内部奴隶，各成员之间的差别更多的是社会分工与角色的不同，社会成员都有一定的参政、议政权利。直到西周春秋时代，实行的仍是国人内部民主制，遇有重大事务，国君往往要与国人相商，甚至与之盟誓。国人废黜国君，另立新君之事也曾发生。战国以来，君权强化，君主专制体制不断发展，但民主制的基因并未中断，社会成员的平等性在一定程度上得以延续。

与文明发生的途径相联系，中国早期社会组织不是以地缘关系代替血缘组织，而是对血缘组织的确认与强化。家庭与家族是基本的社会组织，无论是群落，还是方国、方国联盟以及后代的夏、商、周，其组织结构基础都是家族。在此基础上，国家作为宗法血缘关系下的父家长制大家庭放大后的产物，必然会带来内部的集权化倾向，带来全能的政府职能；群体内部的纽带是血缘关系，又为父家长式的专制奠定了基础。

与文明发生的途径相联系，中国古代的三次社会大分工一直没有完整实现。西周及其以前的时代，土地为宗族所有，实行的是以家族为单位的大田集体劳动，家畜饲养与农业生产是在同一个劳动单位内完成的，纺织和陶器制作等手工业生产也是如此。家族之间和全社会所需的手工业商业活动则由王朝政府承担，此即商周王朝的工商食官制度。在此基础上，形成了独特的土地制度与官营工商制度。

与文明发生的途径相联系，中国早期政治是人文政治，而不是神祇政治，祭祀僧侣集团在中国政治上一直没有取得过主导地位。在文明的萌生中，中国也与西方世界一样，有祭祀与专职的祭祀人员，有通天人之际的“若木”与神山。从红山文化的祭坛到三星堆的神杖，从种种的民间神祇传说到遍布南北的新石器时代的岩画，我们都能感受到神仙世界对世俗世界的影响。但在中国社会，神职人员一直没有成为独立的政治集团，神职首领往往是世俗首领兼而领之，这种情况下的祭祀集团只能是政治的附庸。与之相对应，在中国传统政治生活中，一方面是世俗首领垄断了天人之际的通道，“天之子”“予一人”以至后世的封禅大典，充分体现了这种垄断；另一方面，人文与人伦成为基本的价值取向，从周公旦的“敬天保民”，到孔夫子的人文教化，反映的都是这一精神。因而，中国古代社会未曾出现欧洲中世纪宗教的桎梏与束缚，而是成就了中国古代社会的人文繁盛与相对宽松的信仰世界。

从上述内容我们可以清楚看到，中华文明的发生与西方迥异。西方文明的发生，走的是一条符合传统理论的基本道路，即在原始社会的后期，随着生产的进步，有了剩余产品与剩余劳动，又有了私有财产与私有观念，在此基础上，形成了贫富分化与阶级对立，国家机器在阶级对立的基础上应运而生，代表统治阶级的利益，实行阶级统治与阶级压迫。与之同时，原始的氏族血缘关系被打破，以地缘关系编制、管理其国民成为国家形成的重要标志。自国家出现到希腊罗马时代，欧洲社会完成了其政治基础的奠基与政治制度的完善，基于个人权利至上的公民权与财产私有权成为其社会的两大基点，城邦民主政治与自由文化精神构成了欧洲政治文明的基本框架。此后，虽然经历了中世纪的黑暗，但这一基础并未被完全摧毁，在许多方面仍以种种不同的方式在继承与发展，尤其在城乡二元结构下，城市文明崛起，为欧洲社会提供了另一个版本的治理体系。至文艺复兴，则在新的历史时期实现了对希腊罗马文化的续写与迸发。随着资本主义运动的进展，近代国家、近代法律、近代思想文化以及近代国际秩序逐步形成，从而完成了欧洲文明的构建。

中华文明的发生与欧洲社会已大不同，发生之后，中华文明仍旧沿着自己的基点行进。近百年来，不断有学者将中国的历史进程与欧洲的历史进程相比附，得出了种种结论。就历史的客观性而言，两者虽不乏相似之处，但仍是不同道路上的行进者。如中国春秋战国时期的变革与希腊、罗马的变革实际是同工异曲，中国的秦汉帝国与罗马帝国的强盛也并非一事，中国的封建社会也不能等同于欧洲的中世纪社会等。特别是春秋战国这一特定历史变革时期所造就的中华文明的框架，更是上承远古以来中华文明的发生，下启两千年中华文明的发展，有着独特的内涵与意义。

中国传统政治的特性已述于上，如何总结、提炼由中国传统政治制度与治理体系所凝聚的思想与文化，是这套书系的任务所在，如习近平总书记所指出的：

> 在几千年的历史演进中，中华民族创造了灿烂的古代文明，形成了关于国家制度和国家治理的丰富思想，包括大道之行、天下为公的大同理想，六合同风、四海一家的大一统传统，德主刑辅、以德化人的德治主张，民贵君轻、政在养民的民本思想，等贵贱均贫富、损有余补不足的平等观念，法不阿贵、绳不挠曲的正义追求，孝悌忠信、礼义廉耻的道德操守，任人唯贤、选贤与能的用人标准，周虽旧邦、其命维新的改革精神，亲仁善邻、协和万邦的外交之道，以和为贵、好战必亡的和平理念，等等。这些思想中的精华是中华优秀传统文化的重要组成部分，也是中华民族精神的重要内容。马克思主义传入中国后，科学社会主义的主张受到中国人民热烈欢迎，并最终扎根中国大地、开花结果，决不是偶然的，而是同我国传承了几千年的优秀历史文化和广大人民日用而不觉的价值观念融通的。①

这套“中国传统政治文化书系”就是以习近平总书记所指出的中华民族在几千年历史演进中所形成的关于国家制度和国家治理的丰富思想为纲，从不同方面对习近平总书记所提炼的中国传统政治文化进行阐释。我们要表达的不是政治史，也不是制度史，而是政治史与制度史中所蕴含的文化精神。这种精神通过政治事件、政治制度和政治人物来体现。也可以认为这是一个另类的政治史，是围绕问题说话的

① 习近平：《习近平谈治国理政》（第三卷），外文出版社，2020，第119～120页。

政治史。

为便于更多读者阅读，我们未把这套书系打造成深涩难懂的理论著作；为保障其科学性与可靠性，也不想把它制作成迎合市场的通俗演义。而是采用“非史”“非论”的叙述手法，既不是历史的，也不是理论的；既不是通俗的，也不是高大上的。力求以一种独特的模式，让人们从政治历史中感知传统政治文化精神之所在。在叙述中力避夸夸其谈，从概念到概念，力避事无巨细，面面俱到，而是画出三分，留白七分。用完整的叙事、画龙点睛的提炼，把传统政治文化的基点与内核告诉读者，读者自然可以领会其中的政治精神，构建自己心中的中国传统政治文化。

目录

绪论

根据马克思主义唯物史观，政治制度属于上层建筑的范畴。然而，政治制度创立的目的并非仅仅作为学术研究的静态“标本”，它的功能在于“用”，即运用在治国之中。因此，在治国的实践中，政治制度的运行又呈现出动态性。政治文化是基于静态的政治制度及动态的制度运行形成的一整套思想观念和价值取向。从这个意义上说，政治文化属于上层建筑之上的“建筑”。在这些上层建筑之上的“建筑”当中，古今中外都把法治当作治理国家和社会的重要手段之一。在蔚为大观的中国传统政治文化中，作为“治世之道”的中国传统法治文化，在治理国家和社会的过程中也发挥了不可替代的作用。

现代法学界所使用的法治概念乃是西方舶来品。部分学者在研究中国法制史时，用西方的法治概念去嵌套中国传统社会的法治，得出的结论就成了中国传统社会根本就没有法治。[①]毫无疑问的是，中外学者大都承认中华法系是与欧洲大陆法系（罗马法系）、英美

① 梁治平：《说“治”》，载《法辨：中国法的过去、现在和未来》，中国政法大学出版社，2002，第105页。

法系、伊斯兰法系，以及印度法系并列的世界五大法系之一。既然中国传统社会拥有独具特色的中华法系，那么用西方法治概念阐释中国法治，否定中国法治，也就有削足适履之嫌了。

事实上，中国自古以来就有法治的概念。《晏子春秋 · 内篇谏上第一》“景公爱嬖妾随其所欲晏子谏第九”曰：“昔者先君桓公之地狭于今，修法治，广政教，以霸诸侯。”这里的“修法治”是指完善法治的意思，并未解释什么是法治。在中国传统政治文化中，何为法治？通俗地讲，法治就是指采用法律治理国家，即《管子 · 明法》所谓的“以法治国”，《商君书 · 君臣》所谓的“缘法而治”。中国传统政治文化中的法治概念，更倾向于一种治国的技术，“法”具有典型的工具性特征。若欲深入了解、研究中国传统政治，则离不开对中国传统法治文化的提炼、概括。中国传统法治文化是基于中国传统的法律制度和法律实践形成的一整套法治思想、法治精神及价值观念。对这种上层建筑的提炼、概括，不仅能彰显出中华法系在世界法系中的特色，而且可使我们站在更高的角度观察、分析中国传统政治的运行状况，辨别其中的优劣，为当今法治社会建设提供一些借鉴和思考。

一、如何看待中国传统法治文化

当前，学界涉及中国传统法治文化的研究主要集中在中国法制史、中国法律思想史和中国传统法律文化三个方面。这些研究大都以中国传统社会为基石，将法律制度、法律思想置于历史的长河中，通过时代变迁、朝代更迭来观察法律制度、法律思想的“变”与“不变”。更可贵的是，这些研究大都没有过度宣扬西方法律准则，而是力图归纳和提炼出中国传统法律的特征和精华。这为我们开展中国传统法治文化的研究奠定了重要的基础。

但是，应该注意的是，在相当一段时期内，相当一部分人对于中国传统法治文化的态度却并非如此客观。在部分人眼里，落后、守旧、专制等一度成了中国传统法治的代名词。这其中既有西方评价的影响，也有近代以来中国自身的因素。

文艺复兴后，伴随着资本主义的发展和殖民掠夺，西方人逐渐树立起文化自信。启蒙运动兴起后，西学大盛，西方学者大都将中国传统文化视为行将就木的“标本”，鲜有正面评价。如西方法学大家孟德斯鸠认为，人类社会曾存在着共和政体、君主政体和专制政体三种政体，东方包括中国在内部分国家属于专制政体。与共和政体、君主政体都依据法律治理国家不同，专制政体治理国家压根就没有法律和规则可遵循，国家治理依靠的只有统治者个人的意愿和心情。[①]在孟德斯鸠看来，与其说中国古代国家治理依赖法律，还不如说依靠习俗和风尚。[②]地域的隔绝和信息的不对称，使得这位西方法学大家对中国政治文化的认识一开始就带着偏见。他甚至认为与具有诚信性格的西班牙人相比，中国人“由于生活极不安定，因而具有惊人的活动能量和异乎寻常的获利欲望，致使任何经商国家都无法信任他们”[③]。孟氏的这些论断，显然不是事实。自战国以来，中国不仅有了系统成文的法典，而且到了唐就已经形成了比较完备的法典——《唐律疏议》。法治始终是中国古代国家治理的重要手段之一。孟德斯鸠对中国人性格的描述，不过是道听途说、以讹传讹的结果。可见了解一种外域文明，不通过深入研究、实地调查就妄下结论，显然是难以服众的。

几乎与孟德斯鸠处在同一时代的法国重农派思想家弗朗索瓦·魁奈，对中国传统政治文化的看法就客观得多。魁奈在他的

---

① 孟德斯鸠：《论法的精神》（上册），许明龙译，商务印书馆，2015，第17页。

② 孟德斯鸠：《论法的精神》（上册），许明龙译，商务印书馆，2015，第364页。

③ 孟德斯鸠：《论法的精神》（上册），许明龙译，商务印书馆，2015，第361页。

《中华帝国的专制制度》一书中虽将中国传统社会称为专制社会，但他将专制君主划分为合法的专制君主和“为所欲为或不合法”的专制君主，中国的皇帝显然属于合法的专制君主。魁奈表示，“好像我们欧洲人常对中国政府怀有一种不好的印象；但是我从有关中国的报告中得出结论，中国的制度系建立于明智和确定不移的法律之上，皇帝执行这些法律，而他自己也审慎地遵守这些法律”[①]。当然，我们也不能高估魁奈对中国传统政治文化的理解，例如他认为中国的“实在法”就是在“自然法”（天人感应）之下的儒家的五经。魁奈说的中国传统社会的“实在法”不是法而是礼。显然，这是把礼与法混为一谈了。能够相对客观地看待中国政治文化，这在近代西方已属难得。随着以蒸汽机革命为代表的工业大革命的到来，自然科学在西方文化中占据了统治地位，西方人对自己的制度更加自信，而对远在东方的中华文化产生了落后、保守的刻板印象。

不久，西方资本主义国家开始用坚船利炮轰开古老中国的大门。中华帝国遇到亘古未有之灾难。古老的农耕文明与近代西方科技文明间的对抗，结局一目了然。中国的有志之士开始效法西方，救亡图存的潮流也影响到学界。在中西文化的碰撞中，法的差异特别明显。在中西法律传统的比较中，经过千年积淀的中华法系已经黯然失色，且被认为完全走向了文明的反面。梁启超就曾坦言，中国自秦汉以来，“法律一成不易，守之无可守，因相率视法律如无物。于是所谓条教部勒者荡然矣。泰西自希腊、罗马间，治法家之学者，继轨并作，赓续不衰，百年以来，斯义益畅，乃至以十数布衣，主持天下之是非，使数十百暴主，戢戢受绳墨，不敢恣所欲，而举国君民上下权限划然。部寺省署，议事办事，章程日讲日密，

① 弗朗索瓦·魁奈：《中华帝国的专制制度》，谈敏译，商务印书馆，1992，第24页。

使世界渐进于文明大同之域”[①]。在这种背景下，以西方话语和模式为标准评价中国的制度和文化，不仅质疑了中国传统法治文化的合法性、权威性，而且批判了原有的思想和价值观。在当时，吸收西方先进的技术、文化为我所用，固然无错，但我们在学习西方的过程中，从对中国传统文化自信满满，一下滑落到以中国传统文化为耻的地步，几乎完全用西学的概念和体系来搭建人文社会科学理论的大厦。在一些研究领域，言必称英美甚至一度成为学术时尚。

学术的发展总是与时代的发展同频共振。时至今天，以国力的强弱论文化的优劣，将西方法治的模式作为评判中国古代法治发达程度的唯一标准，理所当然地应当受到质疑。今天的中国已经不是百年前的中国了。伴随着全面依法治国的稳步推进，我们在建设法治政府、法治社会和法治中国的实践中，越来越感受到中国之所以为中国，就是因为我们的血脉里一直流淌着中华优秀传统文化的基因。回眸我们祖先留下的优秀传统文化，我们在反思近代以来百余年反传统的历史时，才发现我们对自己传统的偏见和误解有多深！

这些偏见和误解甚至影响了当代人对中国传统法治的认识。今天，学界还有不少人仍然认为中国传统法治文化除了落后、僵化，根本没有任何值得借鉴的地方。对中国传统法治文化，全盘否定肯定是不正确的，完全认可也是不客观的。历史本来就是一面镜子。我们应该本着冷静、平和的心态去观察、研究中国传统法治文化，才能进一步对中国传统法治文化进行客观合理的“扬弃”。作为这套“中国传统政治文化书系”之一的《中国传统法治文化》，就是冷静观察、研读中国传统法治文化的一点实践。

---

① 梁启超：《论中国宜讲求法律之学》，载《饮冰室合集·文集之一》，中华书局，1989，第93页。

二、中国传统法治文化的形成

中国传统法治文化是在中国传统农耕文明基础上形成和发展起来的。在人类文明发展的历史进程中，中国传统法治文化形成了独特的品格，逐渐演变成在世界法治文化体系中独树一帜的法治文化系统——中华法系。众所周知，中华法系居世界五大法系之一。一种法系必定有与众不同的特质和卓尔不群的精神，集中展现了法治文化特征。如罗马法系重法典编纂和民事条例的修订；英美法系则以中世纪积累下来的习惯法为法源；伊斯兰法系以《古兰经》为纲，具有浓厚的宗教法的特色；印度法系则以种姓等级制度为特质。中国传统法治文化包括建立在中华法系制度及运行两个层面之上的法治思想、观念及价值观。欲了解中国法系的特质，须先了解中国传统法治文化的缘起。

中国传统法治文化源出两头：一为刑，一为礼。二者都具有“法”的意义。在中国文化中，很多时候，“法”并不单指法律，还包括规范社会生活方方面面的规则，如源自风俗习惯的“礼”也称为“法”。“礼”的规定范围最广，而“刑”的概念却最接近现代意义的“法”。在古代的法律文献中，使用“刑”的概念要比使用“礼”的概念更加普遍。我们探究中国传统法治文化的根源，应从“刑”入手。梳理中国典籍就会发现，“刑”与氏族部落间的军事战争有着密切的关联。中国自古以来就有“兵刑同一”和“刑始于兵”的说法。“兵”最早指兵器，这里代指军事战争。“兵刑同一”，即在古人看来，军事战争与刑罚是一回事，没有军事战争，刑罚也就失去了存在环境。“刑始于兵”，即说刑罚最初起源于远古的氏族部落间的战争。但是，中国传统法治文化却是沿着“礼”“法”两条途径向前发展。以“刑”为代表的法律在不断发展的同时，以习俗、规则为主要内容的“礼”也在不断发展。夏、商两代偏重刑罚，法治略盛于礼俗。至西周初年，周公制礼作乐，在损益夏、商礼俗的前提下，以周人礼俗为主体，进行整合、规范，创立了礼乐制度。以礼乐制度治理国家社会的方方面面就是礼治。礼治起到了法治的功能，作为法的刑在此时屈尊于礼之下。

甫入春秋，王纲松弛，宗法制渐衰，礼崩乐坏，礼在治理纷繁复杂的社会事务中越来越难以为继。一些诸侯国为了应对新的社会变局，纷纷制定新的法律并将其公布于世，使民见刑书而不敢触国法。先是郑国子产“铸刑书于鼎”，后来晋国的赵鞅、荀寅将范宣子制定的刑法也铸造在鼎上，庶民遂知国之刑法。这类举动一改在西周礼治时代遗留下来的“议事以制，不为刑辟”的传统。过去，治理百姓主以礼治，此即“议事以制”；所谓“不为刑辟”，不是指没有刑法而是指不以刑为主治民，更不让民知有刑法。如今，郑、晋二国将刑法条文铸造在鼎上，使民知晓法律的具体条文，令其不敢越刑辟，治理社会的方式已发生了重大改变。“铸刑书于鼎”的意义不仅在于向全体百姓公布成文法，更在于它标志着治理社会的主要方式已由传统的礼治向法治的转变。

战国以降，君主专制集权政体代替了宗法分封制，各国纷纷图强变法，制定适应新形势的法典成了变法中的最重要一环。经过战国前中期诸国变法运动，主张强化君权的新兴地主阶级以压倒性优势战胜了主张宗法分封的贵族阶级。法治取代了西周以来的礼治，成为战国这一时期国家治理的典型方式。过去“刑不上大夫”的礼治传统为“法不阿贵”“刑无等级”的法治文化所取代。春秋战国时各国变法形成了尚法尊君、立公弃私、明法审令、公平公正、法随时变的法治精神。

在战国时期各国的变法中，魏国李悝编纂了《法经》六篇，贡献殊巨，影响深远。《法经》之六篇名曰《盗》《贼》《囚》《捕》《杂》《具》，后世诸法皆因之损益而成，如《九章律》《唐律疏议》。唐之后，宋元明清之法典又以唐律为宗。由此可知，李悝的《法经》实乃战国以后历朝万法之宗。

魏国李悝制《法经》开中国传统律法之先河，而战国法治之功效却实显于秦。秦国统一六合，始皇帝以法为教、以吏为师，法治遂成治国之根本。然秦统一六合，成于秦法；二世而亡，亦败于秦法。国家治理若单靠严刑峻法，人民摇手触禁，无所回旋，其结果只能适得其反，社会秩序最终会全面崩塌。故陈胜振臂一呼，响应者盈粮而影从。汉承秦制，既继承秦法，又惩秦亡之戒，损益秦法。中国传统法治文化从汉代开启了礼法融合的进程。汉初，礼、法殊途，但汉代人主观上还是将礼视为法，如叔孙通召集儒生制定的宫廷礼仪就具有法的性质。程树德就说："汉沿秦制，顾其时去古未远，礼与律之别，犹不甚严。《礼乐志》叔孙通所撰礼仪与律同录藏于理官。《说文》引汉律祠宗庙丹书告，《和帝纪》注引汉律春曰朝秋曰请，是可证朝觐宗庙之仪，吉凶丧祭之典，后世以之入礼者，而汉时则多属律也。"[①]真正将礼与法合二为一的，是西汉中后期在司法领域进行的决狱实践。儒家法治思想中的"德主刑辅"主张，要求以礼义和法律双重手段来协同治理国家。二者当中，礼义教化是根本，律法刑罚起辅助作用，即所谓"礼、刑相为表里""出礼入刑"。这种思想极大地影响了汉代乃至以后历代中国传统法治文化的走向。自汉武帝"罢黜百家、独尊儒术"后，中国历代王朝制定法典都以"德主刑辅""礼法并用"为主要法治思想，把儒家的"亲亲""尊尊"等一系列的精神原则和价值观纳入当朝的法律条文中，使中国传统法治文化带有一层厚重的儒家化色彩，从而形成了中国传统法治文化中道德与法律融为一体的基本规范。传统法治文化中礼法融合的趋势，到唐代发展到一个高峰。唐律的制定，被公认为是中国传统法治文化发展史上的里程碑。唐律上承汉魏，下启宋元明清，尤其是五代、两宋直接复制唐律作为本朝的法律。唐律不仅是传统法律的楷模，而且是公认的中华法系的

① 程树德：《九朝律考》，商务印书馆，2010，第17页。

代表，还对亚洲各国传统法典的制定产生了深远的影响。

三、中国传统法治文化的构成

虽然君主专制是中国传统政体的主要特点，但历代王朝的政治施行并非完全按照一人之意。较之西方文明，中国传统政治文化实为一种比较成熟的文化。中国传统社会的行政技术规范在官僚制确立时就逐渐以法的形式确立下来。虽然这里的法不是现代意义上的行政组织法，但规则意识毫无疑问是二者的共同特征。中国传统法治文化发展到唐代，行政法律具备了律、令、格、式等形式。西晋以前，律、令不分，行政法律与刑事法规明显混同。西晋开始界分律、令，“律以正罪名，令以存事制”，律指刑事法规，令成了行政法规的代称。律虽然与其他法律完成了界分，但作为判刑定罪的刑法的律，也包含了指导一般施政的行政法规。令原本是对皇帝诏令进行分类汇编的单行法规，律、令分离后，令在唐代，其行政法规性质更加明显。《唐六典》卷六曰：“令以设范立制，格以禁违正邪，式以轨物程事。”《新唐书·刑法志》又曰：“令者，尊卑贵贱之等数，国家之制度也；格者，百官有司之所常行之事也；式者，其所常守之法也。”唐令有33种，其中既有政府机关的基本行政规范“职员令”，又有按照不同行政领域划分的专门令。格有24篇，都以尚书省二十四司为篇名。式有33篇，也都以尚书省列曹、秘书、太常、司农、光禄、太仆、太府、少府及监门、宿卫、计帐为篇目。令和式都是各种部门的典章制度法规，格在具有普遍法律效力之前是皇帝使用于特定事务的制敕，是对律、令、式的法律补充。

在具体的行政组织运转方面，本着加强君主专制集权、削弱相权的原则，自战国到隋唐，中央逐渐形成以三省六部为核心的中央行政管理体制。三省即尚书、门下、中书，共同构成中央辅政机构，三省长官都是宰相，尚书省掌全国政务，职责在施政；门下省掌政令审核，职责在封驳；中书省掌传达皇帝命令，职责在草拟政令。三省在分工上相互联系，又相互制约，大权全在皇帝之手。吏、户、礼、兵、刑、工六部，是中央各项政务的具体执行机构。明代废除丞相，宰相之权归于六部；权力分散后，又需集中，于是再设殿阁大学士领内阁，权力总成于皇帝。到清代，内阁尽废，皇帝单设军机处处理军国大事机要，军机大臣完全唯帝命是从。

在地方行政组织运转方面，秦代废除分封制，推行郡县制。从此，郡县成为最基本的行政机构，以后历代行政机构的变迁，都以郡县制为基础。西汉设郡（国）县二级，武帝为加强对郡县的监督，在全国设十三州，置十三部刺史巡察监督郡县，州仅有监察之权而无行政之权；西汉末年及东汉时期，州渐由监察区演变为郡之上级行政区划。隋唐一改魏晋南北朝州郡混乱的局面，改地方为州县二级，后州与郡为同一级别区划，二者名称通用。宋代除了路一级外，府、州、军、监为同一级，下为县。元代设行省，明稳定为省、府、县（州）三级，清设省、道、府、县（厅或州）四级制。依法行政是现代行政法学的基本原理之一，中国传统社会并不曾有这个概念，但中央和地方行政机构和组织处理日常事务，却是按照早已形成的法定程序、原则施政。如秦的《为吏之道》，提出了一套官吏必须遵循的行为规范和必须具备的品德作风。这种规定实际上就属于行政法的范畴。唐代以后，依法行政已成共识，不论中央，还是地方，官吏从事政务一般有法可循。比如，令就是处理政务的法律，式就是处理行政事务的细则。明清以典、例作为行政之法则，无一事不在法的范畴内开展。

中国传统的刑事司法注重平等精神，对处罚的客体坚持一视同仁。在刑事司法具体实践中，主张“刑无等级”“法不阿贵，绳不挠曲”的原则，理论上天子与庶民犯法同罪。在传统社会，法官进行司法审判时虽兼顾法和情，但法在刑事司法实践中居于第一位。秦国太子犯法，商鞅刑太子傅公子虔、黥公孙贾；汉文帝信服张释之“法者，天子所与天下公共也”的司法平等原则，坚持依律对惊驾之人处罚金而不判死罪；唐代犯法之官吏在名誉、精神上要遭受极大的痛苦，而且同等罪名下，平民犯法处罚相对较轻，官员犯法就要从严处罚。中国传统法治文化中虽有“八议”制度，但指亲、故、贤、能、功、贵、勤、宾犯重罪减刑一等，并不是免除刑罚，且犯“十恶”者也不在此内。总体上说，能享受“八议”减刑特权的人并不是很多。中国传统刑事司法的主要原则还是法律面前人人平等。作为拥有数千年历史的文明古国，在中国传统法治文化中，刑律是中心，事关刑事的法律条文细密严格，然五刑是其主干。即使是五刑，也规定详细，使量刑能够有法可依。刑事司法的程序严格而又有效率，诉讼、审判及监押各有其程序。中国传统法治文化中的法典基本上以刑法为主，法官以理刑为名，司法部门也以刑部称之，诉讼制度更是以刑事司法为主，以达到“出礼入刑”“明刑弼教”的目的。

中国古代虽未有专门的民事法典，但在处理百姓生活纠纷时无疑有大量的民事司法实践。中国古代有争财曰讼、争罪曰狱的区分，是以民事司法与刑事司法显然有明确区分。纯粹的民事司法属于礼治的范畴，重在防患于未然，即使有分歧和争端，也多以调解为主。不守法者则被视为顽民，法官即以刑律制裁之。由此，民事司法又一转为刑事司法也。中国传统民事司法以“明刑弼教”为宗旨，其内容如继承、财产分割、婚姻关系等本就是家族内部事务，法律调解的目的不在于惩治而在于教化，不在于罚罪而在于敦睦宗族。因此，民事司法中多以道德考量案件的是非，甚至有意模糊是非以成就家庭、家族的和谐。传统民事法律常常吸收礼俗入法律条文，审判也多考虑当时的正当礼俗，以达到顺应时俗和民意的目的。不独民事司法，整个中国传统法治的目的和操作方法都是“明刑弼教”“出礼入刑”。法、理、情三者之间，法总是排在民事司法审判的首位。因为只有法才是判断民事纠纷中是非曲直的最客观公正的依据。依据法判断是非曲直之后，法官才依据理和情审视案件。即使法官有意以情理来弥合民事纠纷中受损的关系，判决的前提也是法。中国传统民事司法实践，不是今人一般观点中以情裁决是非，民事审判首要的参考依据仍是法。

人口、赋役乃历代王朝管理社会的重要内容。对人口进行普查，造册录户籍，是政府掌握人口动态变化的有效途径。自古以来，赋税都是社会运行的血液。没有赋税，政府一切活动将无法开展。力役与兵役是王朝建设公共设施、维护统治和防范外敌入侵的重要保障。历代王朝针对人口的登记和赋役的征收制定了相关的法律。这些法律虽然不是专门法，但都包含针对脱漏户籍及逃避赋税和徭役的惩罚条文，以禁止性的法律条文威慑和防范在户口登记、赋役征收方面的违法犯罪活动，最大限度地保证户口登记、赋役征收能够有效地开展。民间组织的活动具有自发性，这一群体往往通过习俗、祭祀等聚众。历代王朝都对百姓自发的聚集性活动特别忌讳，尤其是利用民俗、祭祀等反对政府的秘密活动，反映在法律上则以重刑严厉打击此类活动。民间的娱乐活动也有法律的制约，政府对于有伤风化、不利于社会稳定的娱乐活动，如具有赌博性质的博戏类活动，就在法律上设定了严格的“红线”，其目的就是为了维护民间的伦理道德和社会秩序。

一般观点认为，中国传统法治文化中没有民法意义上的契约精神。但事实上，中国传统社会的人们在经济贸易领域很早就建立了契约意识。尽管中国有着重农抑商的传统，但农业、手工业的充分发展带动了商业的兴盛，交易也就成了必然要求。此外，租赁、抵押、典当、赔偿及遗产继承都需要契约意识。特别是到了宋代，商品经济空前繁荣，立契约的程序更加严密，契约意识在经济社会生活的各个方面都有充分的体现。一方面，契约起到了调节、规范经济社会生活的作用。作为一种规则，它扮演了民间法的角色，因而政府一般都承认民间契约的合法性。在裁决争端过程中，契约是最重要的证据，法律严厉打击伪造、涂改契约的违法犯罪行为。另一方面，民间社会的结社行为，特别是秘密结社，也有着很强的契约意识。这种契约是民间结社凝聚人心、规范组织生活的保障和依据。对于秘密缔结的契约，法律虽然严厉打击，但它确实发挥了作用。这也说明，民间自发组织也并不乏规则意识。

事实上，在中国传统社会，规则意识体现最为明显的，当属民间自治过程中形成的各种规约。法是国家权力的代表。理论上讲，法应该在国家社会中的各个领域都能发挥作用。但是，很多场合超出了国家权力的约束，然而民间社会的“神经末梢”却自有其规则。这种规则多以规约的形式出现，规约有时候就被称为法。与国家的法不同，民间的这种法——规约往往是在民间社会的沃土中经过长期发展自发形成的。作为规则，形形色色的规约也可以视为约定俗成的法。它与国家的法在国家和社会治理的过程中相互辉映，共同组成了中国古代国家和社会基层治理的全景图画。在民间的各行各业中，行业规约成了规范手工业者和行业生态的主要规则。毕竟，专业分工领域，国家法是很难涉足的。村规民约是维护乡村秩序的乡村法，传统政府不仅承认村规民约的合法性，而且还在民间大力提倡、推广。在宗族内部生活中，家法、族规是规范血亲宗族内部生活秩序的法。家法、族规的作用有二：一是指导、规范家族生活；二是惩罚违反家法、族规的行为。前者似礼，后者似法。从内容上看，家法、族规深深地打上了儒家忠、孝、仁、义、礼、智等价值观的烙印，对于规范家族生活，甚至维护民间社会秩序都发挥了重要作用。

四、中国传统法治文化的特点

众所周知，中华法系在世界五大法系中独树一帜。所谓独树一帜是指中国传统法治文化自有其特点。

第一，重教化、重视社会的和谐。中国传统法治文化受儒家思想影响深远，纵观法治文化发展史，中国古代法治有明显的儒家化倾向，其典型特征可用“出礼入刑”“明刑弼教”概括。孔孟主张“性善说”，治理百姓应以道德教化为主，作为法的范畴的刑罚不是最优选择。故孔子曰：“道之以政，齐之以刑，民免而无耻；道之以德，齐之以礼，有耻且格。”[①]在儒家看来，国家治理完全依托暴力，用刑罚威吓百姓，百姓虽然暂时收敛自己的行为，却根本没有廉耻之心；若以德治国为主，只有对顽冥不化者才用刑罚惩治，那么百姓才能既有廉耻之心，又能心悦诚服。严刑峻法只能消弭一时之乱，百姓的叛逆之心如同被压制住的火苗一样，随时都可能成为燎原之势。因此，治理社会若只用严刑峻法会导致更大的反叛和动乱。用道德理念来规范人的一言一行，辅之以刑罚，社会才能达到终极治理效果。也就是说，法从属于礼，法是兜底性的治国举措。尽管是兜底性的举措，但对其重要性儒家也有深刻的认识。因为在治理社会的过程中，至少在人未达到自由的全面的发展之前，任何制度都很难抑制住人内心阴暗的一面，违背礼教、杀人放火、偷盗奸淫等违法犯罪活动就算在中国传统的“治世”也并未消失。因此，对于冥顽不化、罪大恶极者，只能“出礼入刑”。但即使对犯罪分子动用刑法，也是为了“明刑弼教”。礼是教化百姓的主要手段，法也是教化百姓的手段，后者实在是万不得已而用之。这与西方法治文化有着根本不同，西方法治文化重在秩序结果，即只要裁决分歧、公平公正的解决争端就达到目的；中国传统法治文化重在教化，法律审判的结果不是目的，目的是实现人际关系的和睦和社会的最终和谐。

第二，重视家族利益的维护。中国传统社会的家不仅是宗族内部单位，更是社会基本单位。在很多场合，家具有法律上的责任。依照传统观念，天下之本在国，国之本在家。只有“家齐”，而后

---

① 杨伯峻：《论语译注》，中华书局，1980，第12页。

才能“国治”，“国治”才能收“天下平”之效果。因此，治理中国传统社会的根基在治“家”。举凡一切政治、经济、军事等国之大事，如户口登记、赋税完纳及征发徭役、兵役，都以家族为单位进行落实；与民事法方面相关涉的婚姻、继承、财产分配等，也都是家族内部的事务；刑事司法方面，如为血亲复仇者，都因考虑家族利益而免罪减罪；甚至家人犯大罪，整个家族都要被牵连，法律上的“族诛”是对家族最大的惩罚和威慑。舍“家”就无法谈中国传统文化，更无法谈论中国传统法治文化。

第三，重公平、公正精神。法家诞生后，特别重视法治的公平、公正精神。商鞅的“壹刑”思想（即指“刑无等级”），韩非的“法不阿贵、绳不挠曲”思想，都是指法治的公平性、公正性。理论上，王子犯法与庶民同罪。在实践过程中，法家也是这样做的。如前所述，在商鞅变法时期，太子犯法，商鞅刑其傅公子虔，黥其师公孙贾，以示法治的公平性、公正性。秦亡之后，统治者治理国家不再专任法家思想，特别是摒除专任刑罚的暴力治国路线，改弦更张，刑德并用，但法家公平、公正的法治精神仍传承下来。何以如此？因为法治若失去了公平性、公正性，法的权威性也就不复存在。法治对权贵阶层大开方便之门，而对一般的平民百姓却施以严惩，双重标准下的“法”相当于自毁门庭。因此，为了维护阶级统治，稳定社会秩序，历代王朝在推行法治的过程中基本能够做到公平、公正。就连反对专任法治的儒家都明白这个道理。《孟子·尽心上》记载了这样一则故事，一个叫桃应的弟子问孟子：舜当天子，皋陶为士（法官），舜的父亲瞽瞍杀了人，皋陶应该如何做？孟子回答：“执之而已矣。”即把瞽瞍逮捕起来。桃应又问，舜不以天子之位阻止皋陶逮捕父亲吗？孟子答，舜怎么可能阻止皋陶呢？“夫有所受之也”[①]，逮捕皋陶是要有法律依据的。这则故事

① 杨伯峻：《孟子译注》，中华书局，1960，第317页。

说明儒家也是坚持法治的公平、公正的。历史上不乏皇帝和法官注重法治公平、公正精神的案例。如汉文帝时期的廷尉张释之声称："法者，天子所与天下公共也。"《贞观政要·公平篇》记载，唐太宗接受了大理寺少卿戴胄对自己袒护长孙无忌的批评，表示要带头守法，并说："法者非朕一人之法，乃天下之法。"这些典故都证实了中国传统法治文化中重公平、公正的精神。

第四，重因时而变、改革创新。中国传统法治文化具有重视因时而变、改革创新的精神。法家诞生之后，《商君书·开塞》就主张"不法古，不修今"，《韩非子·心度》认为"法与时转则治，治与世宜则有功"。法治要根据实际情况的发展而进行相应的调整，唯有"变"，法治才能有功效。事实上，中国传统法治真正成为统治者富国强兵的治国思想，就是在春秋战国社会大变革时期，特别是战国时期的各国变法直接促成法家思想大行其道。中国传统法治文化几乎都是因社会的剧烈变动而向前发展，社会每经历一次动荡或变革，法治就向前发展一步。法治发展与社会变法仿佛天然具有亲缘性。商鞅变法用现实的成功向世人证实了法治的威力和功效。汉初的刑制改革、北魏孝文帝汉化改革、宋代"庆历新政"与王安石变法、明代张居正变法，甚至近代的维新变法，法治在每一次变革中都获得了长足的进步。变法和法治相辅相成、相伴而生。变法的主要目的是改革不适应生产力发展的生产关系，以便用新的生产关系促进生产力的发展，此即谓"变旧法、立新法"，而新法中最重要的当属适应新的社会发展形势的新法律。法治既是变法改革的结果，也是改革变法的工具。二者之间是良性的互动。法治可以推动社会变革，社会变革的力量可以使法治得到完善。

第五，重视民本主义与人文关怀。在中国传统社会，法治本身从来不是目的而是手段，法治的目的在于维护社会的和谐。一方面，传统法律采取了抑强保弱的态度，如在土地买卖方面，法律禁止豪强兼并；商业贸易方面，法律又严防高利贷资本的集中。吏律中严防官吏职务犯罪，特别提醒他们勿侵扰小民。唐代、明代、清代法律禁止官吏以权谋私、假势请托，并不许亲贵入仕，禁止官吏租住民房，禁止为现任官立碑、立生祠。凡此种种法律，都是为了抑制豪强官吏，保护小民。此民本主义之表现。另一方面，传统法律又有重人文关怀的特点，此儒家仁恕之道的体现。中国传统法治文化对待幼弱、老耄、愚痴犯罪，往往采取免刑减罪的措施，称之为“三纵”。对于不识、遗忘、过失犯罪者，也会酌情减刑，此又称之为“三宥”。对待自首者，早在《尚书·康诰》中就有“既道极厥辜，时乃不可杀”的自首减刑规定。法律对于自首、忏悔者，往往给予改过自新的机会。这也是人文主义的体现。

经过上面的论述，读者可能已经对中国传统法治文化有了一个大概的印象。今天的我们正处在全面建设社会主义现代化国家的新征程上，全面推进依法治国是国家治理中的一场广泛而深刻的社会革命。我们在拥抱现代法治文化的同时，应该客观公正地对待先人们创造的传统法治文化。只有辩证地对后者进行“扬弃”，把那些不因时代变化而褪色的传统法治文化基因融入全面依法治国的实践中，守正创新，厉行法治，才是真正的文化自信。

第一章 中国传统法治文化的形成

放眼整个人类文明的演进史，人类社会自形成之初就面临着如何管理人自身的重大课题。自远古至现代，人类社会大约存在着神治、人治及法治三种治理方式。身处现代文明的今天，依法治国是公认的最科学、最公平，也是最有效的治理方式。对于有着悠久而灿烂的中华文明来讲，中国传统法治文化在世界法治文化系统中独树一帜。它虽源远流长，但直到春秋战国大动荡大变革时期才从原始遗风中脱胎换骨，真正成为兼具体系化、规范化和理论化的法治文化。

正如恩格斯所说，“思维的任务现在就是要透过一切迷乱现象探索这一过程的逐步发展的阶段，并且透过一切表面的偶然性揭示这一过程的内在规律性”[①]。要想深入了解并真正把握中国传统法治文化的精神和要义，则离不开对春秋战国及之前中国早期社会历史变迁的探索和分析。唯有如此，才能拨开云雾见月明、吹尽狂沙始到金。

---

① 恩格斯：《反杜林论》“引论”，载中共中央马克思恩格斯列宁斯大林著作编译局编译《马克思恩格斯选集》（第三卷），人民出版社，2012，第399页。

一、“刑不上大夫、礼不下庶人”的终结

伴随着宗法贵族政体的破产、君主专制政体的诞生，中国传统法治文化在春秋战国大动荡大变革中正式宣告形成。宗法贵族政体治国理政的基本方式是礼治，礼治的基本精神是“亲亲”“尊尊”，即用宗法等级制治理国家，目的是维护宗法贵族阶级的利益，《礼记·曲礼》中“礼不下庶人、刑不上大夫”的记载正是这种等级礼制的典型体现。这一传统伴随着礼的诞生，由来已久。

礼的起源，早于宗法制。礼大致起源于氏族社会的祭祀活动，故《说文解字》曰：“礼，履也，所以事神致福也。”“礼”字在简化前为“禮”，从字的结构上看，左为“示”，象征代替神或祖先的牌位，右侧下方为豆（容器），豆之上的部分指代器皿里盛两串玉具以奉事神。[①]原始氏族社会生产力低下，人们在改造自然时对大自然充满了神秘感和敬畏感。在氏族社会，土地的丰收和子孙的繁衍，原始人将之全部归结为神或祖先的赐予。祭祀神或祖先就成了氏族社会的重要内容。祭祀神，特别是祭祀祖先的活动，伴随着礼的仪式的规范化，在氏族内部成为强化氏族血缘关系的重要保障。这种源自祭祀的礼，逐渐延伸到氏族生活的各个方面，成为氏族成员生活的基本规范。最初，氏族成员都可以通过祭祀向神祈福，但随着氏族内部私有财产的产生、贫富的分化，氏族内部出现了阶层分化，氏族上层成员逐渐不再允许下层成员拥有以礼通天的权利。正是在这样的背景下，颛顼实施了“绝地天通”的改革，从此礼逐渐被氏族上层垄断，下层普通成员便逐渐不再拥有演习礼仪的权利。“礼不下庶人”在氏族社会末期渐见端倪。

春秋时人有“国之大事，在祀与戎”[②]的说法。此传统可追溯

① 郭沫若：《十批判书》，载《郭沫若全集》（历史编第二卷），人民出版社，1954，第82～83页。

② 杨伯峻：《春秋左传注》，中华书局，1981，第861页。

到氏族社会。前文已分析，由氏族社会的“祀”产生了礼，而由“戎”即战争，却产生了法。上古的氏族战争与法律起源有着极为密切的关系，中国自古以来就有“刑始于兵”的说法。春秋时期鲁国的臧文仲有言：“大刑用甲兵，其次用斧钺，中刑用刀锯，其次用钻笮，薄刑用鞭扑，以威民也。故大者陈之原野，小者致之市朝。”[①]臧文仲说的甲兵、斧钺都是兵器，“大者陈之于原野”，兵器、战场（原野）与刑罚并提，便印证“刑始于兵”的说法。晋国的范文子更是明确地指出：“夫战，刑也。”[②]战事一启，刑罚随之而生。上古氏族战争刑罚杀戮的对象最初并不是违反军纪的本族成员，而是异族的敌人或俘虏，特别是那些来自蛮夷戎狄部落的人。至春秋时期，时人仍有“德以柔中国，刑以威四夷”[③]的说法。吕思勉先生就曾指出：“刑之始，盖所以待异族。”[④]刑罚的设置，特别是肉刑和死刑，最初就是针对异族的。上古所言“刑”，一般都是指死刑和肉刑。《尚书·尧典》说：“五刑有服。”马融注：“五刑，墨、劓、剕、宫、大辟。”除了作为死刑的大辟，墨、劓、剕、宫都是残害躯体的肉刑。吕思勉先生就认为：“古人言刑与今异。汉人恒言：‘刑者不可复属’，亦曰‘断者不可复属’，则必殊其体乃谓之刑，拘禁罚作等，不称刑也。”[⑤]汉代仍有只称肉刑和死刑为“刑”的说法。

根据相关史料，我们了解到上古氏族“刑”的对象主要是战争中异族的敌人或俘虏。当然，上古氏族社会并非仅有针对异族

---

① 上海师范大学古籍整理组校点：《国语》，上海古籍出版社，1978，第162页。

② 上海师范大学古籍整理组校点：《国语》，上海古籍出版社，1978，第417页。

③ 杨伯峻：《春秋左传注》，中华书局，1981，第434页。

④ 吕思勉：《先秦史》，上海古籍出版社，1982，第393页。

⑤ 吕思勉：《先秦史》，上海古籍出版社，1982，第393页。

的死刑和肉刑，针对本族犯罪者，还有另一类刑罚。《尚书·尧典》曰："象以典刑，流宥五刑，鞭作官刑，扑作教刑，金作赎刑。"象刑，指本族人如果犯了重罪，本应处墨、劓、剕、宫、大辟等重刑，却享有特权，并不真正施刑，而是通过画衣冠、异章服的方式象征其已受刑；流刑，即流放，本族人触犯大罪则被逐出氏族，在上古生产力极为落后的状况下，个人被逐出氏族群体已是当时相当严厉的惩罚；鞭刑，用鞭子抽打犯罪者，这是氏族管理者惩处为氏族办事不力者的刑罚；扑刑，用荆条笞打犯罪者，这是氏族内部负责军事训练的长官惩处犯罪者的刑罚；赎刑，指令犯人用金属赎罪。起初，氏族内部犯罪者大约只处以象、流、鞭、扑、赎等处罚，但到了后来，随着私有制的出现，氏族内部出现贫富分化，氏族内部握有权力者便逐渐开始将过去仅对异族施加的五刑，用于本氏族成员身上，特别是那些与氏族上层关系疏远的下层成员。氏族上层犯了罪如被判死刑和肉刑，仍可以施有象、流、鞭、扑、赎等不称为"刑"的惩罚措施，这也可以看作"刑不上大夫"的源头了。至于氏族下层和奴隶犯罪，大概就没有那么幸运了，等待他们的往往是被处以墨、劓、剕、宫、大辟等重刑。

根据目前史料，我们了解到夏代是中国历史上第一个从氏族社会迈向文明社会的朝代。"禹传启，家天下"，刚刚从氏族社会脱胎而生的夏王朝，生产力虽比原始社会先进，但总体上也不甚发达，农业生产工具大多还是骨质、木质生产工具，还有不少石制生产工具。夏代虽进入阶级社会，王权已然世袭，但夏代的制度和习惯仍保留了诸多氏族社会的痕迹。禹代舜为部落首领前，已经拥有氏族显贵的地位，但他还是"亲自操稿耜而九杂天下之川，腓无胈，胫无毛，沐甚雨，栉疾风，置万国"[①]。由此可知，禹虽身份

① 王先谦、刘武：《庄子集解　庄子集解内篇补正》，沈啸寰点校，中华书局，1987，第289页。

高贵，但并没有脱离农业劳动，在治水过程中仍与氏族成员并肩协作。由于生产力仍不甚发达，夏朝人仍有强烈的鬼神崇拜意识。禹本人可能就兼有氏族首领和巫师的双重身份，后世俗巫所效仿的“禹步”，最初可能就是大禹拜鬼神的一套巫术。孔子也曾称赞禹“菲饮食，而致孝乎鬼神；恶衣服，而致美乎黻冕”[①]。祭祀鬼神离不开礼仪，禹宁肯节俭吃穿也要把祭祀鬼神的礼仪搞得隆重丰盛，可见夏代人对祭祀礼仪的尊崇和看重。伴随着王位世袭制的实现，夏人的礼与等级制已挂钩。《礼记·礼运》说禹以后的王位世袭制，“天下为家”，“大人世及以为礼”，证明夏代的礼基本上成为在贵族中演习的规范了。

除了礼有所发展外，夏代的刑罚也已成为维护王权的重要手段。《国语·鲁语》记载禹代舜为部落首领后，“禹致群神于会稽之山，防风氏后至，禹杀而戮之”。不按时集会的部落首领，大禹可以直接下令杀掉他，可见阶级社会出现后的礼制刑罚，与此前原始氏族社会已不可相提并论，新的社会运转规则逐步形成。夏启时，王的权威进一步加强。在《尚书·甘誓》中启在讨伐有扈氏前对将士训话时表示，在战争中“不恭命”者，王将施以“孥戮”之刑。《史记·平准书》司马贞索隐引《尚书大传》云：“夏后氏不杀不刑，死罪罚二千馔。”针对犯罪的贵族，多数情况下夏王朝的统治者并不直接处罚，更多情况下还是采用类似于上古氏族以物赎罪的方式。

至商代夏，通过甲骨卜辞、史料记载及考古遗存可以看到，殷商的生产力明显比夏代发达。商代有大量剩余的粮食，贵族阶层饮酒之风盛行；商代以青铜器制造为代表的手工业已达到了相当高的水平，如精美绝伦的四羊方尊和雄伟的后母戊鼎。夏商虽都重鬼神崇拜，但商更重视祭祀上帝和祖先，对祖先的崇拜尤为明显，

① 朱熹：《四书章句集注》，中华书局，1983，第108页。

殷墟卜辞记载的大量祭祀活动中，以祭祀祖先神最为频繁。商王在甲骨卜辞中甚至直接称呼过世的祖先为“帝”，如武丁就在卜辞中称其父乙为“父乙帝”。商代重祭祀祖先，商代礼制与祭祀祖先密切相关。《说苑·修文篇》说：“夏后氏教以忠，而君子忠矣，小人之失野。救野莫如敬，故殷人教以敬，而君子敬矣，小人之失鬼。”“忠”“敬”都是贵族因习礼带来的精神变化，“野”“鬼”显然是指下民不受礼的教导而出现的粗鲁无知的精神面貌。看来夏商“礼不下庶人”的状况已经较为明显。所不同的是，夏代去古未远崇尚质朴、忠信，商人所倡导的“敬”，则更是多了几分对神权和王权的敬畏。从后世的记载来看，商代的刑罚以严酷著称。后世相传的“殷之法刑弃灰于街者”[①]及商纣王“重刑辟，有炮格（烙）之法”[②]，虽不一定是确凿的史实，却一定程度上反映了商代刑罚严酷的状况。商代的刑罚特别严酷，不仅下层民众犯法被惩罚，甚至贵族犯法也难逃重罚。商代严酷的刑罚是阶级社会形成初期王权强化的一种过度反应，导致商在很大程度上因刑罚严酷而亡国。

武王革命，殷灭周兴。周对殷的取代并不是由于生产力的发展而引起的社会性质的变革。从生产力的差距来看，周取代殷商从某种意义上反而造成社会发展的中断。武王灭商，百废待兴。“小邦周”虽在军事上击败了“大邦殷”，但摄政的周公深知周的统治并未稳固，夙夜难寐地思考对统治方式的变革。周公总结了夏商统治的经验教训，立足周的社会发展实际，将氏族制度与阶级社会的等级制度相结合，重新拧紧商代本已松散的血缘纽带，合血统与君统于一体，创立了宗法分封制，从此嫡、庶有别，大宗、小宗界限分明，血缘传承清晰，特别是嫡长子继承制，成为后世“百王不易

① 王先慎：《韩非子集解》，钟哲点校，中华书局，1998，第224页。
② 司马迁：《史记》，中华书局，1959，第106页。

之制”[①]。宗法制与分封制、血统和君统合二为一，是周公创立的宗法分封制的主要特征。分封制从政治结构上建立了各级贵族间的秩序，宗法制则以血缘的亲疏为纽带强化了贵族间的等级结构。为了维护、贯彻宗法分封制，周公从周族的实际情况出发，将发源于氏族社会的礼，特别是商代的礼进行大规模的改造，用一套体系化的烦琐仪式和规范来规定贵族的政治和社会生活，其目的就是确保“亲亲”“尊尊”的贯彻落实。“礼义立，则贵贱等矣”[②]，进而使“礼无所逆”[③]，形成天子—贵族—平民—奴隶各个阶级等级分明的统治秩序。周公将源于氏族风俗习惯的礼，改造成了治理国家的最重要手段，甚至将法也融入了礼治当中，使“礼”成为立法、司法的指导原则，因此“礼”常以法律或高于法律的面貌出现。[④]周公创立宗法分封制、制礼作乐后，礼成为全社会的规范。虽然平民阶层也有婚娶、丧葬、祭祀等礼仪，但周礼的实际操作主要是针对士以上的贵族阶层。因为礼并非仅仅是一种仪式，更代表着一种有较高文化内涵的意识形态。在孔子招徒讲学以前，“学在官府”是一种常态，平民阶层大多为文盲，对于复杂的礼鲜有知者。加之阶级地位的差异，平民阶层普遍贫困，“无物为礼”，主要的精力在于经营农业，根本无暇燕饮行礼，故《礼记·曲礼》才有“礼不下庶人”的说法。

“刑不上大夫，礼不下庶人”不仅是西周礼治的基本特征，而且也是西周立法、司法的重要依据。西周的刑融于礼当中，以礼为法则。礼的设计和实施主要针对贵族，而刑的实施却主要针对平

① 王国维：《殷周制度论》，载《观堂集林》卷十，中华书局，1959，第456页。

② 郑玄注，孔颖达疏：《礼记正义》，龚抗云整理，北京大学出版社，1999，第1085页。

③ 杨伯峻：《春秋左传注》，中华书局，1981，第921页。

④ 武树臣等：《中国传统法律文化》，北京大学出版社，1994，第169页。

民和奴隶。“刑不上大夫”是西周统治者总结了商代“刑始于亲，远者寒心，殷商以亡”[①]的教训而提出的原则。在统治者看来，宗法制下王室之亲无论其贫富，在政治上都具有外族人所无法比拟的地位，因而在法律上也应享有外族没有的特权。荀子曰：“由士以上则必以礼乐节之，众庶百姓则必以法数制之。”[②]《白虎通·五刑》说：“礼为有知制，刑为无知设。”瞿同祖先生认为：“失礼才入刑，则上流社会中有身份的人，曾受特殊教育，以知耻为务，事事遵循礼的规范，自无需刑的制裁；反之，一般庶人则难以此种方式达到同样的目的。”[③]“刑不上大夫”不是说贵族犯了罪就可以免于惩罚，而是指贵族犯罪后不受肉刑侮辱。贵族只有犯了重罪，特别是有篡位、弑君及相互残杀等危及君主统治、国家安全和贵族秩序的罪行时，才被放逐或判死刑。故虽然周初三监叛乱，周公杀管叔，放逐蔡叔，但总体而言，西周贵族仍有“刑不上大夫”的传统。

宗法分封制在周初实行时的确起到了维护周室的作用。这是因为宗法分封制实行之初，周王室与各诸侯国相比，不仅实力最强，且与各方诸侯在血缘上关系亲密。随着时间的推移，周王室与各诸侯国的大宗、小宗关系就越来越疏远。另外，从制度设计上看，各诸侯国有很强的独立性，周王室并不直接干预各诸侯国的具体事务。如此，诸侯国竞相发展，与周王室离心离德。西周末年，犬戎攻破镐京，周平王在郑、秦等国诸侯的襄助下才得以迁都洛邑。春秋之世，周王室势衰，不能力压诸侯，诸侯大国崛起。齐桓公、晋文公、楚庄公迭相称霸，齐桓公称霸还打着“尊王攘夷”的旗号，

① 黄怀信、张懋镕、田旭东：《逸周书汇校集注》，上海古籍出版社，2007，第948页。

② 王先谦：《荀子集解》，沈啸寰、王星贤点校，中华书局，1988，第178页。

③ 瞿同祖：《中国法律与中国社会》，商务印书馆，2010，第230页。

晋文公称霸后在温邑诸侯会盟时却“召王”而往，楚庄王称霸中原，竟敢于问鼎王室。“礼乐征伐”本应“自天子出”，无奈形势比人强，到了春秋前期却逆转为“礼乐征伐自诸侯出”；发展到春秋后期，各国卿大夫执掌国政，列国君权也开始旁落，甚至有的国家卿大夫的家臣也走到前台控制了卿大夫，摆布政局，影响国运，也就出现了“礼乐征伐自大夫出”及“陪臣执国命”的现象。列国之间的兼并战争和各诸侯国内部的政治斗争使得宗法贵族分封体系逐渐走向崩溃，特别是各诸侯国内部公室与卿大夫之间、掌权的卿大夫之间、同姓贵族与异姓贵族之间的政治斗争此起彼伏，最终的结果是大量的贵族宗室灭亡，部分旧贵族在斗争中失败或失势，其子孙大量沦落为平民甚至奴隶。《左传·昭公三年》就记载了晋国叔向对齐国晏婴所讲的一番话，很能说明春秋中晚期贵族阶层解体的现状。他说：“栾、郤、胥、原、狐、续、庆、伯，降在皂吏，政在家门，民无所依。”时人就发出了“社稷无常奉，君臣无常位”[①]感慨。

宗法贵族等级秩序的打破，使得春秋末期呈现出“礼崩乐坏”的局面。一方面，在斗争中取胜的新兴地主阶级上台后，为了巩固自己的权力，加强专制集权，往往有意冲破过去维护贵族等级制度的礼，表现出“无礼而好陵人，怙富而卑其上”[②]的举动；另一方面，平民阶层的崛起使得新兴的地主阶级必须依靠这个强大的社会基层力量才能巩固政权，如齐国的田（陈）氏遇到灾荒之年向民众贷粮，“以家量贷，而以公量收之”。田氏的家量大于公室的公量，即贷出的粮食多，收回时却很少。田氏用这样的办法收买人心，因此晏子无可奈何地感叹，“公弃其民，而归于陈氏”，“其

① 杨伯峻：《春秋左传注》，中华书局，1981，第1519页。
② 杨伯峻：《春秋左传注》，中华书局，1981，第1221页。

爱之如父母，而归之如流水”。[①]

其实，在贵族等级秩序逐渐坍塌之时，整个春秋时期社会的经济基础也悄然发生了变化。从因果关系上看，经济基础决定上层建筑，经济基础的变化对上层建筑产生了重要影响。众所周知，西周时期主要实行井田制，即“公田”与“私田”并行的土地制度，孟子论述道：“方里而井，井九百亩，其中为公田。八家皆私百亩，同养公田。公事毕，然后敢治私事。”[②]从土地的收成归属上看，井田制包含直接归宗法贵族的“公田”和平民自有的“私田”。公田的耕耘和收成都依赖平民的无偿劳动，古时称为“藉”，就是助耕，实为一种劳役。春秋之世，随着生产力的发展，特别是铁制农具的应用，大量的荒地被开垦，私田数量日增。过去，依靠井田制而实行的劳役再也无法实行。为适应这种新形势，各国在赋役制度上纷纷变革。如齐国的管仲在春秋前期就开始实行“相地而衰征”，即按照土地的贫瘠分等级征税，实际上变相地承认了平民对土地的私有权。鲁僖公十五年（前645年），晋国“作爰田”，废除了土地定期分授的制度，把田地直接赏赐给贵族，“易其疆畔”，使贵族的采邑连成一片，加快了土地私有的趋势。鲁宣公十五年（前594年），鲁国实行“初税亩”，“履亩而税”[③]。实行按亩征税，就是不论公田、私田一律征税，客观上承认了私田的合法性。鲁襄公三十年（前543年），子产在郑国也进行了田制和赋税的改革。子产一方面“使都鄙有章，上下有服，田有封洫”，维护等级制度，另一方面对私田加以妥协，使“庐井有伍”[④]，即不剥夺民众对土地的私有，把土地和人按“伍”编制起来加以管理。鲁昭公

① 杨伯峻：《春秋左传注》，中华书局，1981，第1236页。

② 朱熹：《四书章句集注》，中华书局，1983，第256页。

③ 公羊寿传，何休解诂，徐彦疏：《春秋公羊传注疏》，浦卫忠整理，北京大学出版社，1999，第359页。

④ 杨伯峻：《春秋左传注》，中华书局，1981，第1181页。

四年（前538年），子产为增加国家财政收入，改变了军赋的征收办法，而“作丘赋”[1]。按“丘”收赋就是指不论私田、公田，只要在“丘”内都收军赋。

新兴地主阶级为巩固政权，维护其阶级利益，必然要加强专制集权，依靠本国日益壮大的以个体小农为主体的平民阶层，彻底摆脱旧贵族的约束，就必须打破“刑不上大夫，礼不下庶人”的老传统。

到春秋后期，郑国的子产、晋国的赵鞅先后铸刑书于鼎，开了公布成文法的先河，法律由秘密而公开，贵族再也不能独自垄断法律的解释权。成文法一经公开，标志着“刑不上大夫”的古老传统被打破。成文法一公布就先后遭到了部分政治上保守的旧贵族的反对。叔向特地给子产写信，说：“昔先王议事以制，不为刑辟，惧民之有争心也。……民知有辟，则不忌于上，并有争心，以征于书，而徼幸以成之，弗可为矣。”[2]其后，晋国赵鞅、荀寅也铸造刑鼎，孔子讥之曰：“晋其亡乎？失其度矣。……民在鼎矣，何以尊贵？贵何业之守？贵贱无序，何以为国？”[3]叔向、孔子反对的原因无非是法律公开后，平民阶层可以依据法律条文，要求政府在执法过程中给予这个阶层公正平等的地位，原有的统治规则和秩序将受到极大冲击和挑战。自此，贵族再也无法维持“刑不上大夫，礼不下庶人”的传统了，新兴的社会规则应运而生、呼之欲出。

到了战国初年，生产力继续发展，铁制农具基本普及，传统农业已经不再需要以宗族为单位进行集体协作生产，小农经济个体应对自然的能力大大加强。事实上，从春秋后期开始，各国逐渐将日益壮大的以个体小农为主体的平民阶层以家庭为单位进行登记造册，编户民随之形成。进入战国之后，各国国内旧式宗法贵族在

---

① 杨伯峻：《春秋左传注》，中华书局，1981，第1254页。
② 杨伯峻：《春秋左传注》，中华书局，1981，第1274～1275页。
③ 杨伯峻：《春秋左传注》，中华书局，1981，第1504页。

新兴地主阶级的打击下，势力大大削弱，对外列国兼并战争更趋激烈。对新兴的地主阶级来说，战争的兵源需要平民来补充，新兴政权所需的一切费用需要从平民身上征收。各国为了实现富国强兵，纷纷进行新的一轮变法，如魏国的李悝变法、楚国的吴起变法、秦国的商鞅变法，等等，法家正式登场。法家变法最主要的革命对象就是已经大为削弱的宗法贵族，通过变法树立新的制度和规则，发展完善专制主义中央集权的君主制。这种变化反映在法律上，就是要通过公开的成文法取信于民。战国中后期以来，从时代发展的主流上看，"刑不上大夫，礼不下庶人"的旧传统基本终结，中国传统法治文化开始形成。

二、春秋战国礼法关系的论争

礼由上古风俗形成，至西周初年，周公在创立宗法分封制的基础上，制礼作乐，确立了以礼治国的治世之道。礼治在西周畅行数百年，不但巩固了周人的统治，而且作为一种社会意识形态深入人心，周人骨子里浸润着深厚的礼风乐韵。西周的礼治以宗法分封制为土壤，随着血缘关系的疏远，宗法分封制对诸侯的约束力渐次出现"递减效应"。西周末年幽王、厉王无道，山崩川竭，加之犬戎之祸，平王东迁洛邑后，力不能制诸侯。春秋之世，先是"礼乐征伐自诸侯出"，继而又出现了"自大夫出"，甚至出现了"陪臣执国命"的现象。旧有的治世之道——礼治，已无法应对纷乱的时局，以重典治世为特征的法治思想抬头。春秋战国时期的礼法之争就是这两种统治思想斗争的直接体现。

1. 叔向与子产的礼法之争

春秋战国时期，最早的礼法之争始自子产"铸刑书"。鲁昭公六年（前536年），担任郑国之相的子产率先开启了铸刑书于鼎的先河，由此引发了晋国卿大夫叔向与子产间的礼法之争。

作为同一时代闻名于世的卿大夫，叔向与子产素来友好。当得知郑国铸刑书于鼎的消息后，愤懑不已的叔向亲自写信给子产，严厉批评自己的老朋友。《左传》对此有详细的记载：

> 始吾有虞于子，今则已矣。昔先王议事以制，不为刑辟，惧民之有争心也。犹不可禁御，是故闲之以义，纠之以政，行之以礼，守之以信，奉之以仁；制为禄位，以劝其从；严断刑罚，以威其淫。惧其未也，故诲之以忠，耸之以行，教之以务，使之以和，临之以敬，莅之以强，断之以刚；犹求圣哲之上、明察之官、忠信之长、慈惠之师，民于是乎可任使也，而不生祸乱。民知有辟，则不忌于上。并有争心，以征于书，而徼幸以成之，弗可为矣。
>
> 夏有乱政，而作《禹刑》；商有乱政，而作《汤刑》；周有乱政，而作《九刑》：三辟之兴，皆叔世也。
>
> 今吾子相郑国，作封洫，立谤政，制参辟，铸刑书，将以靖民，不亦难乎？《诗》曰："仪式刑文王之德，日靖四方。"又曰："仪刑文王，万邦作孚。"如是，何辟之有？民知争端矣，将弃礼而征于书。锥刀之末，将尽争之。乱狱滋丰，贿赂并行，终子之世，郑其败乎！肸闻之，"国将亡，必多制"，其此之谓乎！①

叔向批评子产铸刑书于鼎的理由是：叔向认为，把刑书铸在鼎上，老百姓知道后，就会抛弃礼，不管多小的案子都拿刑书来对照，与官吏争论不休，以至于弄到"乱狱滋丰，贿赂并行"的地步，国家就会灭亡。

问题的关键在于如何理解"刑书""刑辟"两个范畴和"议事以制"这一制度。

① 杨伯峻：《春秋左传注》，中华书局，1981，第1274~1276页。

通常的说法是，“刑辟”就是刑法，郑刑书是一部刑法典，其根据是《说文》的“辟，法也”。《说文》原文为：“辟，法也。……节制其罪也。”可见，训辟为法是从惩罚犯罪的意义上说的。《尔雅·释诂》曰：“辟，辠也。”“辠”，古“罪”字。郭璞注：“皆刑罪也。”郝懿行《尔雅义疏》云：“辟，法也。又训罪者，出乎法即入乎罪，治其罪者亦罪之也。”段玉裁《说文解字注》也云：“谓犯法者则执法以罪之也。”可见，古代将对犯罪的惩罚称作“辟”。刑辟不是一般所谓的刑法，与后世的《法经》《九章律》《唐律》等不同，与近现代的刑法典更不同。它只是有关惩治犯罪的具体规定，为刑罪之法，相当于今之刑罚条款。郑刑书即此类性质的刑辟。

弄清了刑辟的含义，“议事以制，不为刑辟”就容易理解了。杜预《春秋左传》注以为，“议事以制”是“临事制刑，不豫设法也”。这个“法”，应理解为“刑辟”，即刑罪之法，而非一般意义上的刑法。《汉书·刑法志》李奇注云：“先议其犯事，议定然后乃断其罪，不为一成之刑著于鼎也。”王引之的《经义述闻》不同意杜、李二氏对“议”的解释，但对“不为刑辟”提不出别的意见。他说杜预“以议事为临事，非也”，李氏“以议为议论之义，亦非《传》意”，并写道：“议读为仪。仪，度也；制，断也。谓度事之轻重以断其罪，不豫设为定法也。”王氏所说的“定法”，也应理解为惩罚犯罪之定法，非一般的刑法。杨伯峻先生《春秋左传注》取王氏之意，释“议事以制”为“度量事之轻重，而据以断其罪”。

议事以制实际上是一种很早就出现的刑罚制度。清人崔述考释说：

> 窃意三代建国之初，立法皆疏，行法者临事制宜，酌其情理而权衡之，故不至有过不及之弊，所谓“眚

灾”“怙终”者也。[①]

“眚灾肆赦，怙终贼刑”一语，出自《尚书·尧典》，意为：如果是过失犯罪，应予赦免；如果是故意为恶且终不悔改，又系贼杀人一类严重犯罪，则必须严加惩处。这种刑罚原则和制度也就是汉儒总结的“原情定罪”，即所谓“本其事而原其志，志邪者不待成，首恶者罪特重，本直者其论轻”[②]。它反对客观归罪，强调断罪时应分析犯罪者实施犯罪时的主观和客观情节，尤其应重视其主观方面上道德过错的有无和大小。作为一种刑罚学说，其片面性主要表现在过分强调主观动机在定罪量刑中的作用，这在司法实践中往往流为道德过错定罪。这种刑罚原则是排斥事先规定犯什么罪处什么刑，即预设罚罪之刑辟的做法，从而形成一种“刑不可知，威不可测”的刑事司法制度。它是礼制的一类传统，其中也带有原始民主制的某些遗存，赋予司法官以较大权力，与判例法国家中的“法官造法”制度有某种相似之处。

因此，“议事以制”指根据犯罪的主、客观情节度量其轻重而定罪处刑；“不为刑辟”，即不预先规定罚罪之法。所以，叔向所反对的主要是将定罪处刑的办法条款化、固定化，而坚持司法官应在礼的指导下享有较大自由度的定罪量刑制度。

再从当时的政治背景来看，包括叔向、子产在内的一些头脑比较清醒的政治家、思想家都看到了这是一个乱世、衰世。子产说，他铸刑书是为了“救世”，不乱不衰，何教之有？叔向和子产两人对世道的看法并无二致，所不同的是主张的救世的方法。叔向指出“乱政”而兴刑辟，“叔世”而“多制”是为了告诫子产不要重蹈覆辙。因此，“乱政”“叔世”应就其本意理解：“乱政”非“治

① 崔述：《考古续说》卷一附《刑法同异考》，载顾颉刚编著《崔东壁遗书》，上海古籍出版社，1983，第453页。

② 苏舆：《春秋繁露义证》，钟哲点校，中华书局，1992，第92页。

政”，“叔世”非“俶世”。其实，《禹刑》《汤刑》等，并非真是禹、汤所定，不过是借禹、汤之名而作的刑辟，均是刑罪之法，旨在以刑治民，御民于刑威之下。叔向主张礼治，自然反对以刑治民的主张和做法。叔向的刑罚观，在思想倾向上，有非法定主义的成分。

罪刑非法定主义往往与判例法制度联系在一起，而罪刑法定主义则常常与成文法制度不相分离。在这样一个意义上，叔向的“议事以制，不为刑辟”具有某种反对成文法的含义。具体地说，是反对罚罪之法的固定化、条款化、成文化。子产的“制叁辟，铸刑书”则含有将罚罪之法固定化、条款化、成文化，亦即以法定刑主义的倾向。

在刑事司法领域中，法官必须据刑辟断罪判刑，这比起任何一个法官都可以“议事以制”来说，无疑是一种进步。在春秋以前的古代社会，社会关系比较简单，广大劳动人民基本上被排斥在诉讼权利之外，对社会所发生的争论案件尚可在礼的指导下采取“议事以制”的方法了结，社会秩序也可以此求得大致的稳定。但到了春秋，礼崩乐坏，社会关系更加复杂，案件量急剧上升，官吏的司法审判任务大大增加。在当时，并不是每一个官吏都可以据礼而正确地“议事以制”的。于是，官吏的司法随意性愈来愈大，对犯罪的镇压不能及时有力，原有的社会秩序难以维系。子产正是在这样一种情势下迫不得已而强调了“猛”政，强调了以猛济宽的一面。由是而有“制叁辟，铸刑书”，规定郑国各级官吏必须据刑书断罪，加强刑事司法的镇压和威慑力量，而司法官不得实行随意性较大的“议事以制”的司法制度，用明文法典威慑民众。

法制上的进步有时是以道德上的一定退步为代价的。叔向希望保持原始民主遗风，依赖“圣哲之上、明察之官、忠信之长、慈惠之师”来“议事以制”，这在当时已经行不通，因为那样一种司法道德已随着其相应的社会、经济条件和法律制度的改变而淡化了。

叔向在春秋时代仍抱着“议事以制”的制度和司法道德不放，在政治上沦为保守派，其主张成为不切实际的幻想。与之相反，子产的“救世”措施则是顺应时代的一种改革。子产的改革为后来法家的“壹刑”“刑过不避大臣”的刑事司法理论提供创新性思想资料和司法改革实践，也可以说是后世封建社会中司法官吏必须严格依据律条、成例断案的司法制度的萌芽。

2. 孔子反对晋国“铸刑鼎”

孔子反对晋国铸刑鼎一事，在春秋时期又是一场著名的礼法之争。

《左传·昭公二十九年》载：

> 冬，晋赵鞅、荀寅帅师城汝滨，遂赋晋国一鼓铁，以铸刑鼎，著范宣子所为刑书焉。
>
> 仲尼曰：“晋其亡乎！失其度矣。夫晋国将守唐叔之所受法度，以经纬其民，卿大夫以序守之，民是以能尊其贵，贵是以能守其业。贵贱不愆，所谓度也。文公是以作执秩之官，为被庐之法，以为盟主。今弃是度也，而为刑鼎，民在鼎矣，何以尊贵？贵何业之守？贵贱无序，何以为国？且夫宣子之刑，夷之搜也，晋国之乱制也，若之何以为法，蔡史墨曰：“范氏、中行氏其亡乎！中行寅为下卿，而干上令，擅作刑器，以为国法，是法奸也。又加范氏焉，易之，亡也。其及赵氏，赵孟与焉。然不得已，若德，可以免。①

首先，从整段话的文义来分析。孔子赞成“唐叔之所受法度”和“被庐之法”，反对夷搜之法和刑鼎，这就不好笼统地说孔子反

① 杨伯峻：《春秋左传注》，中华书局，1981，第1504~1505页。

对法。孔子为什么反对铸刑鼎？照他自己和蔡史墨的说法，大致有以下三点理由：第一，铸刑鼎抛弃了唐叔之法和被庐之法所建立起来的“度”，即法制秩序，这会带来“贵贱无序，何以为国”的严重后果；第二，铸刑鼎所依据的“宣子之刑”、夷搜之法是“乱制”；第三，铸刑鼎不符合立法程序，是晋国的下卿中行寅（即荀寅）“擅作刑器，以为国法”，欲以此“干上令”，故是一种“法奸”行为。以上三点的一个核心是晋国铸刑鼎违背了周代礼制的内容和程序，是弃礼、坏礼。

任何一种立法和法制都有自己的“度”。唐叔之法受于周公，无疑以周礼的精神为“度”。晋文公作“被庐之法”，汉班固讥其礼“已颇僭差”，但他在被庐这个地方“大搜以示之礼”，随后实行的“利民”“平政”“勤王”“伐原示信”等措施，也大体不出礼制原则。其“执秩之官”，即用秩礼来控制、约束贵族官吏，从而使庶民敬畏贵者，维系“贵贱不愆”的统治秩序。这就是孔子所主张的“上好礼，则民莫敢不敬”的礼治。礼治不是不要刑、不用罚，其原则是“明德慎罚”。

以晋文公为例，在制定“被庐之法”后不久，晋楚之间爆发城濮之战。这是奠定晋文公霸主地位的关键性战役。在城濮大战中，晋文公严格执行“被庐之法”，大将颠颉自恃有长期从亡之功，违反军令，即杀之，“以徇于师”；“祁瞒奸命”，也系之，“以徇于诸侯”；戎右舟之侨擅自“先归”，又杀之，“以徇于国”。在《左传》借“君子”之口赞曰：“其能刑矣，三罪而民服。”晋文公先“大搜以示之礼，作执秩以正其官”，然后严厉惩处违法奸命的官吏的做法，体现了重礼轻刑、先礼后刑的礼治原则，正是孔子所一贯主张的。由是可知，刑鼎所弃的是礼制之“度”。“民在鼎矣”，即“民在刑矣”，因为此鼎系刑鼎，其意为置民于刑威之下。荀寅其人，刘向在《新序》中讥讽他“以苛为察，以欺为明，以刻为忠，以计多为善，以聚敛为良”，因此，“民怨谤诅”。这个记载同他铸刑搞严刑峻法倒是一致的。荀寅聚敛无度、刑罚无度，必然会弄到“贵贱无序，何以为国”的地步。铸刑鼎以后仅过16年（前497年），荀、范二氏就被赵鞅逐出晋国，这是他们聚敛无度、取民于刑威之下，因而丧尽民心的应有下场。因此，从《左传》所记的孔子讥刑鼎的言论看，孔子主要是反对以刑为治，而坚持礼治。从刑事司法和罪刑关系的学理上来说，晋国铸刑鼎的做法，不论其主持者出于何种卑鄙的动机，实际上具有罪刑以刑鼎所列条文为依据的意义，即犯罪者不论贵贱，执法者一概以刑鼎所铸条文为定罪量刑的准绳。

在这一点上，晋刑鼎与子产的郑刑书有相同的性质。孔子感叹“民在鼎矣”“贵无序”，与叔向所叹的“民知有辟，则不忌于上，并有争心，以征于书”亦有相同的基调，包含着坚持“议事以制”的罪刑非法定的思想倾向，反对将断罪处刑之法条款化、固定化、成文化。因而，从法制改革的角度来评价，孔子讥刑鼎与叔向反对子产立刑书一样，反映了他们保守主义的法治文化立场。

罪刑非法定的司法原则在保持较多的原始氏族民主遗风的礼治制度下是可以行得通的，罪刑非法定在礼治背景下仍然可以有效地惩罚犯罪，维持等级秩序和社会有序运转。然而这种情形，到春秋时代就越来越不灵验了，因为它所赖以运行的整个礼制已经崩坏了。同时，这种赋予司法官很大的“造法”权的“议事以制”制度，也不符合正在形成中的封建君主专制政体下政治法律制度的发展趋势。后来的封建法制理论和司法实践表明，它基本上是以律断罪与以情断罪、罪刑法定与罪刑非法定的结合，既非完全的以成文法为依据的依法定刑制度，也非纯粹的习惯法、判例法制度下的非法定刑主义。这也是中华法系礼法结合这一特点在刑事司法和罪刑关系方面的体现。

三、春秋战国时期德法关系的论争

儒家以礼作为行为规范，用以维持社会秩序，已如上节所述。然则以何种力量来推行礼，使人人守礼不违礼；如有人不遵守此种行为规范而破坏社会秩序，将以何种力量来保护它；如何对待违礼者，如何维护礼制的权威等问题应做进一步的分析讨论。儒家认为无论人性善恶，都可以道德教化的力量，收潜移默化之功。这种以教化变化人心的方式，是心理上的改造，使人心良善，知耻而无奸邪之心，自是最彻底、最根本、最积极的办法，断非法律裁判所能办到。所以陆贾云："夫法令者，所以诛恶，非所以劝善。"[①]汉贤良文学曾言："法能刑人而不能使人廉，能杀人而不能使人仁。"[②]刑罚能够惩处人，却不能让人变得廉洁；能够剥夺人的生命，却不能让人成为仁人志士，刑罚的作用与教化的作用相比犹如天壤之别。"有耻且格"不是仅仅靠刑法所能办到，曾、闵之孝，夷、齐之廉，岂能因为民众畏惧刑罚就自然而成，社会文明进步要靠教化之所致。"民亲爱则无相害伤之意，动思义则无奸邪之心。夫若此者，非法律之所使也，非威刑之所强也，此乃教化之所致也。"[③]法律缺少引导人自觉向善的力量，只能消极地禁人为恶，以威吓的力量使人不敢为恶，至多只能达到"民免而无耻"的程度。仅仅靠违法造成的刑法处置带来的恐慌，不足以引导社会向上向善前进发展，一旦刑法的威吓的力量不存在时，或是违法的收益远远大于其付出的代价时，铤而走险者仍将为恶。换言之，仅仅是严刑峻法不足以维持社会有序运转，而应辨证施治，综合运用各方面的资源，协同合力，才能维护社会文明有序运转。

---

① 王利器：《新语校注》，中华书局，1986，第65页。

② 王利器：《盐铁论校注》，中华书局，1992，第580页。

③ 王符撰，汪继培笺：《潜夫论笺校正》，彭铎校正，中华书局，1985，第376页。

1. 德化与刑法的价值

《大戴礼记·礼察》称“礼者禁于将然之前，而法者禁于已然之后”，一般认为礼可以作为事前的预防，法一般作为事后的补救，二者之价值自不可相提并论，当然也不可偏废。礼教之可贵便在于“绝恶于未萌，而起敬于微渺，使民日徙善远罪而不自知也”。若能如此，则人民根本便无恶的动机，一切作恶的行为自无从发生，法律制裁更无存在的必要，犹之无病便无需医药疗理，所以孔子以无讼为最后目的，相信善人为百年便可以胜残去杀。荀子对此也持同样的见解，认为教化既行，便无法律刑罚的需要：

> 故上好礼义，尚贤使能，无贪利之心，则下亦得辞让、致忠信而谨于臣子矣。如是则虽在小民，不待合符节、别契券而信，不待探筹、投钩而公，不待衡石、称县而平，不待斗、斛、敦，概而啧。故赏不用而民劝，罚不用而民服，有司不劳而事治，政令不烦而俗美，百姓莫敢不顺上之法，象上之志，而劝上之事，而安乐之矣。①

董仲舒也说：“古者修教训之官，务以德善化民，民已大化之后，天下常亡一人之狱矣。”②教化虽需相当时日，教化已成，人心已正，只要心术不变，便可永不为恶，所以教化可以一劳永逸，垂之永远，使社会长治久安，不像法律只有短暂的功效。从这一点来说，法律的价值也不如德化。贾谊说：

> 秦王之尊宗庙而安子孙，与汤武同，然而汤武广大其德行，六七百岁而弗失，秦王治天下，十余岁则大败，此

① 王先谦：《荀子集解》，沈啸寰、王星贤点校，中华书局，1988，第232页。

② 班固撰，颜师古注：《汉书》，中华书局，1962，第2515页。

亡它故矣，汤武之定取舍审而秦王之定取舍不审矣。……汤武置天下于仁义礼乐，而德泽洽，禽兽，草木广裕，德被蛮貊四夷，累子孙数十世，此天下之所共闻也。秦王置天下于法令刑罚，德泽亡一有，而怨毒盈于世，下憎恶之如仇雠，祸几及身，子孙诛绝，此天下之所共见也……今或言礼谊之不如法令，教化之不如刑罚，人主胡不引殷、周、秦事以观之也。[①]

董仲舒对此也持相同的见解，说圣王“教化已明，习俗已成，子孙循之，行五六百岁尚未败也”。秦则弃礼仪，废先王之道，十四岁而国破亡。又说：“道者，所繇适于治之路也，仁义礼乐皆其具也，故圣王已没，而子孙长久安宁数百岁，此皆礼乐教化之功也。”[②]又有人说：“尧舜之化，百世不辍，仁义之风远也。管仲任法，身死则法息，严而寡恩也。”根据此种见解，则不仅如秦王之暴戾残忍难以长保天下，便是如管仲之贤能理国，也不能长治久安。单纯依靠严刑苛法，虽能收一时之效，但难以恩及后代，甚至往往在当代便遭到重大失败。

德化的功用如此宏远，所以儒家极端推崇德治，孔子以北辰比喻为政以德，又说：“道之以政，齐之以刑，民免而无耻。道之以德，齐之以礼，有耻且格。”[③]尊德礼而卑刑罚，是儒家一致的原则，即使是人民偶有违犯，儒家也不主张以法律来制裁。儒家否认法律有救败之功，认为法律不能劝善禁恶于前，习俗已经薄恶之后，想以法律来补，也只能是以汤止沸，抱薪救火，更无益处。而且人民有过失，罪并不在民，还是因教化未施或施而未彻底的缘故，其责任在上而不在下。“不教而杀谓之虐”，孔子认为上位者

① 班固撰，颜师古注：《汉书》，中华书局，1962，第2253页。
② 班固撰，颜师古注：《汉书》，中华书局，1962，第2499页。
③ 朱熹：《四书章句集注》，中华书局，1983，第54页。

要人民为善，就要经常加以教导。你教他，他不听，才可以处罚，才可以加刑。如果平时你不注意教导人民，而人民一旦有罪就加以刑杀，用刑残酷，全无恻隐之心，这就叫虐。再严刑酷法，也无补于治，只有加强对民众的教导教化，方能收治平之效。

历山农人侵畔，雷泽渔人争地，河滨陶者陶器粗劣。舜往历山躬耕，一年而人让畔；舜往雷泽为渔，一年而人让居；舜往河滨自为陶器，一年而河滨人所作的陶器都质地坚牢。面对农人、渔人、陶者存在的问题，舜没有简单靠刑法来立威处理，而是拿出时间与精力，以身示范，加强教化引导，结果立竿见影，收到了刑法处理难以企及的效果。

2. 孔子“先教而后诛”论

> 孔子为鲁司寇，有父子讼者，孔子拘之，三月不别。其父请止，孔子舍之。季孙闻之不说，曰：“是老也欺予，语予曰：为国家必以孝，今杀一人以戮不孝，又舍之。”冉子以告。孔子慨然叹曰：“呜呼！上失之，下杀之，其可乎！不教其民而听其狱，杀不辜也。三军大败，不可斩也。狱犴不治，不可刑也。罪不在民故也。嫚令谨诛，贼也；今生也有时，敛也无时，暴也；不教而责成功，虐也。已此三者，然后刑可即也。”①

《荀子》里面记载的这则孔子担任司寇时处理父子争讼的故事，从一定角度说明了儒家认为教化未施不可轻易随意动用刑罚。没有对人民进行充分的教化而就轻易动用刑罚，虽能立威于一时，但长远来看，却不利于国家的长治久安，对民众而言是贼、暴、虐，不足以教化民众，不足以规范社会运转。舜耕历山教化农人、

① 王先谦：《荀子集解》，沈啸寰、王星贤点校，中华书局，1988，第521~522页。

渔人、陶者的故事，与孔子处理父子互讼的故事一起，代表儒家以教化为中心的主张。后世儒者仍有不少推崇德化精神，重视教化的作用，他们想以德化民，通过教化引导民众向上向善。儒家坚信人心的善恶在很大程度上受教化的影响，历代儒家士子大都崇尚教化，特别看重在位者的潜移默化之功，认为君子的人格有很大的感召力，所以德治主义进而发展为人治主义。所谓德治是指德化的程序而言，所谓人治则偏重德化者本身，实是二而一、一而二的。执政者的人格为全国上下所钦仰，上行下效，执政者的行为自然为全国上下所模仿，成为一种风气。孔子推崇认可的“君子之德风，小人之德草，草上之风，必偃”[①]，君子人格，春风化雨，以身作则，重视教化的作用不言自明。

3. 法家反德治、尚法治

法家则完全与儒家立于相反的立场，否认社会的稳定可以借德化的力量来维持，更不相信当政者一二人的力量便足以转变社会风气，决定国家的治乱。法家从根本上反对有治人无治法，人存政存人亡政亡的办法。法家所需要的是必然之治，使社会长治久安，而不是这种茫茫不可期，时乱时治的办法。

尹文子说：“若使遭贤则治，遭愚则乱；是治乱系于贤愚，不系于礼乐，是圣王之术，与圣主而俱没。治世之法，逮易世而莫用，则乱多治寡。”[②]韩非子也说：尧、舜千世而一出，“尧、舜至乃治，是千世乱而一治也”[③]。坐待尧、舜以救败，犹之待粱肉而救饿，待越人之善游者以救人，饿者必不活，溺者断不生。在法家看来，等待尧、舜出现才能实现天下大治，犹如等待美食来抢救即将饿死之人，等待善于游泳的人来抢救溺水之人，这都是不切实际

① 朱熹：《四书章句集注》，中华书局，1983，第138页。
② 王恺銮校正：《尹文子校正》，商务印书馆，1935，第14页。
③ 王先慎：《韩非子集解》，钟哲点校，中华书局，1998，第392页。

的，都是不可行的。

法家认为尧、舜，桀、纣并皆千世而一出，通常都是些“上不及尧、舜，下亦不为桀、纣”的“中人”，这些“中人”本身的力量并不足为善为恶，有完善法律的帮助便可治理国家，“抱法处势则治，背法去势则乱”，原不必坐候尧、舜。若“废势背法而待尧、舜，尧、舜至乃治，是千世乱而一治也。抱法处势而待桀、纣，桀、纣至乃乱，是千世治而一乱也”。治千乱一，与乱一治千，相去甚远。“夫良马固车，五十里而一置，使中手御之，追速致远，可以及也，而千里可日致也，何必待古之王良乎？”良马固车，王良御之，固可一日千里。如果五十里而设置一个驿站，使中手御之，追远致速，也可走完千里的路程。若非待王良则不能行动一步，与等待尧、舜才能治理好国家是一个道理，想想都是非常可笑的。国家的长治久安，要有一整套的良好的法令制度，这样即使统治者资质平平，也可以把国家管理好，也可以让民众安居乐业。

法律原是这班“中人”用以治世的工具，所以韩非说：“立法非所以避曾史也，所以使庸主能止盗跖也。”[①]又说：“使中主守法术，拙匠执规矩尺寸，则万不失矣。”[②]即使千世而逢尧、舜，仁义化人太缓，也不足为法。“舜救败，期年已一过，三年已三过，舜有尽，寿有尽，天下过无已者，以有尽逐无已，所止者寡矣。”[③]尧、舜千世而一出，已乱多治少，好容易得逢尧、舜，又需三五年的时间才能化三五处人民，其他人民如何能等？以舜之德尚且须以一年的功夫躬籍处苦，而后才能教化民众，那些才能德行不及尧、舜者，又将如何？所以韩非说：“且夫以身为苦而后化民者，尧、舜之所难也；处势而骄下者，庸主之所易也。将治天下，释庸主之

① 王先慎：《韩非子集解》，钟哲点校，中华书局，1998，第203页。
② 王先慎：《韩非子集解》，钟哲点校，中华书局，1998，第205页。
③ 王先慎：《韩非子集解》，钟哲点校，中华书局，1998，第350页。

所易，道尧、舜之所难，未可与为政也。”[①]他认为治国原不需如此费事，只需“赏罚使天下必行之。令曰：‘中程者赏，弗中程者诛。’令朝至暮变，暮至朝变，十日而海内毕矣。奚待期年”[②]。在韩非子等法家看来，治国理政原是轻而易举的事，并不需要尧、舜，也不需长久的时间，只需要完善的法令，需要做到令行禁止，国家长治久安便指日可待。

再进一步说，法家以为即使有尧、舜之德，能否以德化人，亦是疑问，民或不受化。“仁者能仁于人而不能使人仁，义者能爱于人而不能使人爱。”反求诸已，亦奈何妄人不得。韩非子驳儒家道：“舜之救败也，则是尧有失也。贤舜则去尧之明察，圣尧则去舜之德化，不可两得也。”[③]尧之圣德，何以不能使天下无奸，仍劳舜之救败？尧之德未必不如舜，即使品德能力和尧、舜那样，也不能保证足以教化全天下的人，可见仁义化天下并非事实，至少不是全国皆然的，教化也有其局限性。

四、春秋战国时期法治与人治关系的论争

“人治”与“法治”孰优孰劣是中国传统法研究中颇引人注目的争论话题。在论述中国古代法律中的人治观之前，必须先区别一下中国与西方、古代与现代有关“人治”“法治”的异同。第一，中国古代的“人治”观念可与西方柏拉图“贤人政治”相比较。无论是古代中国的“人治”观念，还是西方的“人治”理论，都与我们现实中“以人代法”“以言代法”或“长官意志”等所谓“人治”毫不相关。将古代“人治”简单地解释为“权大于法”，全是以今人之心度古人之腹。第二，中国古代的“法治”观念与西方亚里士

---

① 王先慎：《韩非子集解》，钟哲点校，中华书局，1998，第351页。
② 王先慎：《韩非子集解》，钟哲点校，中华书局，1998，第351页。
③ 王先慎：《韩非子集解》，钟哲点校，中华书局，1998，第350页。

多德及近代资产阶级的“法治”理论迥然不同。古代中国“法治”的目的是维护君主专制权威，与现代社会语境中的民主法治思想是两个概念。在中国古代提倡“法治”的政治家、思想家心目中绝不存在着“人大还是法大”或“权大还是法大”这样的问题。法律服务于君权是天经地义之事。法家所谓“法治”不过是将君主凌驾于一切之上，当然也凌驾于法律之上。鉴于此，对传统“人治”思想脱离时代背景和语境，不加分析地一概贬斥，是典型的以今度古，削足适履，其结果会造成历史虚无主义，在一定程度上将会阻碍中华优秀传统文化的弘扬。相反，如果走上另外一个民族主义的极端，因为中国传统的法家“法治”在历史上曾起过一定进步作用，便将其视为精华而不加辨别、不加区分地全面继承，并企图通过提倡传统意义上的法治而健全现代意义上的民主，甚至是夸大古代中国法治的进步意义，认为其有跨时代的进步性，进而加以片面弘扬，其结果也必将是缘木求鱼。

中国传统法中的“人治观”与“道德观”是相辅相成的。先秦儒家及古代绝大部分政治家在论证人与法的关系时都将“人”置于首位。这个“人”必须是有道德的人。在强调人的素质与作用时，人们对法的作用不免有所忽略，甚至将法的副作用夸大。“人治观”对中国传统法治发展既有积极意义，又有消极的影响。

1. 人治与法治的含义

先秦儒家所主张的人治，是西周宗法贵族政体及附着于贵族政体之上的习惯法制度下的产物。周人灭商后，采取了贵族分封制，天子一统天下，各分封国相对独立的政治格局，决定了不论是周王室，还是分封国都不可能而且不必制定统一而详备的法律规范。在政权所及的范围内，法律实践活动按照各自的传统和习惯进行。以习惯为法的司法活动特点是“议事以制，不为刑辟”，即在决狱时依据习惯“议”而定罪，而不是根据具体的法律条文来直接定罪。贵族政体与习惯法自然而然地将人置于关键地位，因为法律运用的恰当与否取决于断狱者“议事”的水平，得人则狱直，失人则狱冤。正因为“人”的重要，西周统治者才格外强调“惟良折狱”（即断狱须用善良之人）。

主张损益西周的典章制度而为现实服务的儒家创始人孔子，在总结西周统治经验时提出了“为政在人”的主张。孔子的“人治”思想主要有两方面的内容：第一，强调统治者的道德表率作用。儒家认为统治者的表率作用远远超过建立法制的功效，所谓“其身正，不令而行；其身不正，虽令不从”①。孟子也就这一问题加以阐述，认为“君仁莫不仁，君义莫不义，君正莫不正”②。以孟子为代表的儒家主张君主讲仁义，守正道，百姓自然跟着学习，仁义正道是水到渠成的，统治者的德行直接关系着国家的治乱兴衰。第二，强调用人须用德才兼备之人。鲁哀公曾问政于孔子，如何使天下百姓归顺？孔子答道：“举直错诸枉，则民服，举枉错诸直，则民不服。”孔子认为提拔忠直的人，将之置于奸佞的人之上，人民就会服从；任用奸佞的人，置于忠直的人之上，人民就会不服从。宋代大儒朱熹在比较了人与法的作用之后，对孔子的思想进一步阐述“大抵立法必有弊，未有无弊之法”③。因而为政之道在于得人，“相得人，则为百官各得其职。择一户部尚书，则钱谷何患不治？而刑部得人，则狱事亦清平矣”。相得人，则百官各得其职。户部尚书由合适的人担任，则不用担心国家的钱粮；刑部尚书选任合适的人担任，则国家司法公正，四海清平。后世的儒家思想继任者将孔子的“人治”思想系统化，他们从三方面论证了人的素质重于法的制度的完善：一是法须由人来制定，人的善恶智愚直接决定了法制的优劣；二是法需要人来执行，人的素质高低决定了法在实践

① 朱熹：《四书章句集注》，中华书局，1983，第143页。
② 朱熹：《四书章句集注》，中华书局，1983，第285页。
③ 黎靖德编：《朱子语类》，王星贤点校，中华书局，1986，第2680页。

中的不同作用；三是法律条款毕竟有限，不可能包罗万象，万无一失，更不可能随机应变去适应复杂的现实，法律条款的疏漏之处，只有靠人加以弥补。“有治人，无治法”①这六个字概括了“人治”思想的全部内容。

与“人治”思想相对立的法家的“法治”思想诞生于春秋战国之际。春秋以降，随着生产力的提高和生产关系的变革，原有的贵族政体不断衰落，代之而起的是君主专制集权政体。以贵族政体为依托的习惯法也走到了尽头，它逐渐被一种新的法律制度所取代，这就是“成文法”。郑国子产“铸刑书”、晋国赵鞅“铸刑鼎”，都是成文法兴起的典型事件。与习惯法相比较，成文法有两个显著的特点：第一，“罪名”与“刑名”二者合一，成文法明确地规定了各类罪行的客观标准以及相应惩罚，断狱者“议”的权力因此而被大大削减，司法者根据刑律的明确规定来进行判罚即可，司法裁量权的自由度和发挥空间进一步明晰。第二，成文法典的系统性进一步完善规范，由一定数量和一定形式的法律规范群构成，单项立法大大减少，法律体系日益完善，使依法定罪成为可能。与君主集权制政体及成文法携手而来的便是法家“法治”的思潮。法家“法治”思潮的主要内容就是对新确立的君主集权制政体以及成文法做出理论上的解释，并抨击一切反对法家法治的政治、学术观点。

主张“以法治国”的法家认为，在时代的变革面前，在“竞于气力”的战国时代，贵族政体及习惯法的主导地位已经成为过去。战国时代，列国争雄，建立君主集权制及公布成文法是在激烈竞争中立于不败之地的唯一出路，君主集权制使国家可以在更广泛的范围内选拔官吏，以便于有能者尽其能，有力者尽其力。这种政体较之贵族政体下的世卿世禄制更为合理，政府运转也更有成效。成文

① 王先谦：《荀子集解》，沈啸寰、王星贤点校，中华书局，1988，第230页。

法体系严密，条款规范使人知其可为与不可为，在量刑定罪时，断狱者有法可依，这较之于“议”而定罪更为公正，也更为有效。因此，法家认为加强君主权力，完善成文法是最好的治国方法，它能维系社会的长期稳定。完善的制度与法律使“圣人不必加，凡主不必废”，社会秩序不会因人的变动而产生动荡，这是儒家“人治”难以达到的社会效果。法家认为在君主世袭制下，君主不可能都如尧、舜那样贤明，统治集团成员的素质更难以保证。人有很多不确定性，而善法则可以连续运转，不必期待贤君圣主，“人治”与“法治”的优劣便由此而显示出来，运转成效如何也自不多言。《韩非子·难势》中说：“大凡君主”，以中庸之才居多，圣明之主与昏暴之君千世一出，若“废势背法”，则“尧、舜至乃治，是千世乱而一治也”；相反若“抱法处势”，则“桀、纣至乃乱，是千世治而一乱也”。因此，“法治”思想“尚法而不尚贤”，推崇尊重法治，依靠完善的法律来确保国家的长治久安，而不必去依赖那些不能保证随时能出现的贤君圣主。

2.春秋战国“人治”与“法治”之争

春秋战国时期，是“人治”与“法治”全面对立时期。这一时期有关“人治”与“法治”的争论，内容不仅涉及法律制度，而且涉及政体。在法律实践活动中，“人”与“法”是两个不可或缺的因素，两者相辅相成，互为补充。春秋战国这一特殊历史时期，是一个新旧交替剧烈变革的时期，在“成文法”取代“议事以制”、集权政体取代贵族政体、“法治”取代“礼治”的特定背景下，人治与法治的争论在一定程度上演变成了“重人”与“重法”两种决然对立的观点。“重人”者认为，在法律实践活动中，作为统治阶级成员的“人”是第一位的，法是第二位的，只要有了得力的人，就能治理好天下。“重法者”则认为在法律实践的活动中，作为体现统治阶级整体意志的法的作用是第一位的，人的作用受法的束缚。只要有了完备的法制，即使当政者并不精明贤良，也可能依据善法来治理好国家。

此时的“人治”与“法治”之争，还表现在政体方面。主张“人治”者大都倾向于建立贵族政体，“任人唯亲”与“任人唯贤”相结合。在统治手段上，他们主张实行以理服人的“王道”。主张“法治”者大都倾向于建立集权政体，“任人唯能”，实行以力服人的“霸道”。在价值观上，主张“人治”者将伦理道德放在首位，主张杀身成仁、舍生取义；主张“法治”者则将功利放在第一位，认为只要能富国强兵、称雄天下，就可以不择手段。

“人治”与“法治”的全面对立是以“法治”思想赢得阶段性胜利为终结。在“法治”思想指导下，一个“皆有法式、严苛少恩”的新型政权诞生了，这就是统一天下的秦王朝。秦王朝的法令严密周全，为官吏依法办案提供了条件。秦王朝开中央集权制之先河，大权集于中央，中央听命于皇帝，秦始皇的权威是周天子远不可比拟的。高度的政治统一，产生了统一的法令，成文法的推行不仅成为必要，而且成为可能。秦政、秦法在当时确实不失为进步之举，它促进了中国古代政治经济社会的发展，将此前纷争不断的列国整合为一个统一的国家。

当然，我们也要看到，先秦及秦“法治”思想的实践并不尽如人意。秦法因其过于严苛，给当时的人民带来了深重的苦难，使后来者望而生畏，并且在实践过程中暴露出了巨大问题。虽然秦朝完成了空前的统一，建立起一个疆域辽阔、政令统一、车同轨、书同文的国家，但在实现国家的真正融合、社会的有序运转方面，秦法却未能达到法家所预期的长治久安的效果，各种原因综合作用，强秦暴秦二世而亡，成为后世苛法严刑的代名词，引起后人的深刻反思。

中国传统法中的“人治”实质上是一种综合治理，它要求皇帝自律，官吏廉洁，百姓守法。反过来，“人治”也抓住了综合治理的关键，即提高官吏的素质，以此来引领社会风尚，形成上下守法的局面。孔子认为，统治者的好恶如同风，百姓的好恶如同草，风吹向哪边，草就倒向哪边。历史上也确实不乏上有圣君、下有清官、天下大治的例子。为中国历史写下了光辉一页的唐太宗李世民，被史家誉为帝王的楷模，其为政有三大特点：一是慎择官吏，二是从谏如流，三是率先守法。当时魏徵曾谏言，认为天下太平之际，选任官吏应慎之又慎，因为“用一君子，则君子皆至；用一小人，则小人竞进矣”。官吏的素质和修养，与国家的稳定运转之间的关系极为密切，选择合适的人成为当政者的重要责任，圣君贤臣成为历朝盛世出现的关键因素。

五、春秋战国变法中的法治精神

春秋战国是中国历史上非常重要的时期，是社会大变迁、大变革的时期，在这一时期伴随着中央集权政治体制的逐步确立，新的法治文化传统逐步确立，“刑不上大夫，礼不下庶人”的法治文化传统，逐渐转化为“王子犯法，与庶民同罪”的传统，君主的权威进一步增强，尊君尚法、公法大于私情、明法审令、刑无等级等法治文化传统伴随着中央集权政治的出现而逐步形成，并且长期延续于中国传统社会，对中国社会产生了深远影响。

1. 尊君与尚法

据《史记·秦始皇本纪》记载，公元前221年秦统一天下的战争刚刚结束不久，秦始皇就授意廷尉李斯、丞相王绾及御史大夫冯劫等人“议帝号”。于是，李斯等称颂秦始皇“兴义兵，诛残贼，平定天下，海内为郡县，法令由一统，自上古以来未尝有，五帝所不及”，并议道：“古有天皇，有地皇，有泰皇，泰皇最贵，臣等昧死上尊号，王为‘泰皇’。命为‘制’，令为‘诏’，天子自称曰‘朕’。”秦始皇接受其建议，去掉“泰”字，保留“皇”字，采上古“帝”位号，号曰“皇帝”，为了表示其统治一世、二世以至万世不移，自称“始皇帝”。

秦帝国改“王”为“皇帝”，并以皇帝的“命”为“制”、

“令”为“诏”，不仅是为了改变最高统治者的称谓，而且是想通过称皇帝之举来提高封建君主的法律地位，加强其权威，以巩固其专制统治。将皇帝的命令确定为法律的基本形式，这也是为了进一步提高皇帝的法律地位。从此，专制主义皇权在法律上确立起来。这一事件正是法家历来所倡导的尊君与尚法精神的集中体现。

作为法家精神的首要之点，尊君与尚法一直贯穿在法家思想之中。在法家看来，尊君是法家的最高政治目标，而尚法则是达到这一目标的唯一有效的手段。从商鞅到李斯，法家代表人物都不同程度地探讨了尊君与尚法及其实施举措。

商鞅最早提出了尊君的主张，并将之与其强调尚法的观点紧密结合起来。在商鞅看来，君主的命令和国家的法令至高无上，无论是谁，只要违反君令国法，都要毫不例外地予以惩处。要使君主的法令能够顺利推行，就必须尊君；而要君尊令行，就必须由君主掌握权力，因此《商君书·修权》说，“权者，君之所独制也”，“权制独断于君则威”。这里所说的“权”实质上就是国家政权，而且其根本是君主专制政体的集权。只有这样，君主的地位至高无上，在这个条件下才能推行新兴地主阶级的“法治”。此即《商君书·壹言》所谓：“夫民之不治者，君道卑也；法之不明者，君长乱也。故明君不道卑不长乱也。秉权而立，垂法而法治。”可见，“权”是“法”的条件，而行“法”的结果又巩固了“权”。正如《商君书·算地》所说：“君子操权一正以立术，立官贵爵以称之，论劳举功以任之，则是上下之称平，上下之称平，则臣得尽其力，而主得专其柄。”君主手握大权，论功行赏，赏罚分明，令行禁止，则臣子们人尽其才，上下各得其所，国家良性运转，人民安居乐业。

申不害也非常强调尊君尚法。《申子》佚文：“君之所以尊者，令。令不行，是无君也。故明君慎令。”又：“圣君任法而不任智。”但他却把重点放在“术”上，致力于维护君主专制的“君人南面之术”，主张君主独揽一切大权。

慎到既尚法而又独尚君主权威。在他看来，要实行“法治”，就必须尊君、尚法。《慎子》文：“民一于君，事断于法，是国之大道也。”也就是说，只有尊君才能使法令统一，才有可能实行“法治”。为了达到尊君的目的，他不仅反对与国君分庭抗礼的贵族，也反对儒家、墨家所倡导的尊贤、尚贤，要求将国家职能法律化，通过法律制度而不是个人的贤智与忠诚，来维护新兴地主阶级的整体利益。“民一于君”，表现在法律上，就是只有国君才有权立法、变法，而各级官吏只能严格执行和遵守法令，一般百姓则必须依令而行。慎到这一见解的独特之处在于从“势”的角度来论述尊君与尚法，把权势放在首位，认为权势是尊君、尚法的前提；主张君主要想使臣民服从法令，就必须保持君主的至尊地位，并掌握使法令得到贯彻的权势。君主只能有一个，权力必须集中；只有君主“权重位尊”，才能“令行禁止”。可见，慎到实际上认同君主集权的政体，其尚法实际上是提倡维护君主集权的“法治”。但他并非君权至上论者，他主张尊君集权而不赞成“专制”，坚持君主必须依照法令来行事。

齐法家也主张“重令”与“尊君”，认为要使法令得以贯彻，首先必须“重令”，即使法令具有极大的权威。《管子·重令》说：“凡君国之重器，莫重于令。令重则君尊，君尊则国安。令轻则君卑，君卑则国危。故安国在乎尊君，尊君在乎行令，行令在乎严罚。”只有尊君才能令行，而要尊君就必须赋予君主至高无上、独断专行的权势。为此，齐法家在韩非之前就初步提出了以法、势、术三者相结合达到尊君目的的思想。在齐法家看来，为了君尊令行，君主必须操柄处势，即《管子·任法》所谓：“明王之所操者六：生之，杀之，富之，贫之，贵之，贱之。此六柄者，主之所操也。主之所处者四：一曰文，二曰武，三曰威，四曰德。此四位者主之所处也。籍人以其所操，命曰夺柄；籍人以其所处，命曰失位。夺柄失位，而求令之行，不可得也。”齐法家明确指出：权势是君主所独有的。这就要求君主必须集权于一身。为了防止失势，君主还必须有“术”。有了“术数”，君主就不会被臣下所蒙蔽、欺骗。“术数”的内容有两点：一是君主应具有考核臣下言行是否一致的办法；二是君主必须兼听各方面意见，使下情上达，并牢牢掌握最终的决定权。

法家思想的集大成者韩非，继承并发展了晋法家、齐法家有关的尊君、尚法思想，把法、势、术三者结合起来，使法家的尊君与尚法精神发展到了一个新的高度。韩非强调，君主具有至高无上的地位，有独一无二的权力。他主张君权绝对化，要求臣下无条件地服从君主，在任何条件下都不能犯上篡权。尊君在此变成了忠君，因此“法”成为君主的命令，“法”自君出，只有君主才能立法。

正是在韩非之后，“法”成了君主命令的代名词。在韩非看来，“法”是“术”的标准，“术”是“法”的手段。如果没有“术”来维护君主的权势，并推行新兴地主阶级的“法治”，“法”则无从实现；反之，脱离“法”的基本要求，一味地滥施其“术”，就会背离“法治”的基本方向，最终导致“身治”与“心治”。

李斯将法家尊君集权的思想推向了极致，主张实行专制集权的君主专制制度。他认为，君主应该独自统治天下而不受任何牵制，君主可以随心所欲而没有人敢反对、能反对。只有这样，老百姓才能服服帖帖地接受统治，君主才能久处尊位，长久执重势，独擅天下之利。法家强调的尊君与尚法精神的实质是探讨政权与法律的关系。在法家看来，新兴地主阶级的意志只有变成法律，才能制度化；而要做到这一点，必须首先掌握国家政权；这种国家政权形式又必须是君主独揽一切的君主专制政体；新兴地主阶级的法律一旦付诸实施，又反过来巩固新兴地主阶级的政权。法家尊君与尚法精神伴随着封建专制集权政体的建立而成为秦王朝以后历代封建王朝的政治实践基本原则。

2. 公法大于私情

一般认为，在法家之前，公、私是相互对应的一对概念，并不专指政治法律内的范畴。“公”一般是指公有或正直，“私”一般是指私有或私利，并且大多是在财产占有意义上或在道德意义上来使用的。如，《诗经·小雅·甫田》有“雨我公田，遂及我私”；《墨子·尚贤上》有“举公义，辟私怨”。

直到法家学派出现后，“公”和“私”才发展成为政治法律的专用术语。法家认为，所谓“公”是代表了新兴地主阶级整体意志的国家利益，维护“公”的法是“公法”；所谓“私”则是指包括君主及各级官吏在内的个别或少数成员的个人利益，只顾这种个人利益而破坏“公法”的行为就是“行私”。“公”高于“私”，因而“公法”也高于“私法”，二者势不两立。

在中国法理学史和中国法律思想史上，“公”“私”观是由吴起首先提出的。《战国策·秦策三》说吴起主张推行“使私不害公”的“法治”，即不许各级官吏因个人之“私”妨害新兴地主阶级之“公”，要求各级官吏奉公守法。后来，慎到在这个基础上将“公”“私”观进一步系统化，以普遍的形式提出了新兴地主阶级的“公”“私”观，即“立公弃私”的“公法论”，并以此作为基点来探讨“法”。

法家借鉴了墨家墨翟论“天志”和儒家荀况论礼、法的方式，也用度量衡等日用器具来比喻法，以揭示法的性质。在法家看来，这些日用器具对于任何被衡量的事物都不偏不倚、公平对待，这是普遍的标准，因此，“公”“平”也成为法的主要属性。慎到的主张是这方面的典型。一方面，慎到认为法是“至公”的准则，把法看作规范人一切行为的最公平的准则，法具有至高无上的权威。《慎子》中谈道：“法者，所以齐天下之动，至公大定之制也。”正因为如此，《庄子·天下》将慎到的主张概括为“公而不当（党），易（平）而无私”。另一方面，慎到认为，既然法是公平、无私的，因此用它来确定功罪、进行赏罚就不会使人们产生怨恨，也就不会引起争端，这就是法的最大作用——“立公弃私”。因此，慎到非常重视法律确认、保护财产私有权的作用，认为允许人人都有财产私有权，正合乎“因人之情”的“天道”，不是立法为私，而是立法为公；相反，如果只让少数贵族有权受赏、享有私有财产，就不是“立公”而是“行私”。这正是新兴地主阶级反对世袭特权，要求论功行赏并保护其财产私有权的表现。正如《慎子·威德》所说：“法制礼籍，所以立公义也。凡立公，所以弃私也。”可见，“公”和“私”是对立的两个方面。要“立公”就必须“弃私”，而存“私”就必然害“公”。因此，代表“公义”的法与表现个人行为的“私”也是对立的，法的最大作用就是“立公弃私”。

在慎到这里，“公”和“私”已经成为政治法律上的概念。进而，慎到强调君主应该“立公弃私”，抛弃个人的利益，为天下、国家效劳；同时，由于“法”是君主根据“公义”制定的，因此，只有奉“公”守“法”，才能既维护国家利益，又保障君主的权威。反之，如果君主“行私”，就会出现两个后果：一是削弱了法令的效力，有法等于无法；二是损害了国家利益，从而造成混乱。因而，《慎子》里记载：“法之功莫大使私不行，君之功莫大使民不争。今立法而行私，是私与法争，其乱甚于无法……故治国无其法则乱，守法而不变则衰。有法而行私，谓之不法。”治理国家没有完善的法律，这个国家就会混乱不堪，民众就会无所措其手足，只有民众奉公守法，国家才会正常运转，上下有序，各司其职。不依法行事，有法等于无法。

为了达到“立公弃私”的目的，慎到还提出了两个具体的措施：一是“事断于法”，即严格按照法令规定办事；一是以法“定分”，即确定各种职责、行为和权利、义务的界限。与慎到同时期的商鞅，则以抽象的形式提出了“公”“私”观：“任法”为“公”，“释（背弃）法”为“私”。维护新兴地主阶级整体利益者是“公”，迁就新兴地主阶级的个人利益，尤其是贵族、大臣的个人和小集团利益者为“私”。商鞅坚决要求明确“公”“私”之分，主张“任法去私”，反对“释法任私”。

齐法家继承了慎到的“公”“私”观，也认为法是“公正”的，甚至将法称为“公法”。《管子·明法解》说：“舍公法而行私惠，则是利奸邪而长暴乱也。”法的重要作用就是破私立公，维护整体利益。法也以尚公为宗旨，以“公”执法。《管子·版法解》说：“凡法事者，操持不可以不正，操持不正，则听治不公。听治不公，则治不尽理，事不尽应。”齐法家思想中“公”与“私”也是对立，认为“私”的发展是对“公”的破坏。《管子·禁藏》说：“夫公之所加，罪虽重，下无怨气。私之所加，赏虽多，士不为欢。行法不道众，民不能顺；举措不当众，民不能成。”又强调说：“国多私勇者，其兵弱；吏多私智者，其法乱；民多私利者，其国贫。”甚至认为在某些场合下，君主与“公”也是对立的，君主也可以称为“私”。《管子·君臣下》说：“为人君者，倍道弃法而好行私，谓之乱。”因此，力劝君主要去私心以行公法。《管子·任法》说：“圣君任法而不任智，任数而不任说，任公而不任私，任大道而不任小物。”齐法家认为圣君要任法、任数、任公、任大道，而不能依赖个人的小智慧，更不能放任个人的私欲私利，要有公心大道。

韩非继承并发展了前期法家的“公法”论，认为新兴地主阶级的“法”是“公”的体现。人皆有之的“自为心”可以纳入“法”的轨道之中，也可以与“法”背道而驰。因为“公”与“私”本来就是对立的，《韩非子·五蠹》说：“古者苍颉之作书也，自环者谓之私，背私谓之公。公私之相背也，乃苍颉固以知之矣。”于是，符合“法”之要求的“自为心”便成了“公”的东西，反之则为“私”。在韩非看来，“公”和“私”之所以重要，就在于其体现了新兴地主阶级的根本利益和意志。“法”是体现国家意志的、人人必须无条件遵守的强制性的行为规范，明示人们可以做什么、不可以做什么，以及由此所带来的后果。因此，韩非坚决主张“明法”。《韩非子·南面》说：“人主使人臣虽有智能不得背法而专制，虽有贤行不得逾功而先劳，虽有忠信不得释法而不禁，此之谓明法。”韩非子主张“明法”就是将法律变成判断人们言论行动是非功过并行赏施罚的唯一准则。韩非的独到之处是强调法的“明分”的作用首先在于分清“公”与“私”。《韩非子·饰邪》说：“必明于公私之分，明法制，去私恩。夫令必行，禁必止，人主之公义也；必行其私，信于朋友，不可为赏劝，不可为罚沮，人臣之私义也。私义行则乱，公义行则治，故公私有分。”韩非子主张令行禁止，公私分明，不能因私废公，国家才能有序运转，坚决反对君臣“释法任私”。

法家对公法与私情的探讨，涉及法的本质问题，这是法家对中国古代法理学的重要贡献之一，具有积极的进步意义。但是，将新兴地主阶级的整体利益说成是全社会的整体利益，背离了法律的阶级属性本质。

3. 明法审令

明法审令，是法家贯穿于执法主张之中的基本精神，就是要求各级官吏要明白无误地了解、熟知、掌握法令，并严格遵守法令，依法办事。其目的就是要保障法令的“公正”性，进而维护国家机器的正常运转和社会的合理有序。

“明法审令”思想由战国初期法家的代表人物吴起首倡。吴起在楚国变法时，提出了“损有余而继其不足”的基本原则，为了变法政令能够自上而下顺利地贯彻执行，他坚决主张“明法审令”。其目的就是要“使私不害公，谗不蔽忠，言不取苟合，行不取容，行义不顾毁誉”，要求君主和各级官吏服从统治阶级整体利益的

“公”，克服一己之利的“私”，奉公守法，不计毁誉，不计个人利益得失，确保法令真正得以贯彻落实。

商鞅主张“明法”，《商君书·画策》说：“圣王者不贵义而贵法，法必明，令必行，则已矣。”在商鞅看来，明法审令有三个要求：

一是君主要守法。商鞅要求君主提高觉悟，为新兴地主阶级的整体利益着想；明确“公私之分”，“任法去私”。因为“法之不行，自上犯之”，“法之不明者，君长乱也”，法令得不到执行，跟当政者不尊重法令关系密切。法令不完善不规范，当政者难辞其咎，所以君主应该依法办事。《商君书·君臣》说：“明主慎法制，言不中法者，不听也；行不中法者，不高也；事不中法者，不为也。”君主制定法律之后，就必须严格执行，不能任凭主观好恶之情破坏法制，也不能因亲疏远近而妄行赏罚。商鞅甚至称赞三王、五霸“皆非私天下之利也，为天下治天下”。因此，君主应该带头守法。

二是臣下应当守法。《商君书·修权》说：“法者，君臣之所共操也。”君主尚且应当守法，臣下就更应当守法了。《商君书》多处论述了这个问题。如，《赏刑》说：“守法守职之吏有不行王法者，罪死赦，刑及三族。”《定分》说：“各主法令之民，敢忘行主法令之所谓之名，各以其所忘之法令名罪之。”“有敢剥定法令、损益一字以上，罪死不赦。”各级官吏如果不执行王法，则要受到严厉惩处，私自改动法令者，则要依法受到处理。

三是百姓应当守法。商鞅主张制定、颁布成文法，强调法律应当“明白易知”，并且应该广泛进行宣传，做到家喻户晓，人人皆知，其目的就是“万民皆知所避就，避祸就福，而皆以自治”。这样做的好处是 “吏不敢以非法遇民，民不敢犯法”。商鞅是这样主张的，也是这样做的。《战国策·秦策一》记载：“今秦妇人婴儿皆言商君之法。”《韩非子·五蠹》记载：“今境内之民皆言治，藏商、管之法者家有之。”商鞅还探讨了“明法审令”的途径。他认为，法律颁布以后，要使其真正有效，必须在“信”上下功夫。《商君书·修权》载：“信者君臣之所共立也。”“信”，就是法律上的信用必须“信赏必罚”，即依照法律规定，该赏的不论亲疏远近，一定要赏；该罚的不分地位高低，一定要罚。只有这样，才能取信于民。《史记·商君列传》记载，商鞅打算颁布“变法之令”，但“恐民之不信，已乃立三丈之木于国都市南门，募民有能徙置北门者予十金。民怪之，莫敢徙。复曰：‘能徙者予五十金’。有一人徙之，辄予五十金，以明不欺”。南门立木的故事，大家耳熟能详，正是商鞅取信于民的例证。

韩非也坚决主张“明法”。《韩非子·饰邪》中明确指出“明法者强，慢法者弱”，并对“明法”做了专门的解释。《韩非子·南面》说，“人主使人臣虽有智能不得背法而专制，虽有贤行不得逾功而先劳，虽有忠信不得释法而不禁，此之谓明法”。即要求树立法律的绝对权威，使其成为判断言行是非和进行赏罚的唯一标准。因此，以韩非为代表的法家，坚决反对在法令之外讲什么仁义、私恩，更反对“释法行私”。为了做到“明法”，他提出三点要求：

第一，以成文法形式将法律公布于众，作为衡量人们言行的标准和必须遵守的行为规范。“法者，编著之图籍，设之于官府，而布之于百姓者也。”[①]法令要以系统规范的文字形式呈现，要公之于众，百姓要能够知晓这些律令。“故法莫如显，而术不欲见。是以明主言法，则境内卑贱莫不闻知也。”[②]他非常赞同商鞅的看法，主张颁布法律不仅可以使大家有所遵守，而且可以防止官吏专横徇私。与此同时，韩非子要求统一法令：一则必须在地域上统一，反

① 王先慎：《韩非子集解》，钟哲点校，中华书局，1998，第380页。
② 王先慎：《韩非子集解》，钟哲点校，中华书局，1998，第380页。

对地方官立法，认为立法权只属于君主；再则要求在时间上统一，不能前后矛盾。法律关系要理顺，要顺应统一国家的需要，要及时更新，确保最新的法令能够得到贯彻落实。

第二，法律颁布后，为使其贯彻执行，唯一有效的办法就是赏罚分明。他曾从这个角度给“法”下了个定义。“法者，宪令著于官府，刑罚必于民心，赏存乎慎法，而罚加乎奸令者也。”①赏罚被韩非称为君主贯彻法令、维护统治的“二柄”。赏罚之所以是唯一有效的办法，就是因为其合乎人们好利恶害的本性，君主要掌握赏罚的权柄，确保法令能够得到有效贯彻落实。

第三，统一思想，实行文化专制，禁止一切与法令不合的思想、言论，尤其是儒家所主张的“仁政”“德治”。

法家“明法审令”的精神在战国社会变革中起到了一定程度的积极的进步作用，在某种程度上讲，对我们今天的法治建设也不无借鉴意义，其思想主张中蕴含的法律思想对后世有诸多启发。

4. 不避权贵与刑无等级

据《史记·秦本纪》《史记·商君列传》记载，战国初期秦孝公时期（约前358年）发生了轰动一时的“秦太子案”。商鞅在秦国进行第一次变法时，颁布了“连坐法”等一系列法令。法令实施一年后，秦国百姓议论纷纷，表示不满。因触及既得利益集团的利益，旧贵族更是强烈反对，尤其是以秦孝公之子太子驷的两位师傅公子虔、公孙贾为首的一些旧贵族，故意唆使太子犯法。案发后，亲自审理此案的商鞅说，“法之不行，自上犯之”，要将太子绳之以法。但是，太子是国君的继承人，是未来的君主，不可施刑，于是商鞅就依照律令就对太子太傅施刑：公子虔被处以劓刑（即割掉鼻子），公孙贾被处以黥刑（即在脸上刺字）。秦国民众看到之后，才相信商鞅所立的新法有权威，任何触犯法令的人都将依法受

① 王先慎：《韩非子集解》，钟哲点校，中华书局，1998，第397页。

到惩处，不管犯法之人的地位有多高，这样秦国新颁布的法令才得以贯彻执行。当然，商鞅也因此得罪了太子等旧贵族，太子即位后，旧贵族反攻倒算，将商鞅车裂。

“秦太子案”体现了法家思想不避权贵、刑无等级的精神，这一主张的实质，就是要求贵族与平民平等地适用刑罚。在中国法律思想史上，商鞅是提出这一主张的第一人。

商鞅将这一精神称之为“壹刑”。《商君书·赏刑》说：“所谓壹刑者，刑无等级，自卿相将军以至大夫庶人，有不从王令、犯国禁、乱上制者，罪死不赦。有功于前，有败于后，不为损刑。有善于前，有过于后，不为亏法。忠臣孝子有过，必以其数断，守法守职之吏有不行王法者，罪死不赦，刑及三族。”

“壹刑”即指统一刑罚的标准，要求刑无等级，禁止将功抵罪，执法者犯法则会加重处罚并连坐；除了国君之外，其他人在适用法律上是平等的。这是商鞅接受“法之不行，自上犯之”的历史教训，一反儒家“刑不上大夫”“亲亲相隐”的传统而提出的。这实际上是商鞅“尚公”观念在执法上的具体应用，在一定程度上反映了法的平等性的特征，即贵族和平民平等地适用法律，其目的就是以“尊君”推行“法治”。“壹刑”的主张打破了“刑不上大夫”的法制原则，无疑是一个历史的进步。当然，这一主张又具有一定的局限性：将君主排除在外，使法家的“法治”理论带有了无法克服的缺陷；另外，法家的“壹刑”主张，并不是一味地反对等级，而是主张封建等级。

当然，商鞅的“壹刑”不同于西方近代资产阶级“法律面前人人平等”的主张，二者有着本质的区别：前者是与封建中央集权的君主政体相联系的，而后者则是与近代的民主政体结合在一起的。不过，坚持“刑无等级”是法家的共同主张。齐法家在执法上也强调法律一旦制定出来，所有的人都必须遵守。如，《管子·任法》说：“君臣上下贵贱皆从法，此谓为大治”。又如，《管子·七臣七主》说："上亦法臣法，断名决，无诽誉。故君法则主位安，臣法则货赂止，而民无奸。"法家思想的集大成者韩非也不例外。《韩非子·有度》说："法不阿贵，绳不挠曲。法之所加，智者弗能辞，勇者弗敢争。刑过不避大臣，赏善不遗匹夫。"韩非子明确指出，臣民都要遵守法律，大臣犯罪，依法处置，有功则赏，有过则罚，用统一的标准来对待臣民。

法家不避权贵、刑无等级的精神对后世有很大的影响。西汉史学家司马迁在《史记·论六家要旨》中将这一精神概括为："不别亲疏，不殊贵贱，一断于法。"

春秋战国变法运动孕育了中国传统的法治精神，法治精神反过来推动了变法运动的发展。中国传统法治文化作为变法运动的结果，又通过法治精神得到巩固，成为中国传统政治文化的重要组成部分。

第二章 中国传统法治文化的流变

中国传统法治文化的发展可以分为两个阶段。一是中国古代社会（先秦时代至1840年）传统法治文化的全面发展阶段。从三千多年前周天子不停地向宗室及天下人颂扬自己祖先的伟大及建立周人的制度，到清人依然是言必称“先王之制”“圣人之典”。可以说，古人对传统文化孜孜不倦地、自觉地探求，使传统的作用和力量得以全面地、淋漓尽致地发挥。传统法治文化也不例外，代代相沿的“先王之制”是每一个王朝最基本的法。二是1840年以来，中国近代社会中传统法治文化被整体挫败阶段。这一时期，在西方列强面前，中国人屡战屡败，国人对数千年来的传统失去了信心，急于甩掉传统历史的包袱。这一时期，传统法的制度迅速瓦解，传统法的观念则凭借深厚的历史文化基础和历史的惯性以各种方式零散地沿袭下来。与主动地发掘不同，被动地、无奈地、不自觉地沿袭使传统法支离破碎，这使传统法演变为社会发展的阻碍。因此，无论我们怎样肯定近代以来法律变革的成功，肯定西法移植的收益，也无法否认我们在传统法的发掘改造、利用方面的失败，而这一失败的首要原因在于我们已基本上搁置了传统法的理论和学术的研究。

为正本清源，全面地了解中国传统法治发展的历程，以纠正传统法自近代以来的被扭曲的形象。本书将传统法在中国的发展分为三个大时期，第一，传统法治的奠基时期（从传说时代到秦统一六国）；第二，传统法治的发展时期（汉朝到1840年以前）；第三，传统法治的演变时期（1840年以来）。

一、传统法治的奠基

“传说时代”指迄今为止尚无文字可考证的历史时期，在中国则指夏王朝以前的历史。这些历史或出现于后人的追述中，或出现于神话传说中。自20世纪20年代至40年代，以顾颉刚为首的疑古学派提出夏以前的历史为“层累地造成”[①]，不足为信史的观点以来，史学界对殷商以前的历史记载和传说便多持保守态度。但近来的考古发掘却又屡屡证实了后人对夏之前历史的追述有许多可信成分，甚至神话传说中也有着一些真实的历史印记。更为重要的是，古代中国诸多的习俗、制度、观念寻根溯源往往到夏王朝以前，因此这一时期也是传统法的起源时期。要进一步了解中国传统法的发展历程与特色，就不能不探求传说时代的社会状况与法的起源。根据王国维的“二重证据法”（即文献与地下考古发掘资料相印证），中国的传说时代可以大体确定为黄帝至夏代。黄帝至禹为传说时代的前期，禹之后所建的夏王朝为传说时代的后期。

1. 发端于部落战争中的“刑”

大约五六千年前，生活于中原大地上的人类来到了文明社会的门前。“未有宫室”“未有火化”“未有麻丝”[②]的茹毛饮血的原始蒙昧时代结束了。在文明社会曙光升起的同时，与社会进步相伴

---

① 顾颉刚：《与钱玄同先生论古史书》，载顾颉刚编著《古史辨》（第七册），上海古籍出版社，1981，第59页。

② 郑玄注，孔颖达疏：《礼记正义》，北京大学出版社，1999，第668页。

而来的痛苦也与日俱增，野蛮的部落战争笼罩着人类社会。部落间相安无事的宁静被抢夺土地、财富甚至人口的频繁的部落战争所打破，至今仍为国人引为自豪的人文始祖——黄帝就是这种时势下造就出来的英雄。传说，黄帝本来是一位十分仁厚，具有神性的部落统领，本性并不好战，而愿意致力于部落的经济生产建设，比如，教民建筑房屋、制作衣服。但是，周围的部落却将黄帝的仁厚视为懦弱可欺，“交共谋之”。黄帝部落的“边城”日夜受到侵扰，仁厚的黄帝终于看清了时代发展的大趋势。《蒋子万机论》以黄帝的口吻感叹人心不古：“君危于上，民不安于下，主失于国，其臣再嫁。”

被激怒的黄帝接受了弱肉强食的现实，于是大兴讨伐，一变成为当世人人敬畏、后世人人敬仰的战神。他伐炎帝、征蚩尤，声震四方。黄帝对周围部落发动的战争，与原始社会的血亲复仇而产生的战争已有明显的不同，这种战争的目的是掠夺与征服。掠夺，当然是为了本部落的经济利益；征服，则是为了使本部落对其他的部落具有支配的权力和宗主的地位，已经带有明显的政治目的了。

为了取得和维持宗主地位，战争不得不旷日持久地进行。黄帝与炎帝“三战，然后得其志”[①]。此时的部落战争不仅持续的时间长，而且规模浩大，双方投入的兵力都十分可观。黄帝得到雕、鹰、鸢等族的拥戴，装扮成熊、罴、豹、虎的部落勇士在各自氏族图腾的引导下，跟随黄帝，将炎帝部落击败。黄帝的赫赫战绩，终于使“诸侯咸来宾从”[②]。“宾从”的诸侯当然对黄帝俯首称臣，这正是黄帝所追求的。像摩尔根所描述的“易洛魁联盟曾征服过其他部落并使之处于臣属地位”[③]一样，黄帝部落在征服了周围部落后，

① 司马迁：《史记》，中华书局，1959，第3页。

② 司马迁：《史记》，中华书局，1959，第3页。

③ 路易斯·亨利·摩尔根：《古代社会》，杨东莼、马雍、马巨译，商务印书馆，1987年，第143页。

黄帝成为天下之主。经过战争的催化，等级分明的宗主部落与臣属部落终于诞生了，于是作为部落兼并战争的产物混合图腾“龙”便首先出现在距今五六千年前的中原墓葬中。

1987年，河南濮阳考古发掘的报道详细描述了“华夏第一龙”的发现经过：“六千年前，中原地区已率先进入父系氏族社会。在已发掘清理的墓中，第45号大墓尤令人惊异。”“墓主人为一壮年男性，身高1.84米，于室中央，葬式为仰身直肢。墓主的两侧，却分别用蚌壳精心摆塑出一龙一虎，显示出墓主人生前凌驾于整个氏族之上的权威。”据专家考证：“濮阳史称‘帝丘’，是我国远古时代炎黄部落聚居的地方，这次在此发现的六千年前男性墓葬及其殉人和陪葬的龙虎摆塑，从一定程度上体现和印证了我国古代传说中这一地区的社会历史面貌。”更令人惊异的是，第三蚌壳摆塑的人骑龙项的画面，竟是后世史记所传：“‘黄帝将亡，则黄龙坠’和‘黄帝骑龙’神话场面的写照。”①

也许正是自黄帝成为盟主的那一时刻起，聚集在龙图腾下的人们便开始以龙的传人自居。此后，黄帝的后裔，如尧、舜、禹等也进行过类似的大战。战争结果是“龙”的势力日益壮大，越来越多的氏族、部落站到了龙的旗帜下。经过战争的洗礼，充满生机、强有力的中原文化在当时及以后的历史发展中，具有了不可争辩的正统地位。

掠夺战争加强了最高军事首长及下级军事首长的权力。这种产生于兵戎之中的权力，就是“法”的温床。为取得战争的胜利，部落首领需要发号施令，加强个人的权威，部落中的战士需要服从，需要牺牲个人的利益以维护全局的利益。战争中的分工，改变了部落成员间的平等的关系。虽然部落首领与部落成员在根本利益上并无后世那样大的分歧，但这种权威与服从、指挥与被指挥的关系，

① 马小红：《中国古代社会的法律观》，大象出版社，第16～17页。

随着旷日持久的部落间战争而日趋稳定时，战时的号令便演变成平时的规范，而且这种规范是不可触犯的，因为战争早已将赏罚的大权交到了部落首领的手中。勇敢的部落战士，在无情地摧毁敌人的同时，却不自觉地将“法”的枷锁套在了自己的身上。到了夏朝初期，也就是传说时代的后期，严酷的军法早已使人们忘却了血缘的亲情。《尚书》中记载了夏启征讨不听号令氏族的军令——《甘誓》。这是一条有文献记载的最早的军法，已有了王之称的启告诫全军将士，必须听命于统帅，否则便是“不恭命”。恭命者，赏；不恭命者诛及子孙。遵守统帅号令者，要给予赏赐；违背统帅号令者，则要依法依律予以惩治。

军法对本部落成员的束缚已够严厉，而对敌对或被征服部落的成员则更加严酷。对敌对部落的征伐，本身便是一种极刑，故而《汉书·刑法志》言：“大刑用甲兵。”《尚书·舜典》记舜对掌刑官皋陶说：“蛮夷猾夏，寇贼奸宄，汝作士。”意思是，四方蛮夷侵我华夏，无恶不作，命你为士用刑去镇服他们。对被征服者的镇压亦十分残酷，《汉书·刑法志》言：“大刑用甲兵，其次用斧钺，中刑用刀锯，其次用钻凿，薄刑用鞭扑。”征服者认为这种残忍的手段用之于被征服者身上，可谓以毒攻毒，“报虐以威”，古人认为只有如此才能迫使敌人改“邪”归“正”，给予敌对部落成员以足够的震慑。在二里头文化的墓葬中，人们发现一些“骨架残缺不全，或身首异处，或上肢与下肢分置两处，或数具骨架成层叠压埋葬”[①]，这些被“层叠压埋”的人并非自然死亡，因为他们的骨架上至今留有斩割与捆绑的痕迹。这也就是当时违法触刑者所得到的下场。法，毕竟在部落战争的刀光剑影中诞生了。在后世社会中，这种起源于战争中的法演变为刑律，不但适用于本部落的战士，而且逐渐对整个国家所辖地区内的所有臣民具有了普遍的效力。

---

① 殷玮璋：《二里头文化探讨》，《考古》1978年1月。

2. 礼发轫于祭祀与习俗

发端于部落战争中的法，仅仅是中国传统法的一个重要组成部分。若要完整地论述法的源头，在中国就不能不论及“礼”。恩格斯说，“如果不是对财富的贪欲把氏族成员分裂成富人和穷人，如果不是‘同一氏族内部的财产差别把利益的一致变为氏族成员之间的对抗’，法和国家就不会产生”[①]。如果说部落战争是法产生的外部原因，那么部落血缘关系的变化则是法产生的内部原因，这也是中国古代“礼”为什么充满了温情的原因。

部落时期的人们，一般都身兼两种宝贵的品质，即勇敢和善良。在战争中，他们个个都是勇士，不惜用最野蛮的手段残杀敌人，以维护本部落的利益。但对同一部落的成员，他们则亲如一家，部落中的每一个人都能在部落这个大家庭中尽情享受到人情的温暖。正像摩尔根评价易洛魁人一样：如果说他们的军事成就由于野蛮战争的暴行而失去光彩，那么，他们在彼此之间的关系上却体现了人类某些最崇高的美德。[②]

根植于血缘社会中的善良情感，造就了部落社会中的善良风俗，这些风俗易于为人遵守，一旦有人违犯了风俗，便会受到善意的批评、严肃的教育，最严重的惩罚也不过是“象刑”。所谓象刑，传说是形成于尧、舜时的一种象征性的刑罚，若有人严重破坏了部落习俗，便强迫其穿上无领的衣服，以表示此人犯有杀头之罪，穿两只不同的鞋，表示此人犯有足之罪，用黑色布巾包头表示此人犯有黥之罪，穿着这些表示有罪的服装，在部落中生活难免有羞愧之感。使民知耻而不犯，正是象刑的目的。与真枪真刀的刑罚相比，象刑确实体现了部落成员的温情。

---

① 中共中央马克思恩格斯列宁斯大林著作编译局编译《马克思恩格斯选集》（第四卷），人民出版社，2012，第165页。

② 路易斯·亨利·摩尔根：《古代社会》（上册），杨东莼、马雍、马巨译，商务印书馆，1987，第144页。

然而，社会的习俗，无论其善意与否，总无法世世代代永不改变，更何况部落时期的社会正发生着巨变，这一巨变就是部落间的贫富分化日益悬殊。舜为普通部落成员时，“舜之饭糗茹草也，若将终身焉；及其为天子也，被袗衣，鼓琴，二女果，若固有之”[①]。普通成员与首领间的差别已达到如此地步。血缘亲情日益疏远，使部落成员间父子兄弟般的平等关系向君臣上下等级关系转化自不待言。社会的发展趋势与传统的人际关系相背离，风俗作为制约人们言行的社会规范已无法适应社会关系日益复杂的社会统治，伴随着社会的发展进步，传统习俗需要发展完善。在此状况下，移风易俗，建立新的规范以取代传统的习俗势在必行。礼因时代的召唤，应运而生。

礼，最初也是部落风俗之一。它源于部落中的祭祀活动。人类发展伊始，对天地鬼神的相信，并不亚于今人对科学的信仰。世间万物，人间的吉凶祸福莫不受冥冥之中的神明的支配，这种观念对当时人来说绝无一丝一毫的荒谬，部落的兴旺、繁衍完全系于天地鬼神的庇护。因此争取神明的欢喜与保佑是部落的头等大事。讨取神明欢喜的途径则是向神贡献出自己最好的、最珍贵的礼品，这就是祭祀。祭祀须有仪式与程序，这就是礼的来源。

礼将人间的秩序，变成神的意志。据传说，黄帝之后的颛顼进行过一场“宗教改革”。《国语·楚语》记观射夫之言，其中说到上古时代，“民神杂糅”，人人皆可通神。这样一来，部落首领的权威就时时受到挑战，因为人人都可打着神的旗号从事活动，而这种情形与部落联盟的发展越来越不适应。部落首领的权威性需要进一步增强，原来的这些传统习俗亟待改进。在这样的背景下，颛顼派重与黎两人“绝地天通”，分天地之序，神属天，民属地，天地

① 朱熹：《四书章句集注》，中华书局，1983，第365页。

神人“罔有降格”[①]。人们自由通神的权力被剥夺了，神意通过在人间的代言人传达给普通部落成员，新的行为规范——礼，借助于已被垄断了的神力迅速建立起来。

夏初，礼随着神的威严的强化而日益成熟，其地位已牢不可破。传说与大禹同时期的司法官皋陶，用具有神性的独角兽断狱。每当人们发生争讼，曲直难断时，皋陶便令独角兽试之。独角兽以角触之者，为有罪。夏启争伐有扈氏时，宣布有扈氏的罪行是“威侮五行，怠弃三正”[②]，即违背了上天的意志。启对将士们说：“用命，赏于祖。弗用命，戮于社。”[③]听从命令者，将在祖先的神位前得到奖赏，不听命令者，将在社主的牌位前得到严惩。以独角兽裁判及在神位前进行赏罚，暗示着国王或者部落首领的权威来自上天，于是，人间的规范也不言而喻地来自神意。正所谓“礼义者，五帝三王之法籍风俗”[④]。

礼，作为新的行为规范，当然与以往的风俗习惯有着明显的不同。部落的风俗习惯是部落成员在长期的共同生活中自然而然形成的，礼则是通过祭祀等礼仪活动而逐步确立的。它比风俗习惯更具有权威性，而且更规范，是维护部落首领权威的工具。礼的实现，虽然也需要舆论的维护，需要同一部落成员所具有的共同信仰，但其最强有力的后盾则是神权。如果说风俗习惯主要是通过人们的“知耻之心”来加以维持，那么，礼则是通过人们的“敬畏之心”来贯彻的。因此，《礼记》开篇便告诫人们：“毋不敬，俨若思，

① 孔安国传，孔颖达疏：《尚书正义》，廖明春、陈明整理，北京大学出版社，1999，第634页。

② 孔安国传，孔颖达疏：《尚书正义》，廖明春、陈明整理，北京大学出版社，1999，第207页。

③ 孔安国传，孔颖达疏：《尚书正义》，廖明春、陈明整理，北京大学出版社，1999，第207页。

④ 刘文典：《淮南鸿烈集解》，冯逸、乔华点校，中华书局，1989，第359页。

安定辞，安民哉！”

当然，礼与风俗习惯亦有着千丝万缕的联系。从礼的内容来看，风俗习惯是礼的直接渊源。许多风俗习惯，通过祭祀直接演化为礼。无论是《仪礼》还是《礼记》都直接记载了远古社会流传下来的大量的风俗习惯。从适用范围上说，礼与风俗习惯都以具有共同信仰、共同祖先的成员为对象。不同的部落，有不同的祖先、不同的神、不同的风俗习惯，因而也就有不同的礼。总之，礼与风俗习惯都是血缘社会的产物。也许正因如此，具有法的性质的礼，虽也具有强制性，但却仍将人情放在了首位。

战国以来，“三代”这个词便经常在中国古代的典籍中出现，如《荀子·王制》言：“道不过三代，法不贰后王。”三代，指的是夏、商、西周时期。无论是从古人的论证中，还是从考古发现的青铜礼器及展现在我们眼前的等级有序的商周墓葬中，我们都可以认定三代确实是“礼”的盛世。三代之所以为后人所怀念，是因为三代之礼不只是可以垂范后世的制度，还是中国古人理想和追求的凝结，这一时期是中国古代礼制文明的代表时期。

夏代文明因无文字可以证明，划归传说时代。商代文明则因甲骨文的出现而得到证实。但资料仍然十分匮乏，孔子时便感到论述夏商时资料不足的困难。周的历史以平王东迁为分界线，东迁之前国都在镐京（今陕西西安西南），故称西周；东迁后，国都在洛邑（今河南洛阳一带），故称东周。西周是周公制礼、礼大兴于世之时，而东周则是诸侯争霸、七雄逐鹿的春秋战国礼崩之时，这里“礼治时代”指商与西周，传统法中的“礼”即奠基于此时。

商与西周的礼治一脉相承，又各有其侧重点。商礼更重神意，因而格外讲求“敬”，对触犯神灵者以酷刑相加；周礼在重神意的同时，更重宗族亲情，格外讲求人伦，强调“德”，而维护“德”的手段也比维护神的手段更为缓和，因而强调教化。重心由敬神转向重情、由敬转向德、由刑罚转向教化是礼治在商、西周时的发展过程。

3. 商之礼治重神、重敬、重刑

礼起于祭祀，而商人的礼尤重鬼神天地。商王一年之中，几乎是每旬必祀。在日常的生活中，也几乎无事不卜、无日不卜。从殷墟地下出土的十余万片甲骨卜辞中可以看到，商人的占卜涉及社会各个领域。大到国策的废立、战争的胜负、年景的丰歉，小至出行的吉凶、疾病的医治，等等，商人都要通过占卜来领悟神意。在商人的观念中，王与神是最近的，因为王是神在人间的代言人。《墨子·兼爱》记载墨子说："（商）汤贵为天子，富有天下，然且不惮以身为牺牲，祠说于上帝鬼神。"商纣王在商亡之际仍念念不忘："我生不有命在天乎？"[①]可见商人对神的崇敬是虔诚的。

商人的至上神是"帝"（或天），他们的保护神则是可以经常至帝那里做客或可以与帝匹配的本族的祖先。商王垄断了祭祀帝的权力，这使商王的权力更具神圣性。这个神圣性就如同我们现代语境中所说的"合法性"。商人隆重地祭祀祖先，则向世人证明了商人血统的高贵，证明了汤之子孙统驭万民的合理合法。《礼记·檀弓》记载埋葬已逝的亲人时的礼仪："夏后氏用明器，示民无知也，殷人用祭器，示民有知也。"所谓"示民无知"，是说死者已去，用"明器"只表达一种怀念之情，死者已经不会知道了；而"示民有知"，则是确信死者不过是到了神的世界之中，他们不仅继续着人间生活，而且还在关注着自己的子孙，并可以赐福降祸于后代子孙，因此人间的祸福都源于神的喜怒。

因为重神，害怕触犯神灵，所以商人格外讲求"敬"。《礼记·表记》言："殷人尊神，率民以事神，先鬼而后礼，先罚而后赏，尊而不亲。"由于"敬"，商人的刑罚格外酷烈。比如"火刑"、"陷人以祭"（将人陷于坑坎中，持锤杵以舂之）、"砍头

---

① 司马迁：《史记》，中华书局，1959，第107页。

以祭”等。

商礼治重神、重敬、重罚的特点是由当时社会的状况所决定的。无论从文献记载，还是从考古实物发掘来看，商王朝都是一个发展速度很快的社会。社会的快速发展，一方面加强了王权，另一方面也淡化了氏族血缘关系，商王的权威进一步强化，在一定程度上不次于后世皇帝的权威。商王庚欲将都城由奄（今山东曲阜）迁往北蒙（今河南安阳）时，对本族的反对者并不手软。他说：如果你们心怀不轨，背叛祖先，违抗王命，我就将你们全家斩尽杀绝，在新建的国都中，将没有你们后代的位置。顺之者昌，逆之者亡，贵族要唯王命是从，王命所指就是贵族们行动所向，商王的权威自然不用多言。

4. 西周之礼治重情、重德、重教

西周的礼治是在夏、商二代礼治的基础上发展起来的。《论语》中记载，孔子说：“殷因于夏礼，所损益可知也，周因于殷礼，所损益可知也。”孔子又言：“周监于二代，郁郁乎文哉，吾从周。”西周对夏商之礼的借鉴有两个方面：一是用“德”充实了礼治的内容，沟通了神意与王权，创制了“天命移易”的观念；二是西周直接取法于夏，重新拧紧了血缘的纽带，进一步完善了宗法制度。西周的礼治因为有了德与宗法的基础，表现出了神人并重，以及重情、重德、重教的特征，与商代礼治重神、重敬、重刑形成鲜明对比。

“德”是西周礼治政治的基础。敬畏鬼神是夏、商、西周一脉相承的社会特征。《礼记·曲礼》记：“龟为卜，为者，先圣王之所以使民信时日，敬鬼神畏法令也。所以使民决嫌疑，定犹豫也。”司马迁总结夏、商、西周治国之道时也说：“王者决定诸疑，参以卜筮，断以龟蓍，不易之道也。”①

---

① 司马迁：《史记》，中华书局，1959，第3223页。

虽然崇拜鬼神是夏、商、西周的“不易之道”，但周人的“神”与商人的“神”有明显不同。为了解释“天命”由商人之手转移到周人之手，西周初期的政治家创造出了“德”的观念，这个“德”字是天命转移的桥梁。西周的统治者反复强调“德”是天命的关键所在，统治者有了“德”，就能博取神的青睐，神就会委托他来统临四方万民，所谓“皇天无亲，惟德是辅”。

《尚书·召诰》中召公的这段话完整地表达了周人对天命由夏而移至商、由商而移至周的认识：

> 王敬作所不可不敬德。我不可不监于有夏，亦不可不监于有殷。我不敢知曰，有夏服天命，惟有历年。我不敢知曰，不其延。惟不敬其德，乃早坠厥命。我不敢知曰，有殷受天命，惟有历年。我不敢知曰，不其延。惟不敬厥德，乃早坠厥命。今王嗣受厥命，我亦惟兹二国命，嗣若功。王乃初服……肆惟王其疾敬德。王其德之用，祈天永命。①

这段话的大致意思是：王要认真从政，因此必须认真修养德性。我周人不可不以夏为戒，也不可不以殷为戒。我不知道夏人接受了天命，应享有福祚多久，我也不知道，夏的天命未能延续。我只知道夏人因丧失了德性而早早地丧失了天命。我不知道殷人接受了天命应享多久，我也不知道，殷的天命未能延续。我只知道殷人因丧失了德性而早早地丧失了天命。现在王接受了天命（治理统治天下），我周人应该以夏、商为戒，继续保持着祖先的德性。王初理政事……所应做的难道不是加紧地推行德政吗？王应修养德性，祈求上天的长久保佑。召公的这段话反反复复地说明一个道理：有

---

① 孔安国传，孔颖达疏：《尚书正义》，廖明春、陈明整理，北京大学出版社，1999，第706页。

德者得天命得天下，失德者失天命失天下。天命不再如商人理解的那样一成不变，而是随着“德”的转移而转移，谁有德性谁就会掌握天下，德性的重要性被周人提高到一个前所未有的高度。

周人所说的“德”，并非泛泛空谈。对统治者而言，德最重要的内容莫过于“保民”。《尚书·周书》的许多地方都强调“德”与“民”的关系，得民心者有德，失民心者失德。因此天命与民的关系也是得民心者得天命，失民心者失天命。周人以“德”为媒介，以“民心”为察政得失的镜子，将天命（神权）与民心（政权）紧密地连成一体，顺天保民成为周代立国的准则之一。

由于“德”的出现，西周礼治中所包含的“天命观”与商代礼治有了显著的不同。商人只是虔诚地供奉着神灵，希望得到神灵的保佑，而周礼远比商礼复杂。在祈祷神灵的同时，周人强调统治者的自律，强调以“保民”来体现统治者之“德”并赢得民心。因此，周人的天命观强调的不只是神的力量，君王的作为和人心的向背同样获得重视，人与神成了一个共同体。

宗法制是周人礼治的社会基础。礼，起源于血缘社会，周人的礼治当然带有血缘社会的烙印，可以说实行宗法制的西周实际上就是以血缘为纽带的等级森严的社会。因为有了宗法制的基础，礼治才有了社会基础，才能在西周社会中行之有效。

按社会发展的一般规律来说，文明社会有这样几个标志：第一，在经济上，大量地使用铁器或青铜器，生产力较石器时代有了显著的提高；第二，在文化上，文字的使用已经开始，原始的结绳记事、口耳相传的文化变为文字的记载；第三，在社会结构或组织方式上，已由以血缘关系为纽带逐步过渡到以地域关系为组织基础，公共权力（政权）已经产生。

结合史料，我们了解到周人取得天下时，社会状况与夏似乎更为接近。周，原本不过是商统治下的一个部族，其经济实力远远不能与商相抗衡，所以直到周人取得了天下，也常常称商为“大邦殷”，而自称“小邦周”。因此周人推崇夏政，常常以“夏”之后裔自许，有些干脆就以“夏”自称。在《尚书》的《康诰》《君奭》《立政》中周人便自称为“区夏”“夏”“有夏”。周人直接取法于夏，是为了重新拧紧血缘关系的纽带，以缓和的手段巩固自己的政权。为了强调亲情，周天子放弃了商王那令人恐怖的威严，对本族人很少说“戮孥汝”之类的绝情话，对贵族更是亲切有加，径以“叔父”“伯父”“伯舅”“叔舅”等称呼亲密相称，可以说夏人“亲而不尊”的传统在周得到了部分恢复。

但是，周人在恢复“亲亲”传统的同时，对商人的“尊尊”并未完全放弃。周人在商人宗法等级制的基础上，进一步完善了以血缘为划分等级标准的宗法制，并将“亲亲”“尊尊”合为一体，形成以嫡长子继承制为核心的宗法等级制度。商人的宗法制在王位的继承上，父死子继与兄终弟及并存，兄弟间、叔侄间难免为争王权而相互残杀，“废嫡而更立诸弟子，弟子或争相代立”[①]之事愈演愈烈。周人的嫡长子继承制，也就是“立子以长不以贤，立子以贵不以长”之确定，使宗法血统的脉络更为清晰。王的诸妻中有一妻为正，称“嫡”，其余则为“庶”。嫡之子称“嫡子”，庶之子称“庶子”。嫡子为宗族之正统，庶子无论如何贤能都不得与嫡子相争。嫡子之位当然高于庶子，嫡子中又以长子最贵，是王位的天然继承者。若嫡系中无子，则取次嫡一等的子继承王位。嫡庶、长幼之别使周人的宗法制既充满了血缘亲情，又不丢贵族的威严。

在周人的苦心经营下，以血缘为纽带的宗法等级制逐步发展完善。周人的宗法制，一是维护族人的亲情，二是体现等级的威严。其特点在于合“君统”与“宗统”为一体，以嫡长子继承制为核心，依据与王室血统的亲疏来确定等级的贵贱。简单地说就是：天子是天下“大宗”之长，同时又是国家的元首。天子之位传于嫡

① 司马迁：《史记》，中华书局，1959，第101页。

长子，其他儿子则被分封到各地建立并统治各诸侯国。诸侯相对天子而言，处“小宗”地位，而在诸侯国中，诸侯为各诸侯国之“大宗”之长，同时也是一国之君。君之位传于嫡长子，其他儿子被封为大夫。大夫相对诸侯而言，处“小宗”地位，而在采邑中（大夫的封地称为采邑）是“大宗”之长，又是采邑中的行政首领。大夫之位传于嫡长子，其他儿子为士。通过这种分封，“溥天之下，莫非王土；率土之滨，莫非王臣”，天下的统治权皆置于周代各级贵族手中，一些异姓功臣贵族也通过联姻成为周室的亲戚。如此，在统治者集团中，非本族贵族通过姻亲成为异姓亲家，真可谓“天下一家”。

西周宗法制的完善为“礼治”奠定了最坚实的社会基础。因为礼本来就是宗法制度下的产物，经过商、周统治者改造的礼治顺理成章地成为宗法制社会中最有效、最合理的国民之“纲纪”。

春秋战国至秦，历时五百余年，是法家法治思想萌芽、发展并最终取得成功的时代。此时的“法”挣脱了礼治体系的束缚成为世人关注、君主赏识的治理国家、富国强兵的手段。正如前文所谈到的那样，法家的“法治”与我们今天所说的法治风马牛不相及，法家的“法”泛指社会上的各种规章制度，所以传统法中的“法”内容非常丰富，王朝颁行的统一法令及律令体系大都源于此时。

5.“礼治”的衰微

春秋战国时代是经济大发展、社会大变革的时代。文明社会的象征之一铁器此时终于出现。据考古发掘的资料表明，春秋晚期长江流域的吴国已有了锻造铁器的技术。当时中原地区的经济文化远比吴国发达，保守推测，铁器在中原地区的使用不会晚于春秋中期。战国时代，各个列国铁器的使用已相当普及。辽宁、河北、山东、河南、陕西、湖南等地战国墓中皆有铁制农具与手工工具出现，这表明当时社会已经普遍进入铁器时代。

经济的发展势必引起社会关系的变动，以铁器的出现为代表的生产工具的改进催生了春秋战国时期地主、商人、自耕农等阶层的出现。这些新阶层的出现使原来的宗法等级制的维系成为十分困难的事情。给宗法制以致命打击的是周王室的衰微。春秋战国时强大起来的诸侯，不再安于相对天子而言的小宗地位，不愿继续向西周时那样听从周王室的调遣。更令周王室难堪的是强弱不一的诸侯，在各自利益面前，全然不顾骨肉之情，以强凌弱，互相吞并。周初分封的一千八百列国至此仅存一百二十四。周天子不仅无力保护弱小之国，阻止诸侯间的战争，而且周王室也被排挤出强国之林，难保天下共主的地位。

春秋之初，周平王迁王室至洛阳，地处郑、晋两国之间。郑国、晋国的王室同姓，两国的祖先又都是有功于周王室的功臣。以往在周王室危难之际，郑国与晋国多次赤胆相救。平王在诸侯兼并愈演愈烈之时，迁都于这两国之间，企图借助于宗法关系，依靠同姓郑、晋势力，保住王室尊荣，维持天下同宗共主。但强大起来的郑国不愿再念及以往周与郑的宗法君臣情义，反而率先藐视王室。郑武公、郑庄公先后在王室中任执政之职。在周王室朝堂中，他们二人尤其是郑庄公并不顾及大宗小宗之别，对平王有名无实的宗主地位并不以为然。年迈的平王气得忍无可忍，暗中谋算将执政之权分与虢国，以此削弱郑庄公在王室中的权势。周平王的计划还未实行，早已有人将此事透露给了郑庄公。郑庄公得知此事，不仅不反省自己，反而对天子大兴问罪之师。面对怨气冲天的郑庄公，平王竟胆怯地矢口否认自己有分权的企图。为了进一步表示周王室对郑庄公的信任，平王还忍气吞声地答应了与郑国互派人质，王室派出王子狐至郑为质，郑派出公子忽至周为质。“周郑交质”才算平息了这场“分权”引起的风波。也许是受了惊吓，也许是因为受了窝囊气，平王竟于“交质”的当月一命呜呼[①]。王室与诸侯国之间竟然

① 杨伯峻：《春秋左传注》，中华书局，1981，第27页。

需要通过交换质子来实现信任，可以想象此时原来的周礼已经受到极大冲击，强势的诸侯国国君不再顾及周天子的颜面，原有的统治秩序和统治规则已然发生了重大变化，社会的巨变悄然到来了。

周平王死后，年轻的姬林即天子位，是为周桓王。郑庄公对桓王更加无礼，在朝中更加专横跋扈。他肆无忌惮的派军队去王畿中强收属于周王室的庄稼，又假借天子之名征伐宋国。年轻的桓王毕竟血气方刚，在对庄公屡次暗示均不奏效的情况下，桓王毅然率周、蔡、卫、陈诸国联军讨伐悖逆宗法之道的郑庄公。郑庄公亦不示弱，率郑军列队相应。这确实是一场传统与反传统的交锋。结果王师败绩，郑国大将祝聃一箭射中了桓王的肩膀，并欲纵军活捉桓王。具有政治头脑的郑庄公，为避免惹起天下共愤而喝住了祝聃，事后又派人至王室向桓王赔礼道歉。郑庄公先兵后礼，既震慑了王室，又稳住了诸侯。祝聃这一箭不仅射掉了周王四百年来唯我独尊的权威地位，而且射断了王室与公室间的宗法等级联系，堪称划时代的一箭。

从此之后，天子便成为诸侯手中的“王牌”。郑国之后，又有齐、晋等国皆打着天子的旗号称霸天下。“挟天子而令诸侯”，诸强逐鹿的局面由此形成。在诸侯割据的政治格局中，周天子的地位急剧下降。晋文公与诸侯会盟时，竟以居高临下的态度召周天子参加会盟。孔子闻此感叹道：“以臣召君，不可以训。”[1]

“皮之不存，毛将焉附。”宗法制的破坏，不仅使天子、诸侯、大夫的地位及势力对比发生了变化，而且使植根于血缘宗法土壤中的礼治失去了依托。传统的制度、习俗、观念到了春秋战国时代都面临严峻的考验。礼治体系随着社会生产力的发展进步和国家政治制度的日益完善，已经越来越不适应社会的发展需要，一种全

① 杨伯峻：《春秋左传注》，中华书局，1981，第473页。

新的社会治理体系和治理规则呼之欲出。

6. 以法代礼的法治改革的必要性

法家与儒家在主张变革社会这一点上并无二致，但在对传统礼治的评价及与对传统改造的方式上，法家则与儒家态度截然不同。儒家的“中庸”对法家来说，是保守与迂腐的代名词。法家主张社会激变，并情不自禁地为社会激变而振奋。矫枉过直是法家认定的社会发展规律。作为对“揠苗助长”的回应，法家的集大成者韩非也编出一则生动的寓言“守株待兔”来嘲讽儒家对传统抱有的希望。故事同样发生在宋国，主人公也是一位农夫：

> 宋人有耕者，田中有株，兔走触株，折颈而死；因释其耒而守株，冀复得兔，兔不可复得，而身为宋国笑。①

传统的礼治，尤其是儒家所要弘扬的礼义，在法家眼中恰如那棵已失去效用的树。而儒家的所作所为，又恰如那愚蠢的农夫。法家认为，儒家所追求的温文尔雅、以理服人的“王道”早已成为过去，社会的发展已进入到“竞于气力”、以力服人的“霸道”时代。在这个时代中，一切都以功利为标准，谁能富国强兵，统一天下，谁就是时代的圣人。为此法家提出了系统的“法治”理论。

（1）法治较礼治更公正

法家认为，法治具有传统礼治无法比拟的公正性。在礼治体系中，“先王议事以制，不为刑辟”。在礼治时代，何种言行为罪、何种罪应处以何处刑罚皆无明确的规定，量刑定罪须以礼治的精神为原则，“议”而后定。因此礼治下的“刑”无公正可言，法治则不同。因为在法治时代，法（制度）是公开的。韩非给法下的定义

① 王先慎：《韩非子集解》，钟哲点校，中华书局，1998，第442～443页。

是："法者，编著之图籍，设之于官府，而布之于百姓者也。"①

法的公开，使"万民皆知所避就"②，而且可以使"吏不敢以非法遇民，民不敢犯法以干法官也"③。法治社会中，法又是客观的。法家认为法是国家颁布的客观的言行准则，所代表的是大多数人的"公利"。齐法家将法比喻成"尺寸也，绳墨也，规矩也，衡石也，斗斛也，角量也"④。一言以蔽之，在法家看来，法是国家的权衡、人们行为的准则，不允许任何人挟"私"而随意轻重。

更重要的，法治社会中法是公正的。法家认为法是充分反映公意的制度，因而其可以"齐天下之动（或作功）"。国家有了"至公大定"的法制，就如同经商的人有了权衡、尺寸，天下之人就有了言行的规范。"有权衡者，不可欺以轻重；有尺寸者，不可差以长短；有法度者，不可巧以诈伪。"法的公正性还表现在法家主张"法不阿贵""刑无等级"上。法家以为政府法律在确立时可以赋予不同的人以不同的权利和义务，但是，政府在执行法律时却必须做到"刑过不避大臣，赏善不遗匹夫"⑤。公开、客观、公正是法治优于礼治之所在。

（2）法治简明、易于操作

法家认为法治比传统礼治简单易行，便于操作，对治理乱世可以起到立竿见影的效果。在法家眼中，儒家烦琐的道德说教对拯救乱世、安民治国来说如同儿戏。儒家要建设的道德王国在人多物寡的当今之世，在人性膨胀、趋利避害的兼并竞争时代，是不可实现的幻想。韩非认为提倡礼治、德治不仅无补于世，而且隐患无穷。他提出：

① 王先慎：《韩非子集解》，钟哲点校，中华书局，1998，第380页。
② 蒋礼鸿：《商君书锥指》，中华书局，1986，第146页。
③ 蒋礼鸿：《商君书锥指》，中华书局，1986，第144页。
④ 黎翔凤：《管子校注》，梁运华整理，中华书局，2004，第106页。
⑤ 王先慎：《韩非子集解》，钟哲点校，中华书局，1998，第38页。

夫古今异俗，新故异备，如欲以宽缓之政治急世之民，犹无辔策而御悍马，此不知之患也。[①]

拯救乱世唯法治一途。法家认为当今之世天下大乱的原因在于名分未定，商鞅与慎到几乎用了同样的例子与语言说明天下争战不休的原因：

一兔走，百人逐之，非以兔也。夫卖［兔］者满市而盗不敢取，由名分已定也。[②]

定分才能止争，才能建立起秩序，而法恰恰是定分止争的法宝。“故圣人必为法令置官也置吏也，为天下师，所以定名分也。”名分一定，则无论是吏还是民，是智还是诈，是能还是愚，皆知其可为与不可为，天下于是大治。法可安定天下，还可以富国强兵。韩非将法比作牢笼，将民比作猛虎，认为法对民犹如以牢笼关虎，只有法可以使民与国家保持一致。放弃法律，即使尧舜再世，也无法治理今日的天下。法可以统一人们的言行，是“上之所以一民使下的”工具。君主只有实行法治，才可能使全国上下一致，致力于富国强兵的功业。

齐法家用这样的语言总结了法治的威力：

法者，所以兴功惧暴也。律者，所以定分止争也。令者，所以令人知事也。法律政令者，吏民规矩绳墨也。[③]

法治不仅有如此的威力，而且简单易行，“以法治国，举措

① 王先慎：《韩非子集解》，钟哲点校，中华书局，1998，第445~446页。

② 蒋礼鸿：《商君书锥指》，中华书局，1986，第145页。

③ 黎翔凤：《管子校注》，梁运华整理，中华书局，2004，第998页。

而已”。君主只要遵循法令，违法者罚，守法者赏，天下便可以达到治理。法治使君主从复杂的人情中解脱出来，不必整日埋头于道德环境的营造与人格的修养。蒋礼鸿评法家治国之道：“农战而已矣。致民农战，刑赏而已矣，使刑赏必行，行而必得所求，定分明法而已矣。他无事矣。”[①]法家治国之道，在奖励农耕，勇敢作战，赏罚分明，明确自己的职责本分，各司其职，恪尽职守，遵纪守法，个人的期望就能够实现。

（3）法治更有利于社会的长期稳定

法家认为法治可以确保国家的长治久安。针对春秋战国时的法治思潮，儒家认为举贤人与建法制相比，前者更为重要。因为国家的安危实系于君主一身。有了贤人，才能有好的法律，法律才能得到准确的执行。此外，儒家不相信世上有万全的法律，法律的漏洞需要人去弥补。鉴于此，儒家更注重统治者的自身修养与表率作用。人治相对法治而言，更符合儒家的理想。法家对儒家的贤人政治亦持否定态度。法家认为实行人治是将国家的兴衰存亡完全系于君主一人身上，未免太不明智，因为君主大都为中庸之才。如同尧、舜那样的圣君与桀、纣那样的暴君，都是“千世而一出”。而法治即“缘法而治”，正是以中庸之主治理天下为前提的，法制越完善，天下就越容易治理。

法家认为，若“废势背法而待尧、舜，尧、舜至乃治，是千世乱而一治也”。有尧、舜则治，无尧、舜则乱，天下势必处在长久的混乱之中。相反若君主实行法治，中庸之主亦可“缘法而治”，只有“桀、纣至乃乱，是千世治而一乱”。法治与人治的区别就在于此：任人而治，则“千世乱而一治”；任法而治，则“千世治而一乱”。[②]

① 蒋礼鸿：《商君书锥指》，中华书局，1986，第19页。
② 王先慎：《韩非子集解》，钟哲点校，中华书局，1998，第392页。

不仅如此，法家还进一步论证道：即使如尧、舜那样的圣君贤人，也不可以只依靠个人品格和才能去治理国家。就如同能工巧匠在工作时也离不开规矩、绳墨一样，圣君贤人也要依靠法律去治理天下。《韩非子·用人》中这样论证了法与人的关系：

> 释法术而任心治（即人治），尧不能正一国；去规矩而妄意度，奚仲不能成一轮；废尺寸而差短长，王尔不能半中。[①]

在人治的国家中“释法制而妄怒，虽杀戮而奸人不恐”。在法治的国家中，虽无圣人却“有赏罚，而无喜怒”“有刑罚而无罪”。因此，法治的优势在于比人治更有利于国家的长治久安，也较人治更为公平，更具有操作性。

（4）实行法治是大势所趋

法家是一个注重现实的学派，他们认为历史的发展不以任何人的意志为转移。同时，他们还认为“好利恶害”是人类无法改变的本性。从历史发展与人性的角度，法家论证了法治的必然性。

首先，实行法治是历史发展的必然结果。战国后期法家集大成者韩非继承了前期法家对历史时期的划分，他将人类历史的发展大致划分为上古、中世、当今三大阶段，并指出各代的不同特色：“上古竞于道德，中世逐于智谋，当今争于气力。”[②]不同的时代应当运用不同的治理方式。若以上古的“道德”治理中世或当今之世，必为后人所笑。

针对儒家赞美的尧舜圣王之道，韩非论道：“然则今有美尧、舜、禹、汤、武之道于当今之世者，必为新圣笑矣。”法家告诫世人：“法古则后于时。”抱着传统不放，以上古、中世之道行于当

① 王先慎：《韩非子集解》，钟哲点校，中华书局，1998，第205页。

② 王先慎：《韩非子集解》，钟哲点校，中华书局，1998，第445页。

今的人，必然会被时代所抛弃。在“争于气力”的当今，欲以先王之政治当世之民，无异于守株待兔、缘木求鱼。法家主张顺应历史的潮流，变法图强。法家献给君主治国的良策是“塞民以法”，即实行法治。用韩非的话来说就是“明主之国，无书简之文，以法为教；无先王之语，以吏为师；无私剑之捍，以斩首为勇。是境内之民，其言谈者必轨于法”。以韩非子为代表的法家主张以法为教，以吏为师，调整国家治理方式，引导民众致力于耕战，富国强兵，对先王之法和古人典籍则不要过分看重。民众的言行举止要以国家法令为尺度来进行衡量。

无论人们情愿与否，也无论儒家崇尚的礼治王道在历史上起过怎样的作用，有过怎样的辉煌，法家对历史与时势的精辟分析，宣告了传统必将成为过去。礼治时代结束了，已经到来的是法治的时代。

其次，法家还认为实行法治是人性的必然产物，因为“趋利避害”是人之本性。齐法家举例说：商人不辞劳苦，以继夜地奔波各处，是因为“利在前也”；渔夫不畏深海巨澜，宿夜于船上捕捞，是因为“利在水也”。法家断言，世上绝没有儒家所宣扬的那种没有利害关系的忠、孝、节、义等道德。父母子女、君臣百姓之间的关系都可用“利害”二字解释，比如君臣之间不过是“臣尽死力以与君市，君垂爵禄以与臣市”[①]。臣为君赴死效力不过是为了换取君主手中的爵禄，君给臣以地位、俸禄不过是为了换取臣的智慧、才能，甚至生命。在如此赤裸裸的利害关系中，君主以礼、以德去治理国家，无异于负薪救火，扬汤止沸。

在从人性方面论证法治的必要性时，战国中期以前的法家有一个明显的缺陷，这就是他们没有解释历史上为什么存在过“礼治”，而且在上古、中世礼治都取得过令人羡慕的成绩。上古、中世时代，人们好利恶害的本性为什么没有引起战乱纷争？战国后期

① 王先慎：《韩非子集解》，钟哲点校，中华书局，1998，第352页。

的韩非用“人口论”弥补了这一缺陷。韩非认为，德治、人治、礼治只适应于物质极大丰富的古代。物质的丰富，使百姓不必争抢便可生活得很安逸，所以统治者也无须处心积虑地设法立制以治民。而当今之世，人口的急剧增长，物质显得相对贫乏，而物质的贫乏刺激并膨胀了人们好利的本性，道德的感化、礼乐教化及统治者的自律在膨胀了的人性面前，早已失去效用，不用严刑峻法不足以止乱。

7. 实行法治的途径

法家法治理论在春秋战国形成思潮并为各国君主所接受在于其具有极强的实用性和可操作性。法家为法治的推行设计了种种途径，这是其他学派望尘莫及的。法家认为要实行法治必须具备以下条件：

首先，要有完备的法制，能将君臣百姓的言行皆纳入法的轨道。自春秋时子产铸刑书起，法家便致力于建立完备的法律制度，使法治能有制度上的依据。晋国贵族叔向曾批评子产铸刑书，民“弃礼而征于书，锥刀之末，将尽争之”。齐法家认为“宪律制度必法道，号令必著明，赏罚必信密”[①]。从考古发掘的战国秦律来看，在法治理论指导下构建的秦国法律确实十分完备，用“皆有法式”来形容并不过分。从立法上来讲，法家认为法制完备只是实行法治的条件之一，更重要的是立法质量必须能够达到法治的要求。这就要求法律必须合乎实际，必须便于人们理解记忆。而合乎实际的法律必须是顺应人性的。《管子·形势》忠告君主，在立法时要注意人们“好利恶害”之性，因势利导，而万不可强其“所不能为”。商鞅、韩非等法家人物也再三强调立法的目的在于使人们明白国家意图，从而知道可为与不可为，并约束自己和家人的言行。因此，法律的语言条款必须明白通畅，使人们能有深刻的印象。

① 黎翔凤：《管子校注》，梁运华整理，中华书局，2004，第301页。

其次，必须树立法律的至高权威，民众严格依法办事。为了树立法律的权威，商鞅提出“一赏”“一刑”“一教”。一赏，就是要求君主出于公心，只赏有功于农战、有功于国家的人。君主不可“爱其私”，更不能因个人喜好随意破坏法制。一刑，就是要求君主依照法令惩处违法之人，按照统一的标准进行惩处，而不可随意变更律令条文。一教，就是要求君主取缔一切与法令不相合的言论学说，用完善的法令统一人们的思想。法家虽然认为君主的权力至高无上，但他们同时也反对君主以个人喜怒而违法破律，他们指出君主以喜怒治国，是天下混乱、百姓怨恨的原因：“君人者舍法而以身治，诛赏夺予从君心出矣。然则受赏者虽当，望多无穷；受罚者虽当，望轻无已。君舍法而以心轻重，则是同功而殊赏，同罪而殊罚也。怨之所由生也。”君主虽有至高无上的权威，但赏罚予夺也不能随心所欲，要依法而行，否则将会造成混乱，让国家处于无序状态，同样的功劳不按统一的标准进行封赏，同样的犯罪不按统一的标准进行惩处，则会制造更多混乱不满，危害国家的安定团结稳定。为了确立法的权威，法家认为君主应做到：“言不中法者不听也，行不中法者不高也，事不中法者不为也。”[1]君主的言行举动，要以符合法律为标准，不符合的则不做，这样君主才有权威，才能言必信、行必果，才能治理好国家。

再次，君主必须善于并准确地运用赏、罚，以赏、罚为杠杆推动法治的实行。法家认为赏与刑是君主手中的二柄，有功必赏、有罪必罚是君主治臣、治民的基本原则。在赏罚的运用上，法家强调应“厚赏重罚”“少赏多罚”。厚赏，可以使民众心甘情愿地为君、为国效死力；重罚，可使民众知国法的威严，因而不敢轻易冒犯。也只有厚赏重罚才能充分利用人们的好利恶害、趋利避害之心，使人们不惜一切代价追逐奖赏，宁死也不敢冒犯法律。厚赏重

① 蒋礼鸿：《商君书锥指》，中华书局，1986，第131页。

罚不但起到了鼓励人们为国耕战、富国强兵的作用，而且还具有“刑以止刑”，预防犯罪的效果。赏少，可以使人知得利之不易，因而会加倍努力去争取；罚多，可以使人知国家多“忌讳”，因而不敢轻举妄动。“赏厚而利，刑重而威必。”“诛赏之法不失其议，故民不争。”[①] 厚赏重罚可使“民不争”，少赏多罚又可使“民善”。其较儒家以道德说教劝善止恶更为实际、更为简单易行，也更为可信。

此外，法家格外强调赏罚必须与舆论保持一致，即法律所严惩的，也是舆论所谴责的；君主所赏赐的，也必定是舆论所赞扬的。但法家并不是要法制迁就舆论，法家强调的是舆论必须符合法制的规定，即“士不得背法而有名”。法律至上，舆论不能左右法律，法律不能受舆论的干扰制约。

法家认为，法应成为君主治国的原则。这就是“言行而不轨于法令者必禁”[②]。法，也是君主衡量官吏的标准，官吏无论其人品、才能如何，以守法为贵。在“以法为本”的原则基础上，君主还必须具有能够推行法治的“势”（权势）与“术”（办法），这就是法、势、术结合。韩非总结了前期法家思想后，认为：国君如龙，势则犹如云雾。若无云雾，龙落尘埃，与蚯蚓无异。君若无势，与普通的百姓也没有什么不同。失势的君主，纵然是一位明法之君，也无法推行法治。在此韩非又提出了“势治”说，即君主只有在牢牢掌握了权势并推行法治的情况下，天下才能达到治理的理想状态，也就是，“抱法处势则治，背法去势则乱”[③]。

除法、势结合外，法家还强调法与术的结合。“徒术而无法，徒法而无术”，皆不可达到天下的治理。术，是指治国的方法与推

---

① 蒋礼鸿：《商君书锥指》，中华书局，1986，第83~84页。
② 王先慎：《韩非子集解》，钟哲点校，中华书局，1998，第394页。
③ 王先慎：《韩非子集解》，钟哲点校，中华书局，1998，第392页。

行法治的技巧。韩非认为申不害虽精于术，但“不擅其法，不一其宪令，则奸多”。商鞅虽重视法令，但“无术以知奸”，以致聪明反被别人利用，自己落了个被车裂的下场。因此，术不仅是推行法治的保障，而且也是用法之人自保的手段。法家所言的术，主要是君主治臣治人之术。法家对术的研究十分精细。总起来说术有两类：一类是公开之术，如选任官吏采用“循名责实”之法，即考核官吏的政绩是否与其职位相符，是否胜任职责。另一类则是君主“藏于心中之术”。法家认为君主为了保住自己的权势，可以不择手段地对付威胁自己权位的大臣。如对功高震主的人可行饮食暗害之术，对有谋反嫌疑或心怀不轨的人可行暗中刺探之术，等等。在一般情况下，君主应喜怒不形于色，使臣子无法探清君主之好恶，保持对君主的敬畏。法家言术虽强调了法术结合，但却不免有自相矛盾之处，尤其是“藏于心中”的御臣之术，早已打破了“有功必赏，有过必罚”的法治原则，违背了“以法为本”的宗旨，实为法家法治理论中的软肋。

二、传统法治的发展时期

自汉至清，“礼”在中国传统文化中始终处于核心地位，而传统法在西周“礼治”与秦“法治”的基础上形成了礼法一体的有机结合。这一时期，儒家所推崇的“王道”在意识形态及大众观念中基本处于正统的或主流的地位，中国传统法家推崇的“霸道”则受到抑制和批判。但是理论上的批判并不意味着实践中的废止，在法家法治理论指导下形成的秦王朝法制仍为汉代所继承。“汉承秦制”，其中法制是一个重要的方面。因此，自近代以来，用“重礼轻法”来评价中国传统法并不恰当。在此，用荀子设计的社会发展模式“隆礼至法”来概括由汉至清传统法的发展，也许就更为合乎客观的事实。

春秋战国至秦，这一历史时期的人们有着太多的闻名于史、闻名于世的业绩，法家的法治时代留给后世的遗产是丰富而伟大的。就法制而言，春秋战国时，由于百家的论战、法家的出现，“法治”终于从“礼治”的体系中独立出来而且得以充分地发展。在法家理论指导下形成的法制体系，奠定了其后两千余年中国古代社会法制发展的基础。就法的思想或理论而言，当重新审视两千五百年前那场儒法论战时，我们不能不感慨历史确实是不以一时的成败论英雄。当年风靡各阶层的法家学说，在汉之后竟难寻传人，至明清已堕落为师爷讼棍间的秘传。而四处碰壁的儒家之说，自汉后则成了正宗的“国学”。孔孟之道与荀子的“隆礼至法”之说，成了这一时期留给后世甚至全人类的珍贵遗产。

1. 礼治复兴的社会心理条件

触目惊心的农民起义与秦王朝的灭亡，给继秦之后的汉代统治者上了一堂生动的历史教育课。善于总结经验的汉代人，深切地感受到过分地背弃传统礼治，繁刑苛法，是秦亡的重要原因。于是高祖入关便尽除秦苛法，与民“约法三章”，果然赢得了民心。汉代的政治家、学者如此论证秦亡的教训：

> 陆贾曰：秦任刑法不变，卒灭嬴氏。
>
> 张释之曰：秦任刀笔之，争以亟疾苛察相高……天下土崩。
>
> 贾谊曰：商君遗礼谊，弃仁恩，并心于进取，行之二岁，秦俗日败，灭四维（仁、义、礼、智）而不张，君臣乖乱，六亲殃戮，万民离叛，社稷为虚。使赵高傅胡亥，而教之狱。今日即位，明日射人，其视杀人若刈草菅然。置天下于法令刑罚，德泽亡一有，而怨毒盈于世，下憎恶之如仇雠。
>
> 晁错曰：法令烦僭，刑罚暴酷，亲疏皆危，外内咸怨，绝祀亡世。

董仲舒曰：弃捐礼谊而恶闻之。其心欲尽灭先圣之道。师申、商之法，行韩非之说，憎帝王之道，以贪狼为俗。[①]

由此可见，过分地抛弃传统礼治，专任刑罚是秦亡的原因所在这一结论是汉人在反思秦政得失时所达成的共识。无论这一结论带有多少历史的局限与时代的偏见，对汉代人来说都是顺理成章的。周人六百余年的王道礼治，与秦人十六年的霸道法治形成了鲜明的对照，使人不能不信服传统。自春秋以来日益汹涌的法治浪潮开始平息、衰竭，被秦王朝判了“死刑”的传统礼义教化（礼教）却在人们对法治的反思中奇迹般地复活，并得以重振昔日之雄风。

2. 儒家对传统礼治的理论总结

复活传统的礼教固然是汉代人的抉择，但礼教的复活却应首先归功于孔子及其所创立的儒家学说。因为对“先王之道”和“郁郁乎文哉”的周人治国之道深信不疑的孔子对礼崩乐坏痛惜不已，于是他“追迹三代之礼，序书传，上纪唐虞之际，下至秦缪，编次其事”[②]。大量的史实在孔子的“追迹”中得到保留，历史的经验在孔子的“编次”中得到总结。例如，在总结为君之道时，孔子提出“为政以德”；在总结为人之道时，孔子提出“为人也孝悌”。

传统的礼治，尤其是礼教所提倡的“忠、孝、节、义”在儒家的著述中得到大力提倡，而这些正是后来汉人所着意弘扬的内容。传统在儒家“损益”中得到升华。儒学的创立与发展为礼教的复兴奠定了理论基础。

孔氏门徒的礼教信念、孔氏门生对儒家所提出的理想锲而不舍地追求，使改良传统的儒学反败为胜。自春秋至汉初，儒家学说屡遭打击，失意近四百年。在这漫长的岁月里，孔子的门生、再传

① 洪迈：《容斋随笔》，孔凡礼点校，中华书局，2005，第271～272页。
② 司马迁：《史记》，中华书局，1959，第1935～1936页。

门生，直到汉代的儒家继承者，对孔子学说的信仰始终没有动摇。他们不计个人荣辱，顽强地用儒学干预政治。秦始皇“焚书坑儒”时，诸生“诵法孔子”[①]不绝。出身寒微，又略带有无赖习气的汉高祖刘邦对儒家的“好古”也曾有不屑之意。刘邦将儒生总是戴得端端正正以显示礼仪的头冠一把抓下“溲溺其中”。一向主张“三军可夺帅也，匹夫不可夺志也”的儒生竟能忍辱负重，周旋于这位难以驯服的帝王身边，伺机而动，不懈地向他宣讲儒学的宗旨，期望这位帝王能成为儒学的信奉者。儒家弟子如此坚忍不拔的精神，为儒学的兴盛、传统礼教的复兴创造了机会。

秦王朝法治的失败，汉初反秦之道的宽松政策及人们对传统的怀念为礼教的复兴提供了历史的机遇。汉初，当人们失去了对法家的信仰的时候，先秦诸子思想的宝库之门便被重新打开，人们终于又可以重新领略各家所独有的风采：儒家的温和中庸，道家的逍遥洒脱，而刚刚经受了秦法磨难的人们似乎更加喜爱老庄宽和的“无为”之治，于是便有了汉初七十年“黄老学派”的发展。

黄老学派是道家的分支，在法律方面的主张与道家大体相同，即“约法省禁”。汉代人所作《新语》记黄老学派观点：“事逾烦天下逾乱，法逾滋而天下逾炽，兵马益设而敌人逾多。”[②]反秦严刑苛法之道而行，是汉初黄老学派深得民心的原因所在。但是，黄老学派的主张终非长治久安之策，它难以应付日益复杂的社会状况，散淡无争也与政治家所应有的个性背道而驰。道家所宣扬的那种说不清、道不明、神秘莫测、变幻无常的“道”，使大多数人难以领悟，望而却步。“得道”的境界，对终日劳于衣食温饱的百姓来说更是可望不可即之事。与继任统治者个性志趣不合、与平民百姓渴求生活改善提高的意愿日渐疏远，黄老学派在汉初流行一阵后，又

① 司马迁：《史记》，中华书局，1959，第258页。

② 王利器：《新语校注》，中华书局，1986，第62页。

不得不重新“归隐山林”。不过，道家短暂复兴却为儒家的兴起及其独尊地位的确立开辟了道路。

3.礼教的复兴与礼法融合

汉初，由于经济凋敝及对秦“孤立而亡”教训的总结，汉朝统治者实行了郡国并行制，即以中央集权为主体，在国家直接管辖的地区设郡，同时设立王国，分封皇室宗亲为诸侯。分封同姓王的本意在于效法西周，使同姓诸侯王国成为中央王权的保障力量。但事与愿违，在新的历史阶段中，同姓诸侯王国不仅没有起屏障作用，反而成为朝廷的威胁。自文帝时起，各诸侯王国随着自身实力的加强，便与中央分庭抗礼。景帝时爆发了“七国之乱”。汉武帝时承袭文、景削藩之策，并在与王国的斗争中取得了最终的胜利，他迫使诸侯“衣食租税，不与政事”。秦王朝政治大一统的局面再现于西汉，西汉中期政治上由郡国并行制转入政治高度集中统一的中央集权制。

汉初尊崇黄老道家的“无为”，使法家失去了在秦朝所享有的至高无上的地位，先秦诸子学说有了一个喘息的机会。汉惠帝废除了秦朝的书律，于是“天下众书往往颇出，皆诸子传说”[①]。文化学术的发展，一定程度地解放了人们的思想。汉代中期，人们淡泊逍遥了一段时间后重又关心起政治和天下大事。

汉武帝时期的人们对传统、秦政、黄老之说终于有了一个比较完整的认识。为了应对经济社会的发展，为了适应政治上一统的局面，为了使逐渐繁荣的学术服务于政治，汉武帝需要一个统一的、独尊的学说。但是，这个学说不能是法家。因为，法家因秦的夭折而声名狼藉，天下之人“谈法色变”。更重要的是，法家虽在创建制度上卓有政绩，但在意识形态中却少有建树。法家的学说可以统一人们的言行，却不能统一人们的思想。这个学说也不能是道家。黄老之说在

① 班固撰，颜师古注：《汉书》，中华书局，1962，第1969页。

汉初的实践中证明，它不能控制局势的发展，反而会使政权失去凝聚力。恢复西周的“礼治”在现实中也难以行得通。高度集中的中央集权，凌驾于一切之上的皇权不允许有一丝一毫分裂势力的存在。政治上的大一统与西周“礼治”下的分封制水火难容。汉初“七国之乱”粉碎了人们完全恢复传统“礼治”的美梦，法家法治因完全背弃礼治而失败；“无为”因其过分淡化法家法治而失去发展的活力，“物极必反”的教训使汉人认识到儒家“中庸之为德也”的伟大。

出于汉人之手，假托孔子之言的《中庸》说：“中也者，天下之大本也；和也者，天下之达道也。致中和，天地位焉，万物育焉。”孔子之言、儒家之说确实可以避免诸家的极端，使社会在稳定中向前发展。例如，儒家主张继承传统，对礼教所提倡的忠、孝、节、义尤为青睐。与法家对传统持激烈的批判态度相反，儒家从传统中汲取了大量的精华，儒家的学说不仅弥补了法家在意识形态领域中造成的空白，而且在现实变革中避免了与传统的势不两立，减少了社会变革时的动荡。儒家并不固守传统，也不像道家那样主张“出世”，听任时事的发展。儒家重视人的作用，主张积极进取，改造社会。孔子说：“麻冕，礼也；今也纯，俭。吾从众。”[①]其意为：用麻线来制作礼帽是传统的礼，现在大家都用丝来制作，这样更为节俭，我同意并跟随大家的做法。他还主张变革“礼不下庶人”的传统，将教育普及到平民。他所提出的“有教无类”的思想，至今仍有着深远的影响。孔子的继承者孟子主张革除传统的人殉制度，他说：“仲尼曰：始作俑者，其无后乎。为其象人而用之也。”[②]这种积极的改良思想可以克服道家“无为”的消极影响，避免社会的发展陷入停滞状态。

历史的曲折发展显示了儒学强大的生命力。无论是统治者，还

① 朱熹：《四书章句集注》，中华书局，1983，第109页。

② 朱熹：《四书章句集注》，中华书局，1983，第205页。

是被统治者，都可以从儒家的学说中获得教益。深刻总结历史经验是儒学献给帝王将相治国平天下的良方，总结人生经验和提倡伦理道德是儒学给普通百姓的“微言大义”。经过社会激变的人们，已不再嘲笑儒学“不识时务”，而是悉心地研究、琢磨起儒学所包含的深刻道理。

汉代中期，能够统一人们的思想，服务于大一统政治，适应经济社会发展需要的学说非儒学莫属。董仲舒正是应此时势而出现的人物。在汉武帝策问古今治国之道时，他毅然将儒学举到至尊的地位。他认为儒学的原理与天地阴阳变化息息相通，儒学的治国主张就是天意的体现。他断言：“天不变，道亦不变。”这个“道”就是儒家之道。孔子的《春秋》在董仲舒看来是“天地之常经，古今之通谊”[①]。儒家继承者终于遇到了政治上的知音，汉武帝“卓然罢黜百家，表章《六经》”。自汉武帝时起，儒学成为官学，为官者须信奉儒家的学说。生前郁郁不得志的孔子，在其身后三百余年时竟受到了全民族最隆重的祭奠。他的一言一行，对后人而言都有着无限的魅力。孔子“十有五而志于学，三十而立，四十而不惑，五十而知天命，六十而耳顺，七十而随心所欲，不逾距”的人生道路，也成为后人崇敬与效法的人生模式。儒学经历了历史发展的考验，赢得了“独尊”的地位。

与法家的“独霸”有所不同，汉代的儒家不仅注意到了秦王朝在意识形态领域中的缺陷，而且也注意到了秦制的先进与完善。他们摒弃了矫枉过正的变革手段，对秦王朝所遗留的传统采用了“中庸”的变革方式，在反秦政之时却保留了秦制。“汉承秦制”确实不是一句虚言。汉高祖时，“相国萧何攈秦法，取其宜于时者，作律九章”。汉武帝时，穷民“犯法酷吏击断，奸轨不胜”。直至汉宣帝时，路温舒上疏言：“秦有十失，其一尚存，治狱之吏是

---

① 班固，颜师古注：《汉书》，中华书局，1962，第2523页。

也。”[1]汉宣帝总结汉代的治国之道是“霸王道杂之”[2]。用儒家提倡的忠、孝、节、义引导人们的思想，用秦王朝创立的完备的制度约束规范人们的言行，就是所谓“霸、王、道杂之”。“中庸”的改良方式使法家的制度服务于儒家的思想。儒家独尊的地位不仅没有因秦制的保留而受到损害，反而得到了制度上的保障。正因如此，儒学才具有了令人惊叹的生命力，才能够保持两千余年的正统地位。汉唐以来，虽有道教、佛教的竞争，但“儒教”始终不失其“正宗”地位。

礼教也随着儒学地位的上升而复活。忠、孝、节、义成为中华民族传承千年的道德规范，成为社会稳定与发展的基础。正如孔子所言：“礼乐不兴，则刑罚不中。”[3]礼教的原则、精神渗透于法之中，礼教的权威效力远远超过了法条，礼教是人们心目中的“大法”。这个“大法”的实施，靠的是人们所受的教育、社会舆论的制约、社会环境的熏陶、统治者的诱导、个人的自律和制度的约束。

礼在中国古代受到全社会无以复加的尊崇，制礼作乐的周公在中国人心目中的地位并不逊于神灵，而主张礼教的孔子更是被国人奉为“至圣先师”。至今尚存的遍布全国各地的“文庙”，既是古人祭奠孔子的地方，也是中国古代文人读经习礼，从而走上仕途的地方。上至朝廷的制度，下至普通人的日常生活，“隆礼”体现在中国古代社会各个方面。从法的角度而言，“隆礼”的最重要的目的是将礼义的宗旨贯穿于法中，而符合礼义的传统习俗具有毋庸置疑的法的效力。可以说，只要领悟了礼义，就理解了传统法的精神。

---

① 班固撰，颜师古注：《汉书》，中华书局，1962，第1102页。
② 班固撰，颜师古注：《汉书》，中华书局，1962，第277页。
③ 朱熹：《四书章句集注》，中华书局，1983，第142页。

汉之后变秦王朝的“法式之教”为“礼法之教”。春秋战国至秦代法家学说风靡，自上而下重视学法，不足为奇。《商君书·定分》提出，一个理想的社会是君臣上下皆知晓法令，遵守法令但决不妄议法令、删改法令，君“置主法之吏以为天下师”。始皇则以“以吏为师”“以法为教”，实践了商鞅的理想，刻石琅琊台（今山东境内）以天下“欢欣奉教，尽知法式”[①]为喜。汉恢复礼教，对法家之说及秦法的残酷进行了反省和批判，但学习法家学说，不但在官府未曾中断，而且随着私学下放，也成为“家学”的重要内容。著名史学家吕思勉言：

> 后汉樊准上疏：请复召君国书佐，使读律令；魏明帝时，卫凯奏：“九章之律，自古所传，断定刑罪，其意微妙。百里长吏，皆宜知律。请置律博士，转相教授。”事遂施行，此官学也。郭躬父弘习小杜律，身少传父业，讲授徒众常数百人，此私学也。[②]

但汉以后的法学，不同于法家之学。“春秋决狱”“以经注律”则使“儒学入法学”，“以儒家算法家之统”[③]。一言以蔽之，即秦时的“法式之教”转变成汉之后的“礼法之教”。《通典·选举志二》中记载，三国时魏文帝下令郡国贡举之人不拘年限，只要“儒通经术，吏达文法，则皆试用之”。唐至明科举中皆设有“明法”科。唐明法科考试“试律七条，令三条，全通为甲第，通八为乙第”[④]。唐选拔官员的标准有四：身、言、书、判。其中判的地位至关重要，因为判体现了官吏的办事能力及对法的全面领会与掌

① 司马迁：《史记》，中华书局，1959，第245页。
② 吕思勉：《吕思勉读史札记》，上海人民出版社，1982，第583页。
③ 吕思勉：《吕思勉读史札记》，上海人民出版社，1982，第583~585页。
④ 欧阳修、宋祁：《新唐书》，中华书局，1975，第1162页。

握。《通典·选举志》记载了这样一条选官规定：

> 不习经史，无以立身；不习法理，无以效职。举人出身以后，当宜习法，其判问，请皆问以时事、疑狱，令约律文断决。其有依律文，又约经义，文理弘雅，超然出群，为第一等；其断以法理，参以经史，无所亏失，粲然可观，为第二等；判断依法，有文采，为第三等；颇约法式，直书可否，言虽不文，其理无失者，为第四等；此外不收。

用我们现在的话来说，考生的判文如果既符合法条的规定，又体现了法的精神，则为优秀；如果依法而断，但又能辅以经史，为良好；如果只依法条而断为及格，及格中分为“有文采”与“不文”两类。

当然，汉之后由于对法家的严刑峻法之说的批判和反感，也在一定程度上造成人们“轻法”，但这个轻法指的是轻视法的制度，而不是法的精神。其中，刑罚的副作用尤其受到人们的关注。因此古代社会中确实有视法吏为俗吏、视断狱理讼为俗务的现象，因而许多人不屑于学律读法，甚至不愿担任有关职务。如据《新唐书》记载，唐代元澹曾深受狄仁杰器重，玄宗时被选派“出为岐州刺史，兼关内按察使”。元澹却自以为书生，“非弹治才，固辞”。后又四次被委任以大理卿之职，也都以“不乐法家”之由而坚辞。《钦颁州县事宜·讲读律令》中记载清代田文镜曾忧虑地谈道：“每见少年州县，喜恃聪明，或于无事时，学书学画，讲弈讲诗，津津然自诩为能。而问之以律例，则呐呐不能出口者。”但如果全面考察汉之后的社会可知，轻法并非社会的主流，即使在文人书生间，对法的鄙薄也不占主导地位。故宋代苏轼的《戏子由》中有“读书万卷不读律，致君尧舜终无术”之诗句。而清代乾嘉学派的重要人物经学大师孙星衍在《重刻故唐律疏议序》[①]中也坦言："读书不读律之言，非通论也。"

汉之后的礼法之教，表现在两个方面：一是要求官吏读法；二是沿袭乡饮酒礼，定期向百姓宣传人伦与法律。关于官吏读法，前文已有较多的论述，在此只补充一条，即明清时官吏读法已不仅仅是要求，而是律的规定，清代《大清律例·吏律·公式》"讲读律令"条规定：

> 凡国家律令，参酌事情轻重，定立罪名，颁行天下，永为遵守。百司官吏务要熟读，讲明律意，剖决事务，每遇年终，在内在外，各从上司官考校，若有不能讲解，不晓律意者，官罚俸一月。

礼法在民间的普及是通过"乡饮酒礼"而实施的。通过阅读《明史·礼》和《清史稿·礼》可以得出这样结论：第一，乡饮酒礼始于西周，其仪式在不同时代有所不同，但一直沿用至明清。第二，乡饮酒礼规定，官府每年按时将乡绅、宗室、村民聚在一处，宣讲人伦和律令。第三，乡饮酒礼的目的在于使风俗淳厚，邻里和睦，息讼止争。清代的乡饮酒礼还规定主持乡饮酒礼的司正在开场时须扬觯（举杯）而语曰：

> 恭维朝廷，率由旧章，敦崇礼教，举行乡饮。非为饮食，凡我长幼，各相劝勉。为臣尽忠，为子尽孝，长幼有序，兄友弟恭，内睦宗族，外和乡党。毋或废坠，以忝所生。

① 长孙无忌等：《唐律疏议》，刘俊文点校，中华书局，1983，第667～668页。

此后，再由生员“赞读律令”：

律令，凡乡饮酒，序长幼，论贤良，别奸顽。年高劭德者上列，纯谨者肩随。差以齿。悖法偭规者，毋俾参席，否以违制论。敢有哗失仪，扬解者（司正）纠之。

汉代礼法融合主要有两条途径：一是立法以儒家提倡的伦理道德为指导；二是在司法实践中“引经决狱”，用儒家经典来指导司法实践活动，体现礼所提倡的精神。如董仲舒以“《春秋》之义，父为子隐”为由，认为养父包庇犯罪的养子而“不当坐”。汉宣帝时，“子首匿父母，妻匿夫，孙匿大父母”皆不为罪，成为定律。自汉时起，礼法融合的进程始终没有停止。儒家的精神和法家的制度构成中国传统法的主要内容。从汉至清代的中国传统法体系来看，礼与法实为一个统一的“共同体”，轻法势必导致轻礼，而重礼也必然会重法。近代以来学界将中国古代社会的“息讼”“贱讼”视为中国社会“重礼轻法”的确证，实为不能全面考察礼法关系所致。

无论什么社会，都不可能鼓励人们争讼。罗马查士丁尼《法学总论——法学阶梯》的第四卷第十六篇专门有一节“对健讼者的罚则”，其明确地道明了法与讼的关系：“制定和维护法律的人向来非常注意防止人们轻率地进行诉讼，这也是朕所关心的。”[①]只不过是中国在儒学的指导下，采用的是以教止讼、以礼止讼的方法，而查士丁尼却认为止讼的最好办法是“罚金”“宣誓”和“利用害怕丧失名誉的心理”。相比较而言，中国更“文”一些，更体现“王道”风范，而西方则更“武”一些，具有“霸道”的味道。即便是现代法治社会，争讼也不是被鼓励和提倡的。因此将孔子提出的

① 查士丁尼：《法学总论——法学阶梯》，张企泰译，商务印书馆，1989，第236页。

"无讼"理想及中国古代以教息讼、止讼的实践视为轻法之表现，实为今人对古代社会、礼法关系、法与讼关系的误解。其实，无讼的理想、以教止讼的实践，正是传统法留给我们的宝贵遗产。

三、传统法治文化的演变

梁启超先生曾经这样总结过中国近代变革的过程：第一期，先从器物上感觉不足。于是，福建船政学堂，上海制造局等等渐次设立起来。第二期，是从制度上感觉不足，所以拿"变法维新"做一面大旗，在社会上开始运动；第三期，便是从文化根本上感觉不足。①

由此而看，1840年以来的变革与以往不同，可谓数千年未有之大变局，在人类社会由农耕文明向工业文明转变过程中，被西方列强裹挟进入近代社会的中国，是以西方社会为模式，亦步亦趋，从君主专制社会一步步走向近代社会，社会变迁影响到法律文化变化上则呈现出一步步向西方学习、批判传统法律、革新传统法律的特征。

就传统法的转变而言，与社会的整体变化相适应，主要有两条线索：一是以西学为武器对传统法的批判和改革逐步深入，直至传统法律制度被完全瓦解。二是对西学的吸纳范围越来越广泛。随着西方的一些法律制度在清末修律中被采纳，西方的一些法观念和学说也被引入。对传统和西学的不同看法，形成了学术上的争论和派别，法观念呈多元化的发展趋势。然而，随着时代的发展，各派在主张"变法"上达成了一致，所不同者只是对变法的速度与范围持有不同的主张。其中以康有为、梁启超为首的资产阶级立宪派和以孙中山、章太炎为首的资产阶级民主派对当时的变法影响最大，他

① 梁启超：《五十年中国进化概论》，载《饮冰室合集文集·之三十九》，中华书局，1989，第43~44页。

们的思想学说反映了当时学习西方的最高成就，也体现了传统学说所具有的生命力。

1. 立宪派的“法治”思想

康有为、梁启超在戊戌变法时批判了洋务派对西方“得其貌，失其真，慕其名，失其实”所谓的仿效，他们主张对传统进行彻底改革，要求“变法”而不仅仅只满足于“变事”。康有为明言：

> 今数十年诸臣所言变法者，率皆略变其一端，而未尝筹其全体，又所谓变法者，须自制度、法律先为改定，乃谓之变法。今所言变者，是变事耳，非变法也。臣请皇上变法，须先统筹全局而全变之。又请先开制度局而变法律，乃有益也。[①]

统筹全局的变法是康、梁维新所要达到的目的，而“先开制度局变法律”则说明了维新派认为法律在变法中占有举足轻重的地位。戊戌变法失败后，清朝廷主持的改革基本上也是按康、梁的思路，从修律开始的。传统法律制度的解体即肇始于此。鉴于“全变”和先变法律的变法计划，康、梁主张：

第一，用君主立宪制取代君主独裁制。立宪派谭嗣同认为，与西方君主立宪制度相比，中国的君主专制制度犹如黑暗的地狱，“二千年来君臣一伦，尤为黑暗否塞，无复人理”[②]。“直无一法一政，足备记录，徒滋人愤懑而已。”维新派认为解决专制黑暗的唯一途径是效仿西方实施君民共治的君主立宪政体。康有为主张设议院、开国会，行三权分立。戊戌变法不仅震动了政界和学界，而且

① 康有为：《康南海自编年谱》，载蒋贵麟主编《康南海先生遗嘱汇刊》（二十二），台北宏业书局有限公司，1987，第48页。

② 蔡尚思、方行编：《谭嗣同全集（增订本）》（下册），中华书局，1981，第337页。

在国民中普及了宪政观念，启发了民权意识的增长，这也是戊戌变法失败后，清廷不得不变法的原因之一。

第二，以现代的平等观取代传统的等级观念。立宪派接受了西方“天赋人权”的学说，并将中国传统的“性相近也，习相远也”的人性观附会于此。与传统的“平等”观不同，立宪派所宣扬的平等并不否定竞争，而是把平等同“鼓民力、开民智、新民德”相联系。在康有为描绘的理想的“大同之世”中，仍然有“大富人”的存在。这种以西方理论为指导的平等，破除了中国数千年以礼教为立法指导思想的传统，破除了“三纲五常”的束缚。

第三，以西方法取代传统法。立宪派之所以主张变法首先从变法律始，是因为在中西文化的比较中，中西方法文化的差异格外引人注目。早期改良派马建忠在给洋务派李鸿章的信中说道，原本以为欧洲之强“专在制造之精，兵纪之严”，后来到了法国“披其律例，考其文事，而知其讲富者以护商为本，求强者以得民心为要”。[①]随着对西方认识的加深，改良派们对中西的差距从器物层面逐步上升到制度层面、文化层面、整体层面，改良变法的主张逐渐成为共识。

康有为在游历香港时，也敏锐地认识到西方人治国有法度，不可将其视为古代的狄夷。康有为主张改变传统的律典体系，仿效西方的法律制度，分别制定民律、刑律、商法、币则、讼律、军律等。这些主张为清末的修律奠定了理论基础。

立宪派还主张引进西方的法律原则，使法律的制定有学理可循，“一理之明，一法之立，必验之物物事事而皆然，而后定之为不易”。在改革旧律过程中，立宪派尤其注意对酷刑的铲除，主张“采罗马及英、美、德、法、日本之律”，“一切比例而用轻

---

① 王梦珂点校：《马建忠集》，中华书局，2013，《适可斋记言·记行》。

典”。在促进中国传统法向近代转化过程中，立宪派所起的作用至关重要。

经过立宪派的宣传，君主专制的观念在中国已经动摇，国会宪政、君民共治的思想深入民心。法律之学也从被士人所鄙薄逐渐变为成世人所重视的“显学”。康有为告国人：购洋船、造洋枪，为“变器”；开矿物、办学堂、建铁路、设邮局，为“变事”；改官制、兴选举，为“变政”；改法律、制宪法、开国会，才是“变法”。而只有变法才能救中国，法律因此而被置于“器”“事”“政”之上。但戊戌变法的诸位思想家显然忽视或轻视对传统法文化的发掘，在维新变法中他们对传统的批判及对西学的吸收是自觉的、深入的，而对传统的偶尔倡导则大都是习惯使然，或只是为了减轻变法的阻力而对传统的一种利用，维新派对传统法文化的认知具有不可避免的历史局限性。在被列强肆意欺凌、屡战屡败的近代社会变迁中，他们对传统法文化中蕴含的积极意义难以进行有效的分析发掘，这也是时代使然。彼时，人们救亡图存尚且不暇，急需改变现有的旧制度还来不及，对传统法文化所蕴含的积极意义自然无暇进行深入思考。

2. 民主派的“法治”思想

20世纪初期，以孙中山为首的资产阶级民主派兴起。与19世纪末立宪派不同的是，民主派兴起之时，西方资产阶级社会的黑暗面开始日益暴露：资本主义社会中的贫富差别、资产阶级对殖民地的残酷掠夺、世界性的战争，等等。立宪派此时虽然仍坚持君主立宪的主张，但已开始向传统回归，所以立宪派反对在中国实行民主派提倡的民主共和制度。而民主派虽然坚持民主共和的立场，但也开始注意到对传统文化的吸取。

孙中山对西方社会的法律、制度、文化进行了比较，并力图寻找出中国落后于西方的原因和中国的出路。孙中山认为，中国要摆脱贫困落后必须追随世界的潮流，实行法治。但在效法西方的同时也必须注意到西方已出现的社会弊病，以避免同样的问题出现在中国。

第一，孙中山在改革传统法时注意对西方理论的深入理解和运用。他认为中国的出路在民主共和制度的确立，而民主共和制度确立的基础是近代化的法治：

> 国于天地，必有与立，民主政治赖以维系不敝者，其根本存于法律，而机枢在于国会。必全国有共同遵守之大法，斯政治之举措有常规；必国会能自由行使其职权，斯法律之效力能永固。所谓民治，所谓法治，其大本要皆在此。[①]

要实行法治，就必须改造传统的人治观念。孙中山认为在民主共和的国家中为了保障人民的权益，必须以法律的是非为是非，“只可以人就法，不可以法就人”。传统的人治思想为帝王张本，是古代社会战乱频繁的原因。因为“君主专制国家，因人而治，所谓一正君而天下定。数千年来，只求正君之道，不思长治之方。而君之正，不可数数见，故治常少，而乱常多”[②]。只有民主与法治才能弥补贤人政治的缺陷，才能保证国家长治久安。同时，孙中山认为法治也有局限性，如因受政治影响，法律有时在现实执行中会悖于公理，而且法律无法穷尽世间之事，因此在建立法治国家的同时，国民不能放弃对道德的追求。治理国家既要服从法律，也要“风以道德”，而且道德应成为判断法律优劣的标准。但是“风以道德”须在民主法治的原则下实现，而不是在人治中实现。运用西方法学的理论，孙中山重新解释了权势与法律的关系。他认为法治国家的最高目标是保障人民的权利，因而法律是人民意志的体现。

① 孙中山：《辞大元帅职临行通知》，载《孙中山全集》（第4卷），中华书局，1985，第480页。

② 孙中山：《元旦布告》，载《孙中山全集》（第4卷），中华书局，1985，第285页。

权势或权力只是执行法律的一种手段，法治国家中“权”与“法”的关系应该是“法律者，治之体也，权势者，治之用也”，这种“法律为体，权势为用”的思想颠倒了以往几千年的法与权的关系，从理论上说法律从此成为维护人民权利的工具，而不再是以皇帝为代表的权贵集团维护特权的专用工具。

第二，孙中山吸纳西方学说时，也注意到了对中国优良传统的发掘。孙中山认为西方的社会并不是一个完美的社会。他注意到，“英国财富多于前代不止数千倍，人民的贫穷甚于前代也不止数千倍，并且富者极少，贫者极多”①。西方出现的社会问题使孙中山认识到西方资本主义的法治理论也存在着缺陷，三权分立的体制缺乏官员选拔的规则，难以保证议员及官吏的素质。而且在行政运作中，政府受议员的挟制，动辄得咎，有形成议员专制的倾向。因此孙中山反对照搬西方制度，认为要建立一个真正的理想的共和国，必须用中国的优良传统弥补西方理论的不足。在此基础上，孙中山提出了“五权宪法”的理论，即立法、司法、行政、考试、监察五权分立，互相制衡。五权宪法的理论显然吸收了中国传统的考试和监察制度。孙中山欲用考试制度保障官吏的素质，以杜绝一些愚昧无知的人通过各种手段当选为议员或成为政府的官员。考试权的独立是防止官场腐败无能的第一步。监察权的独立则是分议会之权，使议员亦不能随心所欲。它可以防止议员贿赂选民，假公济私，掣肘政府；同时也有利于对官吏进行监督，防止官吏利用职权进行非法活动。

1840年以来，伴随着中国社会近代化的发展历程，从立宪派主张立法、司法、行政三权分立到孙中山提出“五权宪法”，中国的思想家、政治家对西方的学说由崇拜开始逐渐转向甄别，从最初的

① 孙中山：《在东京〈民报〉创刊周年庆祝大会的演说》，载《孙中山全集》（第1卷），中华书局，1985，第327页。

照搬照抄到后面逐步开始有选择地吸收、借鉴、改良，中国近代以来法治文化开始逐步转型，伴随着社会的发展变迁，伴随着近代社会的政治实践，在应对数千年未有之大变局过程中逐渐形成中国近代的法律文化，对传统法文化也从彻头彻尾的批判开始逐渐转向较为冷静的反思，构成中国近代社会发展进步的实践探索。尽管这一过程充满了曲折，却是不屈不挠的中国人进行救亡图存的探索，也记录着中国社会的发展进步。可以说，中国近代法治文化的演变与中国近代社会的发展变迁有着十分紧密的联系。

第三章 中国传统王朝运转的法治特色

中国传统王朝的运转，有其自身的法治特色。诏令是以皇帝名义颁布的命令文书的统称，是带有法定权威性与强制执行性的国家下行公文。从历时性角度来看，在诏令体制正式确立之前，命令性体制经历了一番由口头下达到书面命令的漫长发展过程，为诏令体制的确立奠定了基础。作为皇帝发号施令的载体，诏令类文体在演进和发展过程中，其名称也随之经历了一个由模糊到精确，由简单到繁密的变化过程。在共时性视野下，皇帝的身份并不是单一的，而是根据不同场合进行角色转换，这便造成了诏令功能的多元化现象。

一、帝王诏令的规范化

先秦时期的命令性体制，大多是约定俗成的，其类型和使用范围并不是完全固定的。命令的这种状况，直至秦朝建立，才发生了根本性改变。诏令作为命令性体制，在以书面形式出现之前，经历了漫长的孕育过程。伴随着政治体制的日益完善，帝王诏令体系日益完善规范，逐渐演化出令、谕、玺书、铁券文等，不同的场合要使用不同的诏令，分类日益严格，使用逐渐规范，与日益完善的中央专制皇帝集权制度紧密结合在一起，也凸显了中国传统法治文化的特点。

1. 诏令体制的形成

关于命令的产生，据许同莘《公牍学史》记载：“民之初生，其卧徐徐，其觉于于；饥则求食，饱则弃余。当此之时，无所谓生令政教也。有睿知者出，为之君长焉，为之号令焉。”这就是说，命令是伴随着君长身份的出现而产生的。《文心雕龙·诏策》释“命”曰：“昔轩辕、唐、虞，同称为‘命’。”在黄帝、尧、舜时期，凡是帝王的话，皆被称为“命”。关于“令”，《说文解字注》曰：“令者，发号也，君事也。非君而口使之，是亦令也。”也就是说，发号施令主要是口头性质的。这都表明，早期君长的命令，主要是以口头形式进行传达的。史书中对此也有相关的记载。根据《史记·五帝本纪》，舜代尧摄行天子之政时，“五岁一巡狩，群后四朝。徧告以言，明试以功，车服以庸”。《史记正义》释“徧告以言”曰：“徧，音遍。言遍告天子治理之言也。”即天子向四方诸侯遍告治理国家的相关事宜。那么，舜这一传达命令的方式便相当于口头上的“公告”。在《史记·夏本纪》中，大禹治水的命令也是舜下达的：“命禹：‘女平水土，维是勉之，禹拜稽首，让于契、后稷、皋陶。舜曰：‘女其往视尔事矣。’”于是，禹服从舜的命令去治水，并认真执行了舜的命令，使之得到具体地贯彻和落实。“禹乃遂与益、后稷奉帝命，命诸侯、百姓兴人徒以傅土，行山表木，定高山大川。令益予众庶稻，可种卑湿。命后稷予众庶难得之食。”显然，这里所说的舜、禹的“命”和“令”，多数情况下也都是以口头形式传达的。

事实上，统一前夕的秦国法令，对文书施政已经有了明确的规定。《睡虎地秦律·内史杂律》：“有事请殹，必以书。毋口请，毋（羁）请。”意即有事务需要报告时，必须使用文书，禁止随意地口说言传，这便为诏令的制度化打下了基础。

秦始皇统一六国，车同轨，书同文，对政治、经济、文化实行的一系列改革，达成了“天下已定，法令出一”的局面。在大一统的背景之下，命令性体制也被纳入国家规定的范围之中，成为法定体制。这一转变正如薛凤昌在《文体论》中所说：“诏令的名称，至秦始见。以前则上下相亲，并不严定名称。专制以秦为始，于此可见。”根据《史记·秦始皇本纪》，秦朝初并天下，改“命”为“制”，改“令”为“诏”，对此，《史记正义》曰：“制诏三代无文，秦始有之。”命令性体制由此以制、诏的名称固定下来，而诏令类文体也由此作为国家法定的下行公文得以确立。这一法定公文随即便发挥了效用：秦始皇发布的“除谥法制”，成为秦朝的第一则制书，其文如下：

> 制曰：“朕闻太古有号毋谥，中古有号，死而以行为谥。如此，则子议父，臣议君也，甚无谓，朕弗取焉。自今已来，除谥法。朕为始皇帝。后世以计数，二世、三世至于万世，传之无穷。①

虽然秦始皇声称的“后世以计数，二世、三世至于万世，传之无穷”，深为人们所诟病，但在其行文中，则包蕴了“囊括四海、并吞八荒”的气象，而这本就是诏令类文体应有的基调。君主的诏令气象恢宏，有极高的权威性。

秦始皇还将诏令刻在陶器、铁器、铜器之上。在各种量器、衡器、秤砣表面都刻有统一度量衡的诏书和印章，诏文如下：

> 廿六年，皇帝尽并兼天下，诸侯黔首大安，立号为皇

① 司马迁：《史记》，中华书局，1959，第236页。

帝，乃诏丞相状、绾，法度量则不壹，谦疑者，皆明壹之。[①]

统一度量衡的诏文和印章在器皿上整齐划一地呈现，展示了诏令下达后的巨大效力和影响；这种效力和影响，正是大一统时代背景下皇帝“法令出一”旨在达成的目标。

秦二世即位后，皇帝曰：“金石刻尽始皇帝所为也。今袭号而金石刻辞不称始皇帝，其于久远也如后嗣为之者，不称成功盛德。”丞相臣斯、臣去疾、御史大夫臣德昧死言：“‘臣请具刻诏书刻石，因明白矣。臣昧死请。’制曰：‘可。’”秦始皇树立的石刻碑文，记载的是“皇帝”二字，却并未刻“始皇帝”，秦二世以为这不足以彰显秦始皇的功绩。李斯等人上奏，将秦始皇的诏书完整地刻于石上，这样秦始皇的功绩自然清晰可见，并可以垂范后世。以石刻的形式将帝王的诏书固定下来，在彰显帝王功绩的同时，也使帝王诏令的效力影响得更为久远。

可以说，秦始皇对诏令类文体的生成，从制度的确立到体制的示范，所做的贡献都是不可磨灭的。汉代诏令正是在此基础上得以进一步发展，从而达到形制完备、意辞兼美，成为历代诏令中的典范。

2. 诏令的类别与形式

随着秦并天下，改“命”曰“制”，改“令”为‘诏’，命令性体制在国家层面得以规范化和制度化，诏令即成为皇帝专用的命令文书。汉承秦制，将诏令发展为四类，据《汉官解诂》载：“帝之下书有四：一曰策书，二曰制书，三曰诏书，四曰诫敕。”蔡邕在《独断》中对汉代诏令的描述正与之相符：“其命令一曰策书，

① 《中国古代度量衡图集》辑录有始皇诏铜方升、始皇诏铜椭量、始皇诏陶量等量器共十六件，每件量器上皆刻有秦始皇二十六年颁布的统一度量衡的诏文。（国家计量总局、中国历史博物馆、故宫博物院主编，《中国古代度量衡图集》，文物出版社，1981，第58～73页。）

二曰制书，三曰诏书，四曰戒书。”这些文献记载都是从汉代制度层面对诏令做出的明确规定。

关于这四类诏令形式，《文心雕龙·诏策》从功能、特点和命名方面，对它们逐一进行了介绍：

> 汉初定仪则，则命有四品：一曰策书，二曰制书，三曰诏书，四曰戒敕。敕戒州部，诏诰百官，制施赦命，策封王侯。策者，简也。制者，裁也。诏者，告也。敕者，正也。诗云畏此简书；易称君子以制度数；礼称明君之诏；书称敕天之命；并本经典以立名目。①

就功能来讲，敕书用于戒敕州郡地方长官，诏书用于诏告各级官吏，制书用于发布赦令，策书用于封赐王侯。“策”的特点是书之于简；“制”则突出了裁断之义；“诏”着重于昭告，以使皇命广为知晓；“敕”则强调训诫，旨在纠正过失。从命名来看，刘勰以为，四种诏令名称皆是根据经典所立：“策”之名源于《诗经·小雅·出车》中的“畏此简书”句；“制”之名源于《周易·节卦》中的象辞“君子以制数度”；“诏”之名源于《周礼·秋官·司盟》中的“北面诏明神”句；“敕”之名源于《尚书·益稷》中的“敕天之命，惟时惟几”句。可以说，刘勰这段介绍是从整体上概述了四类帝王诏令——策书、制书、诏书、敕书的基本情况。不过，这几种诏令形式在历代封建王朝的具体使用过程中，其实际情况则要复杂得多。

除了上述四种诏令基本形式之外，皇帝命令还有谕、玺书、铁券文等形式。

① 刘勰著，范文澜注：《文心雕龙注》，人民文学出版社，1962，第358页。

谕

关于“谕”，《说文解字》注曰：“告也。凡晓谕人者，皆举其所易明也。”《周礼·掌交》注曰：“谕，告晓也，晓之曰谕。其人因言而晓亦曰谕。”可知，“谕”侧重于命令的口头传达，旨在使人更容易理解和明白命令的意图，故而其往往针对庶民百姓而言。如汉高祖刘邦入咸阳时，曾颁布《谕诸县乡邑》，与关中父老约法三章，其文如下：

父老苦秦苛法久矣，诽谤者族，耦语者弃市。吾与诸侯约，先入关者王之，吾当王关中。与父老约，法三章耳：杀人者死，伤人及盗抵罪。余悉除去秦法。吏民皆按堵如故。凡吾所以来，为父兄除害，非有所侵暴，毋恐！且吾所以军霸上，待诸侯至而定要束耳。[①]

此谕语言浅近简洁，通俗易懂，在传达的方式上体现出口头性特点，即“乃使人与秦吏行至县乡邑告谕之”。这样的形式一方面更易于百姓领会命令之义，另一方面也为命令的传播带来了更大的影响力。

又如，汉武帝元狩六年（前117年）遣博士褚大、徐偃等六人循行天下：

日者有司以币轻多奸，农伤而末众，又禁（兼）并之塗，故改币以约之。稽诸往古，制宜于今。废期有月，而山泽之民未谕。夫仁行而从善，义立则俗易，意奉宪者所以导之未明与？将百姓所安殊路，而挢虔吏因乘势以侵蒸庶邪？何纷然其扰也！今遣博士大等六人分循行天下，存问鳏寡废疾，无以自振业者贷与之。谕三老孝弟以为民

① 班固撰，颜师古注：《汉书》，中华书局，1962，第23页。

师，举独行之君子，征诣行在所。朕嘉贤者，乐知其人。广宣厥道，士有特招，使者之任也。详问隐处亡位，及冤失职，奸猾为害，野荒治苛者，举奏。[1]

元狩五年（前118年），朝廷曾颁布政策，实行币制改革，罢半两钱，行五铢钱。然而政策施行一段时间之后，结果却不尽如人意，没有达到预期效果，故这里称“山泽之民未谕”，认为庶民百姓并未知晓币制改革政策。究其原因，主要是官员宣导不明，更有甚者故意以此侵夺民力。故而朝廷派遣博士为使者循行天下，一方面抚恤百姓，另一方面则旨在整顿地方吏治，将皇帝的诏令进一步向百姓传达，更好地实现预期目标。其中，“谕三老孝弟以为民师，举独行之君子，征诣行在所”，意即这些使者可以代表朝廷，推举三老孝弟等有德之人作为当地百姓的表率，并将品行特别突出的君子推举至朝廷上来。

玺书

关于玺书，《汉文典·文章典·文体》曰：“玺者，细书成文，镌之于玉，以作符号。君书用玺者，诏制之切要者也。名始于《左传》，鲁襄公在楚，季武子使公冶问玺书。至汉遂立专体，如汉文帝《赐晁错玺书》，昭帝《赐燕王旦玺书》，光武《赐窦融玺书》是。又名手迹，如光武《赐方国手迹》是。手迹者，即玺书也。”这里所说的“玺”，是专门指玉玺而言，意即将文字镌刻在专用玉上，以起到象征性作用。

先秦时期，玺书已在列国交往中被使用，如前所述，季武子使公冶持玺书问候鲁襄公，此处所提到的玺书便具有国书性质。而秦汉以后，玺书则演变为一种诏令形式，成为皇命的专用载体。究其原因，乃是玺的作用发生了根本变化，用玺制度也发生了变化。

① 班固撰，颜师古注：《汉书》，中华书局，1962，第180页。

据《独断》记载："玺者，印也。印者，信也。天子玺以玉螭虎纽，古者尊卑共之。……卫宏曰：'秦以前，民皆以金玉为印，龙虎纽，惟其所好，然则秦以来，天子独以印称玺，又独以玉，群臣莫敢用也。'"也就是说，自秦代始，玉玺由尊卑皆可使用的玺印，转而变成唯有皇帝才能独享的国玺。在《后汉书·光武帝纪》中，李贤注引《玉玺谱》曰："传国玺是秦始皇初定天下所刻，其玉出蓝田山，丞相李斯所书，其文曰'受命于天，既寿永昌'。"

国玺遂被看成是皇权受命于天的象征。秦朝灭亡时，"汉高祖入咸阳至霸上，秦王子婴降于轵道，奉上始皇玺"。刘邦亦将此玺视为接续皇命的证据，使之成为汉传国玺："及高祖诛项籍，即天子位，因御服其玺，世世传受，号曰汉传国玺。"

既然国玺象征着皇权的合法性，那么失去皇位的人便不再享有国玺。例如，昌邑王刘贺被废时，霍光"乃即持其手，解脱其玺组，奉上太后"；待宣帝即位，"光奉上皇帝玺绶，谒于高庙，是为孝宣皇帝"。

铁券文

关于铁券文，《文心雕龙·书记》曰："古有铁券，以坚信誓。"也就是说，铁券的作用即在于体现誓约的真实性和有效性。据《汉书·高帝纪》载，汉朝天下初定时，高祖"与功臣剖符作誓，丹书铁契，金匮石室，藏之宗庙"，其文曰："使黄河如带，泰山若厉，国以永存，爰及苗裔。"王先谦补注曰："《通鉴》胡注：'以铁为契，以丹书之。谓以丹书盟誓之言于铁券。'"铁券文成为高祖刘邦与开国功臣之间达成约信的一种书面形式。

高祖所立的丹书铁券遂成为后世铁券文的滥觞。铁券文蕴含着深远的政治意义。光武帝时，博士范升上书说：

> 昔高祖大圣，深见远虑，班爵割地，与下分功，著录勋臣，颂其德美。生则宠以殊礼，奏事不名，入门不趋。

死则畴其爵邑，世无绝嗣，丹书铁券，传于无穷。斯诚大汉厚下安人长久之德，所以累世十余，历载数百，废而复兴，绝而复续者也。陛下以至德受命，先明汉道，褒序辅佐，封赏功臣，同符祖宗。[1]

范升举高祖之事为例，指出正因高祖能够厚待功臣，赐予丹书铁券，才保证了汉朝得以国祚绵长，并且能够废而复兴。将铁券文看成是皇帝优待、安抚臣子的重要手段，是符合道统的行为，体现出皇帝受命于天的美德。范升最后表达了希望光武帝借鉴、继承这一传统，以维护刘汉政权的长治久安的想法。

铁券文不仅应用于皇帝封赏功臣，在外交事务中也可发挥作用。高祖时，娄敬曾代表朝廷出使匈奴，与其议定疆界的划分：

敬至，曰："汝本处北海之滨，秦乱，汝侵其界，居中国地。今婚姻已成，当还汝本牧，还我中国地。"作（舟）[丹]书铁券，曰："自海以南，冠盖之士处焉；自海以北，控弦之士处焉。"割土盟誓，然后求还。[2]

两国疆界议定的结果，可以以丹书铁券的形式记录下来，作为双方互不侵犯的依据。娄敬作为立约者，代表的是汉朝中央政府，故而铁券文具有国家层面的权威和效力。

上述提及的诏令名称主要是就秦汉时期而言，这些名称所代表的形式奠定了诏令类文体的基础。后世诏令正是在此规模上进一步细化，衍生出诸多新形式，使其种类愈加繁密。

① 范晔撰，李贤等注：《后汉书》，中华书局，1965，第741页。

② 李昉编纂：《太平御览》（第七卷），孙雍长、熊毓兰校点，河北教育出版社，2000，第273页。

3. 诏书的运行

作为汉诏四品之一的“诏书”，其应用范围较其他三品，即策书、制书、戒敕要广泛得多。策书“以命诸侯王、三公”，制书主要制诏三公、御史，戒敕则针对“刺史、太守及三边营官”，通过这些记载，我们大体上可以了解到策书、制书、戒敕针对的都是具体的特定对象，不具有普遍性。与之相比，诏书则通常用于“诏告百官”。《言文》曰：“汉仪四品，一曰诏，诏告百官。王通曰：‘一言天下应，一令不可易。其恤也周，其用也悉。’”“一言天下应”反映了诏书下达的对象之广，以至天下；“其恤也周，其用也悉”，则说明诏书涉及方方面面的问题，内容极为纷繁庞杂。《文体通释》亦曰：“诏者，告也，告以事也。……汉‘帝命四书’，三曰‘诏书’。汉礼仪曰：补制言曰诏。今制布告天下曰诏。主于诏告群下，意同命令。”这是说，除了制度之命以外的其他命令皆可归于“诏书”范畴，而“诏告群下”亦说明诏书下达的对象范围颇广。如此一来，诏书下行送达各级官员，以至布告天下，便成为其发挥功能的重要环节。而与诏书相关的法律规定，则成为诏书顺利运行的有力保障。

一般来说，诏书其后通常附有行下之辞。肩水金关出土的《永始三年诏书》简册[①]，诏书大致是说丞相翟方进与御史大夫孔光向成帝上书，奏请赈济灾民的各项措施；对此，皇帝批复“制可”。诏书遂下发至各级地方。其中，“丞相方进御史大夫光昧死言”至“制可”部分，构成诏书内容的主体。“制可”后的部分，则为诏书行下之辞。

其中，“承书从事下当用者”“如诏书”“书到言”均为诏书行下之辞的套语模式。关于“承书从事下当用者”，王国维指

① 甘肃省博物馆汉简整理组：《〈永始三年诏书〉简册》，《西北师大学报》（社会科学版）1983年第4期。

出：“‘承书从事下当用者’，乃汉时公文常用语。……犹后世所谓‘主者施行’也。”日本学者大庭修则认为：“承书从事”并非“主者施行”的原型，而相当于后世所谓的“符至奉行”。汪桂海也认为：“‘承书’即受书，接到文书。从、事二字俱是为、做的意思。……‘承书从事’，是说接到本文书后按文书所要求的去做。”就诏书下达的情形而言，大庭修、汪桂海的观点更为贴切。关于“如诏书”“书到言”，意思则较为明确，即如王国维所释：“汉时行下诏书，或曰如诏书，或曰如律令。苟一事为律令所未具而以诏书定之者，则曰如诏书。……苟为律令所已定而但以诏书督促之者，则曰如律令。……如者，谓如诏令行事也。”“汉时行下公文，必令报受书之日，或云书到言，或云言到日，其义一也。”

在此例的行下之辞中，西汉永始三年（前14年）七月戊辰，御史大夫将诏书下达给丞相；七月庚午，丞相方进将诏书下达给少府、卫将军、将军、中二千石、二千石、部刺史、郡太守等各级官员，命其按诏书行事，并且收到诏书后须立即回报；十月己亥，张掖太守谭、代行长史事的守郡司马宗将诏书下达至下辖的各都尉府，命其将诏书署于在亭隧显要之处，使吏民皆知之；十一月己酉，肩水都尉谭、都尉平将诏书下达给下属官员；十一月辛亥，肩水候宪将诏书下达给肩水金关的啬夫等地方基层官吏，命其将诏书署于在亭隧显要之处，并按诏书执行命令。通过这则诏书的行下之辞，政府机构之间逐级传达诏令的流程非常清晰：御史大夫→丞相→少府、卫将军、将军、中二千石、二千石、部刺史、郡太守→都尉→侯官→啬夫等地方基层官吏，从上到下，逐级传达。

二、律令格式的系统化

大抵西晋以前，行政法律渊源呈现出分散式的特征，即以分散的法规来表现行政法律规范。西晋以前，由于律、令不分，行政法律规范带有行政法规与刑事法规混同的特色。自西晋界分律、令概念，“律以正罪名，令以存事制”，行政法规与刑事法规分离，令成为行政法规之代称及主要渊源。

1. 令、式、格的规范化

令

汉魏时的令是对皇帝诏命进行分类汇编的单行法规，且刑事法与行政法规混同，如汉代的箠令、狱令、廷尉絜令、金布令、秩禄令、品令、祠令、祀令、任子令等，曹魏时的州郡令、尚书官令、军中令等，这里面帝王的行政法令、刑事法令在一般情况下会交叉在一起。自西晋“令以存事制”，“令”成为行政法典之专称，在行政法律渊源中地位最为重要。

晋时贾充等撰《晋令》40篇，共2306条，98643字；南朝宋、齐、梁令基本沿袭晋令，北朝崔浩、游雅等撰《北魏令》，赵肃、拓跋迪撰《北周令》，赵郡王等撰《北齐令》50卷；隋朝又有《开皇令》《大业令》。西晋以来令的法典化，使古代行政法律渊源由分散式转化为集中式（即法典式），但仍以分散法规作为集中式法令的补充渊源。西魏颁《大统式》，成为隋唐“式”之源头，进一步将行政细则、公文程式等从“令”中分离出来。唐朝沿用隋制，以“令”为行政法典，以“式”为行政细则规范，以“格”为随时补充之行政法律渊源。

唐朝的“令”概念更为明确。《唐六典》卷六称：“令以设范立制。”《新唐书·刑法志》云：“令者，尊卑贵贱之等数，国家之制度也。”明确阐明了唐朝“令”的行政法典的性质。

唐朝的“令”首撰于武德七年（624年）。据《旧唐书·刑法志》记载，尚书左仆射裴寂等删定律令，于武德七年五月上奏朝廷，下诏施行。可见唐初的律、令是同时撰定的。唐太宗贞观十一年（637年），又颁行房玄龄等在《武德令》基础上刊定的《贞观令》30卷。唐高宗麟德年间（664—665年）、仪凤年间（676—679

年）又两次分别由源直心、刘仁轨刊定“令”并颁行。此后，武则天垂拱（685—688年）初裴居道、唐中宗神龙（705—707年）初苏瓌、唐睿宗太极（712年）时岑义、唐玄宗开元（713—741年）初姚崇及开元四年（716年）宋璟都先后刊定过“令”①。所谓“刊定”，主要是指对地名、官名等已变化的名称进行修正，实质内容方面一般无大的更改。

据《唐六典》卷六“刑部司郎中、员外郎”条，唐《贞观令》（一说为《开元令》）为30卷，1546条（《旧唐书·刑法志》称1590条）。30卷篇目为：（1）官品（上）；（2）官品（下）；（3）三师、三公，台、省职员；（4）寺、监职员；（5）卫府职员；（6）东宫、王府职员；（7）州、县、镇、戍、岳、渎、关、津职员；（8）内外命妇职员；（9）祠；（10）户；（11）选举；（12）考课；（13）宫卫；（14）军防：（15）衣服；（16）仪制；（17）卤簿（上）；（18）卤簿（下）；（19）公式（上）；（20）公式（下）；（21）田；（22）赋役；（23）仓库；（24）厩牧；（25）关市；（26）医疾；（27）狱官；（28）营缮；（29）丧葬；（30）杂令。唐“令”均已佚，但从《唐律疏议》等资料中仍保存散见之唐令的个别条文。

除《唐律疏议》中所保存之唐令外，较有价值者，有英国伦敦大英图书馆保存之敦煌文书中的“唐永徽东宫诸府职员令残卷”（属第6卷内容），以及现藏法国巴黎国家图书馆之敦煌文书“唐开元公式令残卷”（属第19、20卷内容）。日本仁井田陞的《唐令拾遗》为研究唐令之重要资料。

现存唐“令”的内容，确实都是关乎“尊卑贵贱之等数，国家之制度”，是封建社会的等级原则之体现。尊卑贵贱的等级原则本是“礼”的核心所在，封建社会礼、法分流以后，“令”遂成

① 李林甫等：《唐六典》，陈仲夫点校，中华书局，1992，第185页。

为“礼”的法律表现形式，使“礼”的等级原则得以具体化与法律化，也从而依“礼”制律转化为依“令”制律。从《唐律疏议》看，直接引用儒家经典《礼》（即《仪礼》）、《周礼》、《春秋》者尚有近二十处，但其内容多为名词解释，且涉及的多为行政法规以外之问题。如第30条：“依《周礼》：年七十以上及未龀者，并不为奴。……《周礼》三赦之法：一曰幼弱，二曰老耄，三曰戆愚。……《礼》云：九十曰耄，七岁曰悼，悼与耄虽有死罪不加刑。”涉及的是老幼废疾行为能力减刑问题。而《唐律疏议》引用《令》者上百条，均为有关行政等级制度的法规，以作为《唐律》律文制定之依据。

式

《唐六典》卷六称：“式，以轨物程事。”轨物程事，一般解释为国家机关小事程序、细则及公文格式。《新唐书·刑法志》云：“式者，（百官有司）其所常守之法也。”意思为式是各机关衙门办事的准则。

式是对令的补充，是令的细化。唐朝有高宗时撰定的《永徽式》14卷，其后有陆续删定的武则天时《垂拱式》、中宗时《神龙式》、玄宗时《开元式》各20卷，删定者与删定《令》者同。唐《式》篇目据《唐六典》卷六以尚书省列曹（即六部二十四司，每司为一篇，共24篇）、秘书省、太常寺、司农寺、光禄寺、太仆寺、太府寺、少府寺、监门宿卫（即中央武官衙署）、计账（即有关户口、钱粮、赋役的统计报表）为篇目，共33篇，20卷。

今存唐《式》有《唐律疏议》所引十余条，包括《户部式》（度支部户部，见第464条）、《礼部式》（礼部礼部司，见第449条）、《主客式》（礼部主客司，见第88条）、《兵部式》（兵部，见第407条）、《职方式》（兵部职方司，见第90条）、《驾部式》（兵部驾部司、见第127条）、《库部式》（兵部库部司，见第243条）、《太仆式》（太仆寺，见第202条）、《监门式》（监门宿卫，见第71、75、81、227诸条）诸篇内容，涉及唐《式》33篇中之9篇。如《唐律疏议》第71条：“其开门出钥迟者，依《监门式》：‘宫城门及皇城门，四更二点出钥开门。京城门，四更一点出钥开门。’违式出钥迟者，各递减进钥一等，即是殿门杖九十，宫门及宫城门杖八十，皇城门杖七十，京城门杖六十。”又如第202条：“依《太仆式》：‘在牧马岁即令调习。每一尉配调习马人十人，分为五番上下，每年三月一日上，四月三十日下。’……故‘官马乘用不调习者，一匹笞二十，五匹加一等’，即是四十一匹，罪止杖一百。”以上可见，违式也是依律处罚的依据之一。我们也可以看到式一般与等级制原则无关，是各级政府机构的职能细则，这是式与令的主要区别之一。

刘俊文的《敦煌吐鲁番唐代法制文书考释》录四件唐式残卷断片，一件为《贞观吏部式》（即吏部吏部司）断片，两件为《仪凤（高宗年号）度支式》（即度支部度支司）残卷与断片，另一件为《开元水部式》（即工部水部司）残卷，也具有参考价值。

格

《唐六典》卷六称：“格，以禁违正邪。”《新唐书·刑法志》云：“格者，百官有司之所常行之事也。”从前者判断，格接近刑事法规。从后者判断，格则接近行政法规。在唐代法律形式中，格的性质是最不易判断的。《唐六典》卷六认为唐格是由汉故事、梁科、北魏格等演变而来的：“汉建武（东汉光武帝年号）有《律令故事》上、中、下三篇，皆刑法制度也。晋贾充等撰律、令，兼删定当时制诏之条为故事三十卷，与律、令并行。梁易故事为梁科三十卷，蔡法度所删定。陈依梁。后魏以格代科，于麟趾殿删定，名为《麟趾格》。北齐因魏立格，以格代科，格与律、令并行。皇朝《贞观格》十八卷，……”可见汉代的“故事”与律、令同属刑事法规的性质，晋则确定了故事是将皇帝制诏删定而成的形式特点，南朝沿晋而改称科，北朝则以格代科，并为隋唐沿袭。

唐格继承两晋南北朝之故事、科、格，其特点有二：

第一，从编制形式上言，唐格是删定汇编皇帝敕命而成。唐“格”之体例，一般每条格文前有一“敕”字，格文后则标明制敕之年月日。如现藏伦敦大英图书馆之敦煌《开元户部格》（残卷）第2—3行：“敷：请色应食实封家封户一定已后，不得有移改。景龙二年（708年）九月廿日。”唐朝对于命与格的法律效力有严格的区分，《唐律疏议·断狱》：“诸制勃断罪，临时处分，不为永格者，不得引为后比。”也就是说，命只对颁布时所针对的特定对象具有法律效力，以后遇类似情况不得引用该敕命进行比附，只有将命经删定汇编入格后，才具有永久的法律效力。正因为如此，故有唐一代编格之举极为频繁。格编定后，又根据适用对象之不同分为《散颁格》《留司格》，前者是全国官署通用的法规，后者则是仅分别适用于尚书省下六部二十四司机关的法规。唐永徽二年（651年）定制：分格为两部，部曹常务者为留司格，天下所共者为散颁格，散颁格下州县，留司格本司行用。从实例看，凡同时适用多个司曹的，虽未颁行于天下州县，也可称为散颁格。如现藏法国国家图书馆的《神龙散颁刑部格》（残卷），标明适用于刑部司、都官司、比部司、司门司，即刑部辖的四个司。

第二，从内容性质上言，唐格具有行政法规与刑事法规并存兼容的性质，在数量上则以行政法规为主。据《唐六典》卷六唐格“盖编录当时制、敕，永为法则，以为故事”。《全唐文》《唐大诏令集》均保留了大量唐时的制、敕。一般说来，制用于立王、封爵、命相、改元、郊祀、恤刑等国家重事，如“秦王等兼中书令等制”“封晋制”“元稹平章事制”“南郊推恩制”“令钱货兼用制”“恤刑制”“录囚制”等。敕则用于授官、征讨、诛罚、禁令、税课、户口等临时诏命，如“讨康待宾等敕”“诛左感意敕”“禁骊山樵采敕”“慎选法官敕”“禁重征租庸敕”“令诸州年终申报户口实数敕”等。唐格是以删定汇编制而成。据《唐六典》记载，唐格有24篇，“以六部二十四司为目，每司为一篇，与各司有关之制、敕入该篇。制虽重要，但与二十四司相关，并可“永为法则者”却不多，故现存唐格中罕见唐制的内容，入于格而“永为法则者”基本上为敕。由于格的内容本是行政法规与刑法相杂，因此唐格也就具有了行政法规与刑事法规并存兼容的性质。大致上，刑部四格以刑事法规为主，其余五部（吏部、礼部、户部、工部、兵部）司格则以行政法为主。如上述《神龙散颁刑部格》载：“流外行署、州县杂任，于监主犯贼一匹以上，先决杖六十；满五匹以上，先决杖一百；并配入军。如当州无府，配侧近州。”又：“盗计脏满一匹以上，及炫诱宫私奴婢，并恐喝取财，堪当得实，先决杖一百，仍依法与罪。”可见格是对刑法的补充。而吏、户、礼、兵、工五部二十司之格，主要为编集禁令之剌。如上述《开元户部格》载：“如闻诸州百姓结构朋党，作‘排山社’，宜令州县严加禁断。”又《白氏六帖事类集》引唐《金部格》属户部四司之一：“敕松、当、悉、维、翼等州熟羌，每年十月已后，即来彭州互市易，法司差上佐一人，于蚕崔关（地名）外，依市法致市场交易，勿令百姓与往还。”显然属于行政法规的性质。

格是唐代法律形式中编定最为频繁者。据《唐六典》卷六，有太宗时《贞观格》18卷，房玄龄等删定；高宗时《永徽留司格》18卷，《散颁格》7卷，长孙无忌等删定；《永徽留司格后本》11卷，刘仁轨等删定；武则天时《垂拱留司格》6卷，《垂拱散颁格》2卷，裴居道等删定；睿宗时《太极格》1卷，岑义等删定；玄宗时《开元前格》10卷，姚崇等删定；另据《旧唐书·刑法志》，玄宗时开元七年（719年），宋璟等删定《开元后格》，开元十九年（731年），裴光庭等又删撰《格后长行敕》6卷，开元二十二年（734年），李林甫等又删定《开元新格》10卷；宪宗时元和十三年（819年）郑余庆等详定《格后敕》30卷；文宗时大和七年（833年）刑部详定《格后敕》50卷，代宗大中五年（851年）刘琢等删定《格后敕》60卷，内容“起贞观二年六月二十日，至大中五年四月十三日，凡二百二十四年杂敕，都计六百四十六门，二千一百六十五条”。现存唐格资料散见于《宋刑统》（刑部格、户部格）、《通典》之《食货典》与《刑典》、《白氏六帖事类集》卷二四、敦煌文书（见《敦煌吐鲁番唐代法制文书考释》）、日本《令集解》。

2. 礼在行政运行中的体现

唐朝的礼是不是法律规范？钱大群先生认为：“从唐朝整个法制的确立和实施来说，‘礼’也是国家重要的法律规范之一。”“唐代许多‘礼’的内容具有法规的性质。”并进一步指出，唐《开元礼》的内容实际包括祭祀法规、仪仗法规、巡狩法规、册封法规、朝令法规、加冕法规、外事法规、出征与检阅法规、宗教法规、丧葬法规及谥法等一系列重要的行政法规。实施这些法规涉及皇宫朝廷、各级官府，涉及皇帝、后妃、大臣、兵将和平民，许多情况下如果违反了礼，都要被追究刑事责任，《唐律》中因违礼而设的罪名不胜枚举。

据《旧唐书·礼仪志》和《新唐书·礼乐志》记载，唐高祖武德年间完全沿用隋礼，太宗贞观初年，诏房玄龄、魏微等在隋礼基础上撰定《贞观礼》共138篇，分为100卷，包括吉礼、宾礼、军礼、嘉礼、凶礼、国恤。高宗显庆年间诏长孙无忌等增为130卷，是为《显庆礼》。玄宗开元时，诏集贤院折衷贞观、显庆二礼，撰述新礼，但历年不就，最后由集贤院学士、宰相萧嵩奏请起居舍人王仲丘撰定，最终成书150卷，是为《开元礼》。“由是五礼之文始备，而后世用之，虽时小有损益，不能过也。”今存有《通典》卷106至卷140所录《开元礼纂类》。《新唐书·礼乐志》云：“由三代而上，治出于一，而礼乐达于天下；由三代而下，治出于二，而礼乐为虚名。……然用之郊庙、朝廷，自搢绅、大夫从事其间者，皆莫能晓习，而天下之人至于老死未尝见也。”这大致已说明了礼

（包括唐礼）的实施情况。唐代礼乐制度，洋洋大观，高文典册令人叹为观止，即使专门研习礼乐制度的缙绅士人，也很难精通掌握这些礼乐精华。芸芸众生，日常忙于柴米油盐，很多人终其一生也难以掌握礼乐制度，更难以在日常生活中加以践行。陈寅恪先生也指出："旧籍于礼仪特重，记述甚繁，由今日观之，其制度大抵仅为纸上之空文，或其影响所届，止限于少数特殊阶级。"

大致在秦汉时期，礼法仍存在合流倾向，如《傍章》《朝律》均属于法律的范畴。自西晋律令分界、礼法分流，应归入刑事法规及行政法规之礼，分别入于律令格式，其中令成为礼之主要法律载体。余下者大多为礼仪琐节，并无法律强制力。表面上看唐代贞观、显庆、开元三部礼典，从100卷增到150卷煌煌大典，实际上只是朝廷现行各项仪式、典礼之记录而已，仪式发生变化，礼典也随之发生变化。不是礼典规定朝廷礼仪，而是朝廷礼仪构成了礼典。在一定程度上，我们可以说唐礼的作用，主要在于对当世与后世朝廷礼仪起到提示与参考之作用。因此可以说，《开元礼》不是唐代的行政法规，而是唐代朝廷礼仪之记录，从其性质上看，《开元礼》与《唐六典》有异曲同工之处。

3. 行政文书的分类与运作

唐代的行政文书大致可以分为三类：

第一类是"上逮下"文书，即上级机关对下级机关之行政指示文书。这类文书又可分为三部分：（1）天子用文书。这部分文书粗分有册、制、敕三种，细分则有册书、制书、慰劳制书、发敕、敕旨、论事敕书、敕牒七种。《新唐书·百官志二》云："凡王言之制有七：一曰册书，立皇后、皇太子，封诸王，临轩册命则用之；二曰制书，大赏罚、赦宥虑囚、大除授则用之；三曰慰劳制书，褒勉赞劳则用之；四曰发敕，废置州县、增减官吏、发兵、除免官爵、授六品以上官则用之；五曰敕旨，百官奏请施行则用之；六曰论事敕书，戒约臣下则用之；七曰敕牒，随事承制，不易于旧则用之。皆宣署申覆，然后行焉。”（2）太子、亲王、公主用文书，这部分文书包括令、教两种，令为皇太子所用文书，教为亲王、公主所用文书。（3）省、州、县对下属机关所用文书。凡尚书省下于州、州下于县、县下乡之文书，统称符。

第二类是“下达上”文书，即下级机关向上级机关汇报呈送之行政文件。这类文书可分为表、状、笺、启、辞、牒六种。

第三类是“诸司相质”文书，即六部二十四司之间日常来往的公文。这类文书可分为关、刺、移三种。

三、中枢行政的法制化

自秦迄唐，随着皇权的加强，中国古代中央与地方的行政组织呈现出渐趋集权的演化态势。例如在中央，宰相行政权由独任制变为合议制，宫廷中朝向行政外朝转化；在地方，监察区划转变为行政区划，行政级次增多，地方行政被中央行政侵蚀等。但这一演变并非呈直线上升趋势，而是螺旋形上升，如秦汉是中央集权的加强期，而魏晋南北朝则是中央集权削弱期、地方分裂势力上升期。唐代则分前后两期，唐前期为中央集权加强期，而以安史之乱为界，唐后期为中央集权削弱期、地方藩镇割据实力增强期。

1. 三省六部制的设置与运作

唐代中央行政组织在隋三省制基础上，进一步发展完善，其主要变化有：第一，建立了中书出令、门下封驳、尚书执行的三省制；第二，设置政事堂（中书门下），作为中央行政决策中心；第三，理顺了中央政务机关与事务机关的关系。唐代中央行政组织设置的合理性、规范性与进步性，是唐代前期形成封建鼎盛局面的重要原因之一。

在中国封建社会，皇权与相权的斗争贯彻始终，导致中央行政决策机构发生了一系列变化。

秦及汉初，宰相具有独立决策的行政权，对皇权形成较大的制约。汉武帝以后，几任皇帝借助频繁更替宰相，以削弱相权。东汉之时，中央行政决策权已由宰相转移到皇帝近臣——中朝官之尚书台手中。魏晋以后门下省又渐侵尚书省之职权，“综理万机”，门下省侍中常被时人呼为“宰相”。整个东汉到魏晋南北朝时期，中央行政决策权逐渐从宰相手中转移到中朝官系统之尚书省、门下省、中书省手中，三省也随着权力增长而演变为外廷中央政府。

隋朝正式设立三省制度，唐前期进一步发展完善三省制度，形成了“中书出令、门下封驳、尚书受而行之”的三省制，相权由三省分掌，三省分工明确而相互制约。三省行政组织的结构分别叙述如下：

尚书省：置左、右仆射各一人，为尚书省长官，掌全国政务，统理六官。唐初本置尚书令一人，为尚书省最高长官，但因太宗李世民曾任此职，故阙而不置，因此左、右仆射为实际上的最高长官。尚书省办公处称尚书都省，置左、右丞各一人，左丞负责吏、户、礼三部，右丞负责兵、刑、工三部，左、右丞办公机构下各辖郎中一人、员外郎一人、都事六人、主事六人。尚书省之下，分设吏、户、礼、兵、刑、工六部，部下设司，每部四司，共二十四司。六部各置尚书一人，侍郎一人，分别为正、副长官，各司置郎中、员外郎各一人，为正、副长官。

门下省：“掌出纳帝命，相礼仪，凡国家之务与中书令参总，而颛判省事”，置侍中二人，是门下省的正职长官；门下侍郎二人，为副职长官。给事中四人，是门下省具体掌管封驳的主要官员。起居郎二人、典仪二人、符宝郎四人、城门郎四人，分管门下省其余各项杂务。另外左散骑常侍二人、左谏议大夫四人、左补阙六人、左拾遗六人等朝廷言谏官，以及弘文馆学士也归属门下省。门下省中，给事中的机构最为庞大，约有工作人员（属吏）一百二十人。

中书省：“掌佐天子执大政，而总判省事”，置中书令二人，是中书省的正职长官；中书侍郎二人，为副职长官。中书舍人六人，“凡诏旨制敕、玺书册命，皆起草进画”，是掌管起草皇帝诏令的主要官员。起居舍人二人，是对敕命起草过程及内容进行记录备案的官员。通事舍人十六人，是掌管中书省其它事务的官员。另有右散骑常侍二人、右谏议大夫四人、右补阙六人、右拾遗六人等朝廷言谏官，及集贤殿学士等也归属中书省。中书省中，中书舍人的机构最为庞大，约有属吏二百三十人。

陈仲安先生指出，经过隋及唐前期的全面总结，尚书、门下、中书三省的分工情况及组织构造，明显比过去更加地整齐划一。唐前期的三省制已具备三省首长制、三省并重制和三省分权制三个要素，这也正是三省制完成的重要标志。所谓三省首长制，是指仆射、侍中、中书令分别为三省长官；所谓三省并重制，是指三省地位平等、权力平衡，没有偏重；所谓三省分权制，是指将出令、封驳、执行三权分别固定于中书、门下、尚书三省。这三个要素起到相互牵制、避免专断的作用，显示出我国古代宰相制度发展到了一个新的水平。[①]

三省长官既各自主管一省之事，相互牵制，又在中央行政决策上共同合作，形成了宰相合议制度。宰相合议的办公处所称为政事堂。政事堂建于唐初武德年间，最早设在门下省。唐李华《中书政事堂记》云：“自武德以来，常在门下省议事，谓之政事堂。”[②]唐太宗时，又令非三省长官者至政事堂，与三省长官共议朝政，三省的中央行政决策权又被进一步分割。《新唐书·百官志》载：“自太宗时，杜淹以吏部尚书参议朝政，魏徵以秘书监参预朝政，其后或曰‘参议得失’‘参知政事’之类，其名非一，皆宰相职也。”贞观八年（634年）以后，凡参预政事堂会议者，不论是三省长官还

① 陈仲安、王素：《汉唐职官制度研究》，中华书局，1993，第89页。

② 董诰等编：《全唐文》，中华书局，1983，第3202页。

是其他人，一律带“中书门下平章事”或“同中书门下三品”的称号，这样的称号逐渐成为宰相的专称。即使是三省长官，如不带此专称，也不能算真宰相。这样一来，中央行政决策权已非三省长官所能垄断，皇权对于相权的控制进一步加强。

唐高宗弘道元年（683年），下诏将政事堂从门下省迁至中书省，此后中书令成为实质上的“宰相”。政事堂办公地点的迁移，反映了三省之间的权力斗争。唐玄宗开元年间，中书令张说奏改政事堂为中书门下，同时在其下设吏房、枢机房、兵房、户房和刑礼房五房。这样中书门下五房实际上就取代了尚书都省的地位，六部二十四司直接听命于中书门下五房，尚书仆射与都省失去指挥权，加之三省长官已非掌握全部执政权的宰相，三省并立分权制被“中书门下”的一统体制所取代。这一变化对宋代中央行政体制影响极大。

唐代中央行政决策虽由政事堂（中书门下）做出，但不得直接发往尚书省执行，而必须经由中书制诏、门下封驳、皇帝画敕的政务流程，才为合法。在这一过程中，具体负责的是中书省的舍人与门下省的给事中。

中书省起草书的工作由中书舍人负责。中书舍人定员六人，属吏约二百三十人，是中书省内的核心机构。由于其工作之重要性，《通典·职官三》称唐之中书舍人“权势倾动天下”。诏书起草完成后，由负责起草诏书的中书舍人署印，然后送呈皇帝。重要的诏书则须经中书令审核后，再送呈皇帝。中书令的主要职责是审核所起草的诏令与以往已发布的诏令是否有相互抵触、矛盾之处。中书省起草的诏书送呈皇帝，称为“进画”，皇帝如同意，即在诏书上画一“敕”字，但皇帝画敕的诏书仍不能直接下达尚书省执行，而须再交由门下省审核即进入封驳程序。

在唐代政治发展史上，中书省中书舍人起草诏书之权不断受到学士的威胁。唐太宗时的弘文学士、高宗时的“北门学士”，常被皇帝临时委以起草密诏的任务。唐玄宗时建学士院，置翰林学士。《唐会要》卷五七翰林院条云：“至（开元）二十六年，始以翰林供奉改称学士，由是别建学士院，俾掌内制。……（肃宗）至德已后，军国务殷，其入直者，并以文词，共掌诏敕。”唐玄宗时设置学士院，唐肃宗即位以后，伴随着军国事务日益增多的需要，学士们的权力进一步扩大，中书舍人草拟诏书的权力受到学士们的进一步冲击。唐代皇帝制书分内、外二制，内制以白麻，用于机要；外制以黄麻，用于一般事务。唐初内、外二制均归中书舍人起草。开元后，翰林学士掌管更为重要的内制白麻，而中书舍人则掌管分量较轻的、内容多涉常规事务的外制黄麻。肃宗时，翰林学士与中书舍人分掌内外制，成为固定制度，“中书出令”的权力大为削弱。

门下省的封驳权由给事中掌管，给事中定员四人，属吏约一百二十人，是门下省内的核心机构。给事中的封驳审核工作，实际上就是针对方案进行的一种可行性研究。对诏敕所提方案的可行性进行多方面论证，可以确保皇帝决策命令的正确。给事中如果对诏敕审核后无异议，则签署并加盖政事堂印（或“中书门下之印”），将敕令直接发往尚书省执行；如发现诏敕有个别不妥之处，则涂改修正，将敕令发还中书省重新起草，谓之“涂归”；如发现诏敕有原则性错误，给事中可以行使封驳权（封还驳正），拒绝签署，将敕令发回中书省重新草拟。

唐代给事中的封驳权具有相当大的独立性。贞观三年（629年），魏徵拜给事中，由于在征兵年龄上坚持依法办事，不同意降低年龄标准，“敕三四出，徵执奏以为不可”。唐太宗怒，再出敕，“徵又不从，不肯署敕”。太宗无奈，只得召魏徵商量，最后听从了魏徵的意见[①]。可见封驳系统在唐政府的政务流程中对行政决策起到了很好的监督作用，能够及时发现并阻止某些行政决策错误

① 吴兢编：《贞观政要》，段曹注译，崇文书局，2017，第57页。

向行政执行流程的蔓延。

但给事中封驳权的过度运用也易造成弊端，即容易导致中书、门下争论不休，影响行政效率。依唐制，门下省每季都要奏报驳正的内容，为了显示门下省官员的政绩，自然是封驳涂归越多政绩越大。于是双方日日文书往来，争议不决，降低了行政决策的效率。《文献通考·职官考四》记载唐太宗时“以中书出诏令，门下掌封缜，日有争论，纷纭不决，故使两省先于政事堂议定，然后奏闻”。这样中书省起草诏敕后，中书、门下两省官员直接在门下省政事堂商议决定，失误之处可以当场纠正，争议不决的问题也可面对面解决，节省了文书往返的时间，两省议定后再奏呈皇帝，皇帝画敕后即可直接发往尚书省执行，也免除了皇帝先画敕后一再被给事中驳回的尴尬与麻烦。政事堂议定诏令制度，即保证了封驳系统的监督作用，又缩短了行政决策流程，提高了中央行政决策的效率。

2. 尚书都省及六部二十四司

唐代中央行政管理的中枢机构是尚书都省。尚书都省置左右仆射、左右丞、左右司郎中、员外郎、都事、主等官员共三十二人，已如上述。另外还有属吏，即令史、书令史、亭长、掌固等工作人员约一百五十人。

尚书都省所掌管的行政事务主要有：第一，将发到尚书都省的诏都印上正式发出的日期，并规定贯彻执行的期限，然后转发具体书务部门。第二，各州向中央汇报的计奏文书，一律先送达尚书都省，将其节录汇总后统一向政事堂或皇帝汇报。第三，凡尚书各司拟定的下发各州的具体行政文件，必须经都省审查后统一下发，各司不得擅自下发。尚书都省的这些职责体现了中央集权的运转特点，也说明了尚书都省对于二十四司的控制。第四，凡下发上报的行政文书及其执行情况，每年一次总汇于尚书都省，各司于每年四月一日将上一年情况汇总到尚书都省，尚书都省均于每年六月一日与各司令史进行核对，然后整理归档，作为考核官吏的依据。

尚书都省下辖吏、户、礼、兵、刑、工六部，每部四司，共二十四司，其行政组织与职掌如下：

吏部。置尚书一人，侍郎二人，为吏部正、副长官。吏部职责是“掌天下官吏选授、勋封、考课之政令”，相当于今之组织部。吏部下统四司：（1）吏部司。置郎中二人、员外郎二人，为该司正、副长官，掌官吏铨选之事，另置属吏令史、书令史、亭长、掌固等约一百一十人。吏部司兼吏部机关所在，故属吏人数较多。（2）司封司。置郎中、员外郎各一人，为正、副长官，掌封爵之事。并置主事二人，属吏有令史、书令史、掌固等约十七人。（3）司勋司。置郎中、员外郎各一人，为正、副长官，学官吏勋官之。并置主事四人，属吏有令史、书令史、掌固等约九十七人。（4）考功司。置郎中、员外郎各一人，为正、副长官，掌内外文武官吏考课（考核）之事。并置主事三人，属吏有令史、书令史、掌固等约四十二人。

户部。户部机关置尚书一人、侍郎二人，为户部正、副长官。户部的职责是“掌天下田户、均输（租赋）、钱谷之政令”，相当于今之财政部职能。户部下统四司：（1）户部司。置郎中二人、员外郎二人、主事四人，属吏有令史、书令史、计史、亭长、掌固等约六十五人。户部司“掌分理户口、井田之事”，兼户部机关之所在。（2）度支司。置郎中一人、员外郎一人、主事二人，属吏有令史、书令史、计史、掌固等约五十四人。度支司“掌判天下租赋多少之数，物产丰约之宜，水陆道途之利。每岁计其所出而度其所用”，是国家财政的调度机构。（3）金部司。置郎中一人、员外郎一人、主事三人，属吏有令史、书令史、计史、掌固等约三十四人。金部司判全国库藏钱、帛出纳之事，确定天下度量衡之标准。（4）仓部司。置郎中一人、员外郎一人、主事三人，属吏有令史、书令史、计史、掌固等约三十四人。仓部司掌判国家仓库、受纳租税、支付官吏禄廪之事。

礼部。礼部机关置尚书一人，侍郎一人，为礼部正、副长官。礼部“掌天下礼仪、祭享、贡举之政令”，其职责相当于今之外交部与教育部的职能。礼部下统四司：（1）礼部司。置郎中一人、员外郎一人、主事二人，属吏有令史、书令史、亭长、掌固等约三十人。礼部司“掌贰尚书、侍郎。举其仪制，而辨其名数”。兼礼部机关之所在。（2）祠部司。置郎中一人、员外郎一人、主事二人，属吏有令史、书令史、亭长、掌固等三十人。祠部司“掌祠祀、享祭、天文、漏刻、国忌、庙讳、卜筮、医药、僧尼之事”。（3）膳部司。置郎中一人、员外郎一人、主事二人，属吏有令史、书令史、掌固等十七人。膳部司“掌邦之祭器、牲豆、酒膳，辨其品数，及藏冰食料之事”。（4）主客司。置郎中一人、员外郎人、主事二人，属吏有令史、书令史、掌固等十七人。主客司“掌二王后及诸蕃朝聘之事”。礼部各司无专掌科举之司，大概科举之事由尚书、侍郎亲自执掌。

兵部。兵部机关置尚书一人、侍郎二人，为正、副长官。兵部“掌天下武官选授及地图与甲仗之政令”，相当于今之国防部。兵部下统四司：（1）兵部司。置郎中二人、员外郎二人、主事四人，属吏有令史、书令史、亭长、掌固等一百一十人。兵部司“掌判帐及天下武官之阶品，卫府之名数”，兼兵部机关之所在。（2）职方司。置郎中一人、员外郎一人、主事二人，属吏有令史、书令史、学固等十七人。职方司“掌天下地图及城隍（即城壕）、镇戍、烽堠之数，辩其邦国都鄙之远近，及四夷之归化”，即掌管与国防有关之军事地理及相关事宜。（3）驾部司。置郎中一人、员外郎一人、主事三人，属吏有令史、书令史、掌固等三十四人。驾部司“掌邦国兴辇、车乘、传驿、厩牧、官私马牛杂畜簿籍，辩其出入，司其名数”。（4）库部司。置郎中一人、员外郎一人、主事二人，属吏有令史、书令史、掌固等二十六人。库部司“掌邦国军州戎器、仪仗”。

刑部。刑部机关置尚书一人、侍郎一人，为正、副长官。刑部“掌天下刑法及徒隶、勾覆、关禁之政令”，相当于今之司法部。刑部下统四司：（1）刑部司。置郎中二人、员外郎二人、主事四人，属吏有令史、书令史、亭长、掌固等七十三人。刑部司“掌贰尚书、侍郎，举其典宪，而辩其轻重”，为刑部机关所在。（2）都官司。置郎中一人、员外郎一人、主事二人，属吏有令史、书令史、掌固等二十五人。都官司“掌配役隶，簿录俘囚，以给衣粮医药，以理诉競雪冤”。（3）比部司。置郎中一人、员外郎一人、主事二人，属吏有令史、书令史、计史、掌固等四十六人。比部司“掌勾诸司百僚俸料、公廨、赃赎、调敛、徒役、课程，逋悬数物，周知内外之经费而总勾之”，即负责勾检全国性的财务行政。（4）司门司。置郎中一人、员外郎一人、主事二人，属吏有令史、书令史、掌固等二十三人。司门司“掌天下诸门及关出入往来之籍赋，而审其政”，是负责制定出入境政策的机构。

工部。工部机关置尚书一人、侍郎一人，为正、副长官。工部“掌天下百工、屯田、山泽之政令”，是制定国家基本建设规划的机构。工部下统四司：（1）工部司。置郎中一人、员外郎一人、主事二人，属吏有令史、书令史、亭长、掌固等四十七人。工部司“掌经营兴造之众务”，主要负责城池宫殿等土木程。工部司也是工部机关之所在。（2）屯田司。置郎中一人、员外郎一人、主事二人，属吏有令史、书令史计史、掌固等二十四人。屯田司“掌天下屯田之政令”，掌管各地的军队屯田以及官吏职分田和官府公解田。（3）虞部司。置郎中一人、员外郎一人、主事二人，属吏有令史、书令史、掌固等十七人。虞部司“掌京城街巷种植，山泽苑囿，草木薪炭，供顿田猎之事，”，负责制定保护山林资源之政策，以及京城皇宫和各级官府的时鲜果蔬、薪炭的供给。（4）水部司。置郎中一人、员外郎一人、主事二人，属吏有令史、书令史、掌固等十七人。水部司“掌天下川渎陂池之政令”，即负责有关水利、桥梁工程之事。

作为唐朝中央行政管理中枢的尚书省，其机构编制是三省中最为庞大的，据《旧唐书·职官志》记载，总括统计尚书都省及六部二十四司，置尚书仆射以下品官一百六十二人，属吏（一般工作人员）一千一百三十九人，共计一千三百零一人。

3. 九寺五监

尚书都省及其统辖的六部二十四司是唐朝中央行政管理中枢，之下又有九寺五监（统称卿监）等中央行政事务机关。换言之，尚书省各部是政务机关，九寺五监是事务机关，前者对后者进行政策指导、对口指挥。政务机关、事务机关分开，这是中国古代中央行政组织发展史上的一大进步，也是中国古代国家治理体系完善发展的表现。

九寺包括：

太常寺。置卿一人、少卿二人，“掌邦国礼乐、郊庙、社稷之事”，其具体事务由八署分理，即郊社署、太庙署、诸陵署、太乐署、鼓吹署、太医署、太卜署、廪牺署（掌祭祀用牲）。每署成员众多，以太乐署为例，置令一人、丞一人、府三人、史六人、乐正八人，均为品官，有属吏典事、掌固十六人，以及舞郎一百四十人。

光禄寺。置卿一人、少卿二人，“掌邦国酒醴、膳羞之事”，即宴会及祭祀时的宰杀、烹调之事。其具体事务由太官署、珍羞署、良酝署、掌醢署四署分理。其中太官署掌供膳食之，机构最为庞大，置令、丞、府、史、监膳等品官二十八人，属吏主膳、掌固十九人，供膳杂务两千四百人。

卫尉寺。置卿一人、少卿二人，“掌邦国器械文物之事”。具体事务由武库、武器署、守宫署三署分理。

宗正寺。置卿一人、少卿二人，“掌（皇族）九族六亲之属籍，以别昭穆之序”。其具体事务由崇玄署处理。

太仆寺。置卿一人、少卿二人，“掌邦国厩牧、车舆之政令”，具体事务由乘黄署（掌天子车辂）、典厩署（牛马杂畜之饲养）、典牧署（造酥酪脯腊）、车府署（掌王公以下车辂）四署分理，又有上牧、中牧、下牧机构管理国家马匹放牧事宜。

大理寺。置卿一人、少卿二人，“掌邦国折狱详刑之事”。下不分署。

鸿胪寺。置卿一人、少卿二人，“掌宾客及凶仪之事”。具体事务由典客署、司仪署（掌三品官以上之丧葬仪式）两署分理。

司农寺。置卿一人、少卿二人，“掌邦国仓储委积之事”。具体事务由上林署（朝廷果蔬供应）、太仓署（国库粮食储藏）、钩盾署（朝廷燃料供应）、导官署（朝廷米麦供应并择分等级）四署分理。

太府寺。卿一人、少卿二人，“掌邦国财货”，即市场管理等，具体事务由京师东市署、京师西市署、东都东市署、东都西市署、平准署（卖多余官物及抄没财产）、左藏署、右藏署（国宝收藏）、常平署（救灾）八署分理。

五监包括：

国子监。置祭酒一人、司业二人，“掌邦国儒学训导之政令”，是唐时的国立大学，其下细分为国子学、太学、四门学、律学、书学、算学、五经等专业，每一专业都有专人教授（博士），学生人数少则三十人，多则五百人。

军器监。唐武德初年有武器监，后屡废置，开元三年（715年）置军器监。掌营造甲弩交纳到武库。有监及丞。所属有弩坊署、甲坊署。

少府监。置监一人、少监二人，“掌供百工伎巧之事”，负责朝廷日用器物之制作。下统中尚署、左尚署、右尚署、织染署、掌冶署等五署，分工制作事务。后又有甲坊署、弩坊署，地方上之诸冶、诸铸钱、诸互市、北都军器等也归属少府监指挥。

将作监。置大匠一人、少匠二人，“掌供邦国修建土木工匠之政令”，负责两都（长安、洛阳）朝廷官府的土木工程建设。下统左校署、右校署、中校署、甄官署四署，以及百工、就谷、库谷、斜谷、太阴、伊阳等木石材料采伐地的监所。

都水监。置使者二人，“掌川泽津梁之政令”，负责舟船运漕及朝廷水产之供应。下统舟楫署、河渠署两署，掌各地主要渡口之事务。

唐朝中央行政组织设置的大进步就是理顺了尚书各司与卿监的关系。隋朝沿袭北齐之制，“官职重设，庶务烦滞，加六尚书似周之六卿，又更别立寺、监，则户部与太府分地官司徒职事，礼部与太常分春官宗伯职事，刑部与大理分秋官司寇职事，工部与将作分冬官司空职事。自余百司之任，多类于斯”。北朝、隋朝这一官职职掌重复的问题至唐朝才基本解决。

汉代的三公九卿制，经过魏晋南北朝的过渡演变，至唐代才形成尚书省诸司专掌政务、九寺五监专掌事务的较为规范的中央行政组织的局面，即“六部九卿制”，这种状况至明清仍基本维持这一局面。

四、地方治理制度的规范化

中国历史上地方治理体系发展的演变与社会发展阶段紧密结合。先秦时期，中央的权威与后世相比差距较大，地方享有很大的自治权。西周时期在土地的归属与管辖制度上，实行的是分封制与采邑制，除了周王直接控制的区域以外，地方上的各级封君有相对独立的控制权。春秋战国以来，特别是伴随着中央集权制的逐步确立，中央的权威越来越强，对地方的控制日益完善，郡县制应运而生，地方治理体系逐步完善成熟。尽管也有短期内的封国制、郡国并行制，但多数情况下是中央集权体制下的郡县制，或是州、郡、县三级治理体系。严耕望先生曾谈到"县为中国最原始之地方行政单位，其后加郡为二级制，加州为三级制，或加都督区为四级制。凡此上级政区之名目、大小、数量，随时变异，而此最原始最低级之行政单位曰县者，迄无变动，其数额亦惟东晋时代南北县数曾一度增至约近三千，其余时期均曰在一千四五百间"。[①]中国地方行政制度史上县制具有长期的稳定性，县作为最基层的行政单位，除了东晋，秦汉以来其余朝代县的数量也基本保持在一千四百到一千五百之间，呈现出中国历史的特点。县以下则是乡，乡以下为里。地方上还设置有亭，亭的主要职权为巡逻、缉捕盗贼等，主要负责地方治安，而非一级行政组织。

1. 地方三级行政制度的形成

西周时期在土地的归属与管辖制度上，实行的是分封制与采邑制，所谓"天子之地曰畿，诸侯之地曰国，大夫之地曰采"。这种制度既反映了土地的归属问题，也体现周人的等级制度。春秋以后，郡与县的设置开始出现，而县比郡的设置还要早些。如楚国在公元前680年前后，楚文王"实县申息"。秦武公十年（前687年）"伐圭、冀戎，初县之"。秦国、楚国、晋国在诸侯国中设县亦较早，《左传·成公十三年》载，吕相引用晋景公的话："及君之嗣也，我君景公引领西望曰：'庶抚我乎！'君亦不惠称盟，利吾有狄难，入我河县，焚我箕、郜，芟夷我农功，虔刘我边垂，我是以有辅氏之聚。"说明晋国在晋景公之前沿河地区已普遍设立县这种机构。晋国在"内地"亦曾较大规模地设置县，《左传·昭公二十八年》载："夏六月，晋杀祁盈及杨食我"；"秋，晋韩宣子卒，魏献子为政，分祁氏之田以为七县，分羊舌氏之田以为三县"。此次政治动乱后，晋国一次设置了十县，县的设立并非

① 严耕望：《中国地方行政制度史·秦汉地方行政制度》，上海古籍出版社，2007，第14页。

仅仅预示着管理地方的机构名称的改变，而是基层政权机构性质的改变：由原来的卿大夫的私邑改变为直接由国家统领的地方组织机构，国家对地方的控制管理进一步增强。

进入战国以后，各国县的设置越来越普遍。秦国在商鞅变法时，曾“并诸小乡聚，集大为县，县一令，四十一县”。东方的齐、魏、韩诸国，县的设置也很普遍。苏秦曾说：“不待发远县而临淄之固已二十一万。”《史记·穰侯列传》记梁大夫须贾之言，云：“魏氏悉其百县胜甲以上戍大梁。”这都说明了战国时县这种行政机构在各国的普遍性。春秋时，县的长官叫大夫，战国时期，县的长官大都改称县令，令下有丞。秦、魏、韩等国县令以下还设有御史。楚国不设县令，而设县公，为一县的最高长官。凡县皆建立了一整套从属于中央政府的组织，以及一整套征收赋税、征发兵丁的制度。县令对县内的重大事项必须报请君主决定，无权擅自处理县内的重大事项。

郡的设置，从史籍看是战国时的事，而且是从东方诸国开始的。《史记·秦本纪》载：“张仪相秦。魏纳上郡十五县。”《战国策·秦策》中甘茂说韩之“宜阳，大县也，上当、南阳、积之久矣，名为县，其实郡也”。燕国的大将乐毅“攻齐，下七十余城，尽郡县之以属燕”。又，《战国策·赵策》载，韩上党守冯亭以“七十”城邑降赵。赵“以三万户之都封太守，千户封县令”。由此可见，在东方诸国郡的设置较早，而且郡的级别要比县更为大。

秦国在商鞅变法时，虽然普遍设县，但并未设郡，而且在秦原有土地上也一直未设郡。秦的郡都是从邻国夺来的，一般都设置在边界，最初主要以军事职能为主，长官最早大都由武官充当，所以一郡之长称“守”。秦惠文王后元十三年（前312年）攻楚汉中，取地六百里，置汉中郡。秦昭王二十九年（前278年），“白起击楚，拔郢，更东至竞陵，以为南郡”。秦庄襄王元年（前294年），“蒙骜取成皋、荥阳，初置三川郡”。两年以后，秦将“王龁击上党，初置太原郡”。秦始皇五年（前242年）“蒙骜取魏酸枣二十城。初置东郡”。秦始皇十七年（前254年），“内史腾击得韩王安，尽取其地，置颖川郡”。秦始皇灭六国，统一全国后，“以诸侯为郡县”，“分天下以为三十六郡，郡置守、尉、监”，郡下设县，以为定制，并被后代所承袭。郡守在王的授权下，有权征发郡内壮丁出征，并负责征收全郡的军赋。从秦简看，秦的郡守不但负责军事，也负责司法工作。如《法律答问》：“今郡守为廷不为？为也。”廷，最初可能指朝廷或中央最高司法机关“廷尉”。郡守也称廷，是后来的事情。《后汉书·郭太传》注引《风俗通》云“廷，正也。言县廷、郡廷、朝廷，皆取平均正直也”。司法机关的判例，就是已行的成例。

伴随着国家机构的发展完善，郡逐渐发展成为一级行政机构。战国时期，七国之中只有齐国始终没有设郡，但却设有与郡类似的都，都的长官称大夫。县以下的基层组织还有乡、里、聚（村落等组织），乡中的官吏有三老、廷掾等，里有里正。在县城和乡里中都有什伍的编制，五家为伍，十家为什。在什伍编制下，居民（主要是农民）不许随便迁徙，一家有罪相互株连，形成了严密的专制统治网络。

由此可以看出，战国时期，各诸侯国地方机关的最大变化，就是在春秋以来郡县（邑）的基础上，较为普遍地确立了郡县制，将郡县作为中央直接管辖的地方机构。郡县长官不能世袭，只能由国王任命，其行政权和军权亦由国王直接授予。郡县地方制度的确立与普及，有利于封建经济的发展，有利于加强国王的集权统治。

秦统一六国后，秦始皇采纳了廷尉李斯的意见，决定彻底废除分封制，实行郡县制，将全国划分为三十六郡，后增至四十余郡。郡下设县，县下分乡、里。从此，郡县成为最基本的行政机构，以后各代行政机构的变动，亦是以此为基础。

两汉的地方行政组织法也是沿袭秦制，以郡县二级政体为基本构造。但是在实行过程中，两汉的地方行政组织法经历了不同于秦制的变化。其基本沿革是：汉初郡县封国体制并存，西汉中期后封国名存实亡。汉末期，地方政体由郡、县二级变为州、郡、县三级。

地方行政组织在唐朝的结构与演变同在两汉时期时相比有着极为相似的地方。第一，唐中叶以前的地方政区与西汉相似均为二级制。西汉为郡、县二级制，《汉书》载为一百零三郡、一千五百余县。唐中叶以前为州、县二级制，三百余州，一千五百余县。第二，唐中叶以后监察区演变为高一级的地方行政区，这与东汉相似。西汉时武帝为加强对郡县的监督，将全国分为十三个州，置十三部刺史，分别巡察所属郡县，但西汉时州只有监察职能，没有行政职能。西汉末及东汉时期州刺史权力渐增，且有固定治所与幕僚组织，州渐由监察区演变为一级地方行政区，于是地方行政区划由郡、县二级制向州、郡、县三级制过渡。唐初，因州的数目过多，中央不便控制。太宗时新设监察区——道，设道按察使，以监察所属三百余州、一千五百余县的官吏。中唐以后，按察使（后改为观察处置使）逐渐侵夺地方行政权，实际成为州以上的一级地方行政机构。加之节度使例兼处置使，由此道之行政权为节度使所掌握，终于造成藩镇割据、尾大不掉的局面。

2. 乡里制度的形成与运作

县下一级的地方行政组织是乡。两汉乡数变化较为明显。西汉平帝时有六千六百二十二乡，至东汉桓帝永兴元年，减至三千六百八十二乡。乡设有秩、啬夫、游徼、乡佐等乡吏，主管全乡事务。有秩设于大乡，由郡委派；啬夫设于小乡，由县委派。尹湾汉简所出《集簿》记东海郡县邑、侯国吏员时，将“乡有秩”与“乡啬夫”分别统计登录，乡有秩总员数二十五人，乡啬夫总员数一百三十七人。有秩与啬夫职掌相当，主管全乡的行政事务，“皆主知民善恶，为役先后，知民贫富，为赋多少，平其差品”。由于赋税是国家财政的主要来源，社会安定是中央集权政治的可靠保障，而乡吏是直接管理百姓的基层官吏，因此在其职掌中，听讼息讼、征收赋税成为其主要内容。“啬夫职听讼，收赋税”，即概括了这一特点。乡吏中的游徼负责一乡治安，追捕盗贼。乡佐“主民收赋税”，也突出反映了乡级组织的基本职能。作为基层行政组织，乡里的风气教化也十分重要，这一职能主要通过三老实现。三老由“年五十以上，有修行，能帅众为善”者充任，乡置三老一人，负责全乡教化。县级机构也设老，选自乡三老，与县令、丞、尉共同推行教化。三老虽然德高望重、受人尊崇，但不在吏员编制内。尹湾汉简《东海郡吏员簿》所列县邑侯国吏员，未见三老，可资为证。

在行政系统之外，地方还设有专门机构“亭”。每亭相距十里，设亭长，由兵退役为民者充任，主要职责为巡逻、缉捕盗贼。此外亭还兼有客舍邮传功用，边亭的此种功用更为明显。亭卒有求盗与亭父。亭之外又设“邮”。《后汉书·百官志》注引《汉官仪》曰：“设十里一亭，亭长、亭侯；五里一邮，邮间相去二里半，司奸盗。”

亭、邮的实际设置与《汉官仪》记载相差较大。概括而言，汉代的地方行政组织层次清楚，责权明确，郡统县、县统乡、乡辖里，又有亭邮之制，在结构上表现出金字塔型的垂直权力关系。在这一垂直权力链的制约协调下，庞大的国家机器在地方得以正常运转。

与郡县制并存的还有封国制，以及具有监察意义的十三州刺史制。封国制因中央集权的强化而名同实异，最终为郡县制同化。十三州刺史，因职权甚重而权力不断扩大，最终州牧取而代之，十三州亦由监察区演变为行政区，汉代地方行政组织的机构缘此由二级变为三级。

第四章 中国传统刑事司法的公平与正义追求

“王子犯法与庶民同罪”这句脍炙人口的俗语，从古流传至今，无论是在官场，还是在民间，人们都可以听到。它是中国家喻户晓、妇孺皆知的“法的原则”。这句为人们所熟悉的古语不仅反映了中国人的“平等观念”，而且也体现了中国法治文化不同于西方的某些特征，自战国以来，伴随着中央集权政治体制的逐步确立，王子犯法与庶民同罪逐渐成为中国法治文化的重要特征之一。

一、处罚客体平等性的坚守

河南省内黄县发现的一块清康熙二年（1663年）的“刑戒碑”，内容分为八章，其中第二章是“莫轻打”：“宗室莫轻打，官员莫轻打，生员莫轻打，上司差人莫轻打，妇人莫轻打。”[①]除妇人外，宗室、官员、生员、上司、差人都是具有社会身份与政治地位的人，这里提醒官员不要轻易对这些特殊身份的人施加刑罚。换个角度而言，即使是这些拥有特殊身份的个体，如果出现有关问

① 张粉兰：《河南内黄县发现一块清代刑戒》，《中原文物》1995年第1期。

题，相关执法官员也可以依照律法施加刑罚。“刑戒碑”从一定程度上为“王子犯法与庶民同罪”一语进一步提供了实物证明。

1. 中国传统法治文化中平等观的特征

从“王子犯法与庶民同罪”这句话中，我们可以分析出中国古代法律的平等观有三大特征：

其一，庶民所能攀缘比附者，最高以“王子”为限。法律所束缚的对象中排除了国家最高统治者王或皇帝，这在中国古代集权的政体下是再自然不过的事。自秦之后皇帝的权力至高无上，法律的废立大权掌握在皇帝手中：“前主所是著为律，后主所是疏为令；当时为是，何古之法乎！”[①]即所谓“王法”与君主的意志密切相关，且有明显的时代性。秦始皇是古代社会中最崇尚法家法治的皇帝，在其治下，诸事“皆有法式”，从出土的秦简来看，此语绝非虚言，但是“法式”与皇权，其权威性显然不可相提并论。皇帝可以用“制”“敕”来代律、改律，以至破律。《史记·蒙恬列传》记载：“（赵）高有大罪，秦王令蒙毅法治之，毅不敢阿法，当高罪死，除其宦籍。帝以高之敦于（狱）事也，赦之，复其官爵。”臣不敢“阿法”，皇帝却可以因其喜怒好恶而随意加减对罪犯的处罚。帝王破法坏律，在日后的王朝中虽受到越来越多的限制，但中国古代帝王掌握最高立法权、司法权这一体制决定了法律无法将帝王言行纳于规范之中。中国传统社会中皇权至高无上，可以凌驾于法律之上，甚至法律在某种程度上都是皇权意志的体现。皇权专制制度确立之后，皇帝治下的臣民，即使是皇亲国戚，虽享有一定特权，但都属于从属地位。伴随着传统的“刑不上大夫、礼不下庶人”的变革，“王子犯法与庶民同罪”的观念越来越普遍。

修律制令、颁布律典是中国古代社会革旧立新，改朝换代的标志。历代帝王无不将修订律令，视为确立王朝正统地位的要务之

① 班固撰，颜师古注：《汉书》，中华书局，1962，第2659页。

一。《隋书·刑法志》记载，北齐立国之后，有人上疏提醒皇帝“大齐受命以来律令未改，非所以创制垂法，革人视听”。可见，法律在中国古代社会上层建筑领域的地位不可谓不重要。中国古代社会的法律制度自战国草创，秦汉确立至隋唐，卓然独成体系，其影响已不限于中国，亚洲其他国家无不纷纷效法。

由此而观之，中国古代的法律体系、结构、条款也不可谓不先进、不完备，并且其影响范围不仅限于中国，对东北亚、东亚、东南亚的其他国家法律文化的影响也很大。然而，尽管法律是国家的要典重器，中国古代法律威严完备，但都不能改变传统中国社会法律的御用性质。在中国皇权专制社会背景下，法律屈从于和服务于皇权，这是中国古代专制集权下法律文化的一大特色。由于皇权至上，所以中国古代社会中皇帝宗室，甚至皇帝身旁的宦官宠臣都可以借助皇权作威作福、践踏法律。《后汉书·朱穆传》记载太学生上书切责，“当今中官近习，窃持国柄，手握王爵，口含天宪”。皇帝的内侍近臣，在皇权旁落时，狐假虎威，借助皇权作威作福，凸显了中国传统集权时代法律文化中人治的一面。在至高无上的皇权面前，法律文化的权威性让位于皇权，这成为中国古代法律文化的一大特点。

为了协调皇权与法律间的冲突，古代立法者创立了多种法律形式，使皇帝的意志得以及时地法律化。如魏晋时的“科”，隋唐时的“格”，宋代的“编敕”，明代的“大诰”，清朝的“例”——“科”“格”“编敕”“大诰”“例”里面的具体条例内容，都是不同朝代编纂皇帝的敕令而形成的，它们的法律效力及权威性远远超过了当时一般律令的效力。“出令制法，重轻予夺在上。”[①]在有敕即不用律的社会环境中，再完善的法律对皇帝来说也常常是一纸空文。

① 脱脱等：《宋史》，中华书局，1977，第4990页。

在集权专制下，人们将法律的正义公道，寄希望于皇帝的圣断明察，寄托于皇帝圣明。从先秦荀子“有治人，无治法”[①]，到清末《钦定宪法大纲》规定“大清皇帝统治大清帝国，万世一系，永永尊戴”，都表现出人们对君权的迷信，对圣主的渴望。“王子犯法与庶民同罪”，也正体现了集权专制下人们对皇权的依赖和希望。

其二，在中国古代社会中，官僚贵族也要受到法律的制约和束缚。由于政治的原因，有时官僚贵族所受到的刑罚较庶民更为残酷。不过官僚贵族的“犯法”与庶民的“犯法”常常有着不同的概念和范围。“王子犯法与庶民同罪”所要求的并不是“同罪同罚”，而仅仅可能只是执法上的平等，即在官僚贵族触犯了为其所设立的法律条款时，才以刑制裁之。许多对庶民百姓来说是犯法的行为，对官僚贵族来说却是属于合法的。《隋书·长孙览传》记隋文帝在一次与长孙览、高若弼等人的朝宴上，对宗室、官僚说：“朕当与公共享终吉，罪非谋逆，一无所问。”这里隋文帝非常明确的告知朝臣公卿，皇帝与诸位股肱大臣同享荣华富贵，只要朝臣们忠于皇帝，不要叛逆谋反，其余的犯法犯罪行为皇帝都可以既往不咎。皇帝认为那些都无关大局，体现了皇权专制下法律的两面性，对特权阶层来说法律是维护权贵阶层的工具，而对非权贵阶层来说，法律就是一系列约束条文。

以规范系统闻名的唐律中对皇亲国戚、官吏贵族犯罪的处罚也做了特殊的规定。这些人一旦犯罪，可享有“议”“请”“减”“赎”“官当”“免”等特权，一般的罪行都可以得到合法的减刑，甚至免予处罚。《旧唐书·唐临传》载，永徽年间华州刺史萧龄之贪赃事发，人们认为其“赃罪狼藉，原情取事，死有余辜”。但依“八议”之律款，萧龄之属“议贵”的范围，量刑须经廷议，

---

① 王先谦：《荀子集解》，沈啸寰、王星贤点校，中华书局，1988，第230页。

由皇帝裁决。此案后来廷议的结果是从“死有余辜”变成了“流于岭外”。从立法的角度来看中国古代法律无平等可言。根据“一准乎礼”的《唐律疏议》规定：“诸除名者，比徒三年；免官者，比徒二年；免所居官者，比徒一年。”即对官吏削职为民可抵三年徒刑；消除官职，但保留官籍则可抵二年徒刑；免除其职掌，但保留其官籍、官级只可抵一年徒刑。“赎”刑明文规定了一定级别的官吏及其亲属犯流罪以下者可纳资（交钱）顶罪；“官当”则规定了一定级别的官吏可以用官品抵罪；“减”规定了一定级别的官吏及其亲属犯流罪以下可减一等处罚；“请”“议”则规定了贵族犯罪，必须上奏朝廷，由皇帝酌情裁决。“赎”“官当”“减”“议”“请”“免”，这种种形式，都体现了唐代律令对权贵阶层的种种照顾，体现了专制集权时代法律文化的阶级性和两面性，与现代意义上的司法平等区别明显。

“礼者为异”[①]。在礼的精神指导下建立起来的法律制度，其本身就存在着等级差异。宋代理学家朱熹说到断狱原则时强调：“凡有狱讼，必先论其尊卑、上下、长幼、亲疏之分，而后听其曲直之辞。”“王子犯法与庶民同罪”所要求的也只能是等级原则下的平等，即执法的平等。但这种平等在当时的社会环境中也常常是可望而不可即的。商鞅是力主执法平等、令行禁止的杰出人物。当秦孝公之子在贵族的撺掇下故意犯法时，他果断地“刑其傅公子虔，黥其师公孙贾”[②]，冲破了“刑不上大夫”的羁绊。但当太子即位时，商鞅却为之付出了生命的代价，受到车裂的酷刑。古代社会中，秉公执法确实不是易事，许多人“或以直言而遭棰扑，或以忤意而见猜嫌”[③]。也许正是因为面对如此的现实，人们才不懈地呼吁“王

① 郑玄注，孔颖达疏：《礼记正义》，龚抗云整理，北京大学出版社，1999，第1085页。

② 司马迁：《史记》，中华书局，1959，第2231页。

③ 刘昫等：《旧唐书》，中华书局，1975，第2762页。

子犯法与庶民同罪”。

其三，“王子犯法与庶民同罪”的平等虽然排除了皇帝以及皇帝的代言人，但这种平等在中古时期的历史条件下毕竟是难能可贵的。正如中国古文明处于世界文明的前列一样，中国古代法文化中的平等观与同时代的世界其他地区相比也具有无可置疑的先进性。

“王子犯法与庶民同罪”所反映的法律平等观凝聚着中国传统文化的优秀成分，融合了儒法两家思想的精华，它既是庶民所希望实现的理想执法境界，又是中国传统政治经验的总结与反映。早在战国时期，主张社会变革的法家便提出了“刑无等级”的观点，商鞅主张“刑无等级，自卿相、将军以至大夫、庶人，有不从王令，犯国禁，乱上制者，罪死不赦”[①]。集法家之大成者韩非对此更有精彩的论述：“法不阿贵，绳不挠曲”“刑过不避大臣，赏善不遗匹夫”[②]。法家甚至提出了君主守法的要求：“禁胜于身，则令行于民。”“不为君欲变其令，令尊于君。”[③]法家提倡法治，提倡法律面前众生平等，虽然出发点是维护君主至高无上的权威，以及以法治民维护统治秩序的需要，但在某种程度上也顺应了时代的发展，部分地反映了庶民的意愿，因而得到了当时各个阶层的拥护。“王子犯法与庶民同罪”的平等观念正是法家“刑无等级”思想的再现与社会化。

此外，“王子犯法与庶民同罪”又含有要求君主垂范的意思，与儒家的“人治”思想不谋而合。孔子说：“修己以安百姓。”“其身正，不令而行；其身不正，虽令不从。”君主只有正身齐家，才能治国平天下。孟子说：“君仁莫不仁，君义莫不义，君正莫不正。一正君而国定矣。”这种法治文化平等的背后，也反

---

① 蒋礼鸿：《商君书锥指》，中华书局，1986，第100页。

② 王先慎：《韩非子集解》，钟哲点校，中华书局，1998，第38页。

③ 黎翔凤：《管子校注》，梁运华整理，中华书局，2004，第293、316页。

映了中国传统文化中对圣君明主以身作则的期许。圣君明主本身要以民为本，成为遵守各种礼法制度的典范，成为秩序规矩的制定者和捍卫者，成为尊法守法的榜样。臣民都应向君主学习，君君臣臣父父子子，各守其道，则各得其所，民众安居乐业。

大概正是因为蕴涵了儒家“人治”与法家“法治”二者的精华，“王子犯法与庶民同罪”所代表的法律平等观才具有强大的生命力。它不但成为庶民告官抗暴的依据，而且成为开明官士大夫的共识。作为一种影响深远的法观念，它成为人们衡量执法公正与否的标准。“王子犯法与庶民同罪”这一观点在清官艺术形象的塑造上反映的最为充分，比如传奇小说、戏剧中的黑脸包公。他使受屈无告的平民得以申冤，专横跋扈的皇亲国戚、达官贵人受到惩罚，执法平等的理想在清官包拯的公堂上得到了完美的实现。在讲究“礼让为国”的中国，清官却能以执法严明而名炳青史，这确实是值得人们深思的事情。不管朝代如何更替，历朝历代对清官循吏都推崇有加，平民百姓对执法不阿贵的青天大老爷更是赞颂有加，也从某个侧面反映出了民众对法律平等的认可与渴求。

综上所述，“王子犯法与庶民同罪”这句流传于民间的古语，反映了一定时代的特定的法律平等观。它既不同于夏、商、周三代“刑不上大夫”，也不同于资产阶级革命时期提出的“法律面前人人平等”。与企盼圣主、清官这一“礼治”文化相适应，“王子犯法与庶民同罪”的法律平等观也反映了皇权至上、官僚政治等级森严的中国古代社会的政治特点。它所要求的平等是排除了帝王及官僚贵族所享有的合法特权的平等。但是这种平等观在当时仍不失为一种进步的观念。人们以此为标准来认识问题，甚至要求官府以此为原则解决问题。符合的，则为“公正”，民间自有口碑；违反的，则为“失道”，百姓自有贬斥。在这种观念的支配下所形成的舆论，对皇权、贪官污吏来说是一种束缚力量，在一定程度上对皇权、特权也形成一种制约力量，也成为中国传统政治文化中的文化现象。

2. 中国传统法治文化中平等观的社会基础

中国古代法律所体现出的平等观有着深刻的历史背景，传统中国社会形成了独具特色的中国传统法治文化，与近代以来西方的法治体系、法治文化有着很大区别。

放眼世界文明发展史，西方社会自文艺复兴以来，资产阶级兴起之际，为了反对封建贵族特权，大力宣扬人文主义，提倡法律平等。与此类似，战国以来，中国新兴的地主阶级也曾为了摧毁亲亲、尊尊原则下的宗法等级制度而树立起了“民”的旗帜，大力宣扬“民本”“重民”的思想。春秋战国时，思想家所宣扬的“民本”及“刑无等级”的主张与近代西方的人文主义及法律平等观虽有本质的区别，但就其内容与形式来说确有许多可相比拟之处，而中国文明中这些思想及社会实践出现的时间远远早于西方封建社会，这也正是中国中古社会比世界其他国家的封建社会相对先进之所在。

早在西周初期，统治者鉴于殷亡的教训提出了“敬天保民”的思想，春秋战国时的哲人们将这一思想发扬光大，进一步将“民”置于极为重要的地位。他们认为，民心的向背是国家兴衰的关键，得民心者得天下，失民心者失天下。有鉴于此，孟子公然宣称：“民为贵，社稷次之，君为轻。”诸子百家，尤其儒、墨、道、法这些在当时颇具影响力的“显学”，虽在施政方略上各持己见，但在“重民”这一点上却是英雄所见略同，各学派对重民思想有基本相同的认识。孔子反对苛政，提倡“爱人”。荀子告说：“君者舟也，庶人者水也。水则载舟，水则覆舟。”[①]老子虽主张统治者采取愚民政策，“小国寡民”以救乱世，但同时也强调“爱民治国”。代表社会中下层利益的墨家学说，无论是理智上，还是感情上都站

① 王先谦：《荀子集解》，沈啸寰、王星贤点校，1988，第544页。

在民的立场上，墨子提出："与其百姓兼相爱，交相利。"法家则更是一个提倡利用人性治国治民的学派。

民在我国不同的历史时期具有不同的范畴：夏、商、西周社会以血缘为标尺，民是统治集团的一分子。奴隶社会是"劳心者治人，劳力者治于人"，在民的概念中排除了广大的劳动者阶级——奴隶，当然也排除了臣服于统治部族的异族。当时的民，在很多重要时刻，可以参与国家的重大政治活动。《周礼·小司寇》记："小司寇之职，掌外朝之政，以致万民而询焉。一曰询国危，二曰询国迁，三曰询立君。"

春秋战国后，随着血缘关系的松散，社会的不断发展，国家治理结构也在发生变化，民的范围也扩大了，国家直接管辖的主要劳动者自耕农、半自耕农，甚至后来的佃户都在"民"的范围内，即所谓"编户齐民"。民的范围的扩大与重民思想的出现和发展，使中国古代社会在集权专制制度下具有相当程度的开明。这种"开明"曾使近代的一些西方传教士为之倾倒，他们感叹："美哉！中国之治制也。其所以为精神者，实兼道德、荣宠、恐怖三者而并用之。"①

在等级基础上的民本思想源远流长，它是中国古代社会意识形态的重要组成部分，是与专制思想相抗衡的思想体系，它孕育了"王子犯法与庶民同罪"这样富有平等精神的法观念。植根于如此深厚的历史文化土壤中的这种法观念，不因王朝的更替，异族的入主，外国的侵略而有所变更，这种不轻易改变的法律平等观除了上述民本思想外，自然还有其更为深刻的经济、政治背景。

"不患寡而患不均"是平等观的经济基础。中国自秦以后社会的主要生产者是直接给国家交纳赋税的农民，农民的主体是自给自足的自耕农。大批自耕农的长期稳定存在，国家的赋税才有来源。因

① 孟德斯鸠：《孟德斯鸠法意》，商务印书馆，1981，第177页。

此，从某种意义上讲，保护自耕农的利益就是保护中央王朝自身的利益。历代有见识的思想家、政治家都将“安民”视为治国之本。

民是王朝正常有序运转的经济支柱，国家在分配财富时便要适当地考虑民的利益，使其不致因分配过分不公而沦为流民或大户的附庸。为此历代王朝都采取了有等级“均”的政策。“均”的前提是别等级。荀子说：“分均则不偏，执齐则不壹，众齐则不使。”“势位齐而欲恶同，物不能澹则必争，争则必乱，乱则穷矣。先王恶其乱也，故制礼义以分之，使有贫富贵贱之等，足以相兼临者，是养天下之本也。《书》曰：‘维齐非齐。’此之谓也。”每一等级的人应占有大致相同的财富，贫与富的距离被限制在一定的范围内。地主与小农、官僚与平民虽有贫富之分、贵贱之别，但他们在经济上都具有相对的独立性，在政治上他们同是中央王朝直接统辖下的“国民”。采用有等级区别的“均”的方式来分配财富，可以稳定王朝的经济，缓和阶级矛盾，维持社会的长治久安，减少犯罪的发生。因此，孔子“有国有家者，不患寡而患不均，不患贫而患不安”之语成为中国自古至今流传的至理名言。“损有余补不足”也成为人们所遵奉不移的“天道”。

历史证明，“均”的政策是中国古代社会国泰民安的有力保障。当一个王朝有条件、有能力采用有等差的均田制，或按占田及财产的多寡来均平赋税，较有效地抑制兼并时，国家便能有效地控制户口，保证税收，有兵可征，王朝的经济便会呈发展向上的趋势，从而实现国力的强盛、政治的稳定与社会的安宁。相反，当“均”的状况被破坏，国家抑制兼并不力时，社会便陷入动荡甚至战乱之中。在兼并过程中，一部分小农固然有可能上升为地主，有些甚至会成为大土地所有者。但相当数量的小农在兼并中不可避免地会丧失原有的土地，沦为无田可耕的依附户或流民。各王朝初期所实施的“均”的政策主要是调配土地与分摊赋税。例如，中国历史上秦始皇下令“使黔首自实田”，汉高祖“以有功劳行田宅”，东汉光武帝实行“度田”，西晋颁行“占田制”，北魏至隋、唐推行“均田制”，明太祖制定鼓励垦荒屯田政策，清代实行“更名田”等。这些政策举措都是为了扩大自耕农的数量，维持自耕农阶层数量的稳定，保证国家财政收入来源，限制大土地所有者与国家争民，进而保证国家的长治久安。

宋朝建国之初即采取不抑兼并的政策，结果伴随着贫富分化，农民起义此起彼伏。起义首领向世人宣告：“吾疾贫富不均，今为汝辈均之。”另一方面，宋王朝的冗员、冗兵使官府不堪重负，国家财政捉襟见肘。财政空虚和农民起义使宋朝建国之初便陷入“积贫积弱”的困境中而无法自拔。各个王朝中后期进行的改革，其主要目的也大都是为了维持“均”的局面。西汉中期董仲舒提出“限民名田，以赡不足，塞兼并之路”。西汉晚期师丹、孔光再次提出限田、限奴婢。王莽改制的初衷也是企图力挽贫富分化之狂澜。唐中期杨炎推行两税法，北宋王安石变法，明代张居正实施一条鞭法，清朝摊丁入亩……都是试图用行政手段干预土地兼并，调整赋税分担不均，缓和日趋尖锐的贫富矛盾，维持自耕农阶层数量的稳定，保障中央王朝的财政收入来源，调控社会矛盾。

当然，历朝历代所采取的“均”的政策是以不触动私有制为前提的，因此“均”的局面是无法长期维系的。贫富分化是中国自秦之后专制集权社会经济发展不可避免的矛盾，任何圣主贤臣都无法从根本上解决这一问题。任何一个王朝，无论汉唐还是宋明，到了王朝中后期，兼并横行的局面总是不以君主的意志为转移而形成难以逆转之势。地主个人财富无限制地扩大是社会动荡的原因所在，不少政治家对此有深刻的见解。西汉桑弘羊将国家、小农与地主豪强之间的关系作了形象的比喻：“水有獭而池鱼劳，国有强御而齐民消。故茂林之下无丰草，大块之间无美苗。夫理国之道，除秽锄豪，然后百姓均平，各安其宇。”明代张居正更是一针见血地指出：“夫民之亡且乱者，咸以贪吏剥下，而上不加恤；豪强兼并，而民贫失所故也。”不过，古代社会中大部分的官僚与地主豪强有着剪不断理还乱的关系，官僚权贵集团本身都成为了豪强地主。他们往往打着儒家“仁义”的旗帜，主张藏富于民，在这里他们将民的概念偷换成乡绅、地主、商贾，而排除了广大的农民（特别是自耕农阶层）。这种主张在历朝历代的中后期逐渐占了上风，既得利益集团的利益便得到了充分的保护，王朝的正常运转难以为继，贫富矛盾也就随之急剧尖锐化，直到王朝回天乏术时，农民起义便应运而生，改朝换代的戏码一再上演，“兴，百姓苦；亡，百姓苦”的剧情也不断重演。

农民揭竿而起实际上是以战争的形式来调节贫富分化不均的矛盾。“均贫富，等贵贱”是两千多年农民始终高举的旗帜。从陈胜、吴广喊出：“王侯将相，宁有种乎？”到太平天国对“有田同耕，有饭同食，有衣同穿，有钱同使，无处不均匀，无人不饱暖”社会的憧憬，两千多年来无数次起义都表现出农民对均的渴求，对不均的憎恶。中国古代社会中，地主豪强的发展一旦到一定程度就要受到农民起义的冲击，而且在一定时期也要受到国家政权的制约，有时甚至受到严厉的打击。“均贫富”不但是破产或即将破产的农民的要求，而且有等级的“均”的政策也是政权维系社会经济生活的需要。经济基础决定上层建筑，经济领域中的这种特征反映到上层建筑领域，反映到法律上，便是那种具有专制实质，同时又存在等级差别的执法平等的精神。中国历史上自耕农阶层的大量存在及其相对独立的经济地位和社会地位，“均”的政策的实施及“均”的观念的长期存在，促使“王子犯法与庶民同罪”成为社会共识。

“率土之滨，莫非王臣”平等观的政治基础。“大一统”是中国古代政治的一大特色。伴随着集权制的逐步确立，“一统”的思想被明确提出。梁惠王问孟子：“天下恶乎定？”孟子道：“定于一。”为了一统，各诸侯国纷纷废除了贵族分封制、世卿世禄制，建立起君权至上的官僚制与郡县制。“一统”逐渐成为政治家所追求的最高政治目标。“定于一”的思想伴随着中国历史上第一个大一统王朝——秦王朝的建立而逐步从思想成为现实政治制度，从秦朝到清朝，“百代皆行秦政制”，大一统的观念和制度影响深远。西汉董仲舒指出：“《春秋》大一统者，天地之常经，古今之通谊也。”为了思想上的一统，董仲舒还进一步提出了“罢黜百家，独尊儒术”的主张，得到了汉武帝的赞同、认可和支持，从此，“大一统”观念被确立为历朝历代的正统思想，成为秦汉以来各个封建王朝指导国家政治经济、文化诸方面的基本原则。

古代“大一统”政治有两个特征：一是高度的集权专制，二是具有一定程度的、相对的“民本”主义。在今人的观念中，专制与民本是难以兼容的。但考察历史，在“大一统”的原则基础上，二者却是兼容并存，共同构成了中国古代社会的政治特征。“大一统”的实现是与中央集权的确立相联系的。一统，首先是政权的一统。中央集权制的特点是强干弱枝，即在全国范围内大权集于中央，在中央范围内大权集于皇帝。自秦朝到清朝，两千余年的“大一统”是依靠中央集权制来维系的。王朝强盛统一之际，必是中央集权行之有效之时。例如秦始皇、汉武帝、唐太宗、明太祖、康熙乾隆时，都是国人耳熟能详引以为豪的盛世，也是中央集权运转有效、国家稳定强盛之时。中央集权被削弱，强干弱枝的局面一旦被打破，大一统便会受到威胁，甚至被破坏。如汉高祖认为秦亡于“孤立之败”，于是在除掉异姓王之后，裂土分封同姓王；不过几十年，到汉景帝时，同姓藩王势力强大、形成尾大不掉之势，酿成七国之乱，成为汉王朝历史上一次巨大的政治危机。唐初设立府兵制度，以“内重外轻”为原则，即将重兵驻守京城附近的关中或接近关中的河东、河南地区，调兵之权归中央，领兵之权归将帅，从制度上确保了唐初的社会稳定和有序运转。唐中期于边地设节度使，节度使掌握了一方的调兵之权，“内重外轻”的军事布局逐渐倒置，府兵制度流于形式，边镇的军事实力迅速激增，开元盛世被战乱打断，“安史之乱”拉开了唐后期百余年藩镇割据的序幕。中央集权的强盛是维护王朝大一统的重要保障，反过来，“大一统”思想的确立也促进了中央集权的巩固。

大一统不仅是地域政权的大一统，而且是思想、观念的大一统。为了适应集权专制，历代王朝一脉相承，采取各种举措来统一思想。儒家的经典之所以历经两千余年，不断有人诠释、注疏、论述，原因就在于历朝历代统治者需要它统一人们的思想，规范人们的言行。大一统观念使人们习惯以皇帝为中心，以皇帝为最高立法者与裁断者。皇帝的言行就是圭臬。“王法”不仅适用于民，而且也适用于官。专制政体下，违法乱纪的官吏被纠劾、斩杀、灭门是司空见惯之事，就是宗室贵族也须受“王法”的约束。老百姓应受法律的裁判，而权贵则受君主一时的意欲的裁判。最卑微的臣民的头颅得以保全，而总督们的头颅则有随时被砍掉的危险。正所谓“君叫臣死，臣不得不死”。对官吏贵族的严惩往往是出于维护皇权的政治需要，这种“治吏不治民”的举措将权力集中于皇帝一人之手，官僚贵族仅仅是权力的执行者，在本质上，他们与民并无二致，也是皇帝的奴仆。恰恰因为权力的过分集中，挟持天子、皇权旁落的情况在中国历史上屡见不鲜。强大的皇权是社会安定的保障，同时又是社会动荡的根源，这种专制政体难以避免的致命缺陷早在战国时就被不少思想家所预见。韩非提出“法”、“术”“势”结合的理论。秦以后，历朝历代都不断厘革选官任官制度，试图利用各种职能机构、各派势力、各阶层来相互制衡，以便皇帝驾驭。为了对付威胁皇权的贵族，进一步稳固政权，皇帝常常以“重民”思想为依据，打起为民作主的旗号，以王法规范官僚贵族的行为。

统一的王法与凌驾于一切之上的皇权，为“王子犯法与庶民同罪”的法律平等观提供了政治土壤。人们可以用“王法”去攀比权贵、衡量官吏，要求朝廷依“王法行事，为民作主”。集权专制与一定范围内的“民主”因而得到统一。中国古代社会的“民主”在选官制度上有充分的体现。朝廷用统一的标准来选拔、任用、考核及罢免、升迁官吏。权贵豪门虽为其子孙入仕创造了种种便利条件，朝廷也为他们开辟了捷径，给予种种特权，但庶民毕竟也可以通过国家所设的途径踏上仕途。中国古代社会的选任官吏制度有一漫长的发展、完善过程，总的趋势是日渐庶民化。汉代确立了荐举、征辟制度，汉武帝因此任用公孙弘、朱买臣、主父偃等布衣卿相。曹操“唯才是举”，一时天下英雄豪杰多聚其下。东汉末以至魏晋，一度出现过门阀大族把持官吏任选的局面，贵族政治作为一种逆流受到世人的嘲笑和舆论的抨击。晋人曾评论士族为官：“居官无官官之事，处事无事事之心。”隋唐至清末“唯才是举”逐渐制度化、法律化。“朝为田舍郎，暮登天子堂。”科举制的建立与逐渐完备，为庶民入仕创造了有利的条件。唐中后期至明代的丞相大都是进士出身，民间的将相之才得到用武之地，官僚阶层也因科举制的实施而处于不断流动与吐故纳新之中。由于读书入仕的士阶层形成了一定的规模，为官吏提供了后备人选，使王朝充满了生气。尽管科举制度发展到后期由于其内容僵化而限制了人们的思想进步和人才的培养选拔，但从历史的角度加以考察，它较血缘政治、人身依附来说，明显地具有进步性，也更为合理。这种重才能重知识而兼顾门第的制度，使民与官不存在着不可逾越的界线。

中国自战国以来的农民与西方庄园制下的农奴存在着显而易见的差别。中国古代社会中的农民，无论其贫富，只要他熟知经史、知书达礼便可通过征辟、科举而进入官僚阶层。庶民可以为官，也可以与皇室结亲，可以通过努力改变贫寒的身份成为官僚权贵。这是西方社会的农奴所不能企望的。中国古代社会的官僚相对西方的贵族而言，地位远远不及其稳定，他们是处于经常的变换之中，“官无常贵而民无终贱”。除了至尊至上的皇帝，任何官员一旦获罪也会跌落为民，甚至沦为官奴。《红楼梦》对为官的无常有精彩的描述："陋室空堂，当年笏满床，衰草枯杨，曾为歌舞场。蛛丝儿结满雕梁，绿纱今又糊在篷窗上。说什么脂正浓，粉正香，如何两鬓又成霜？昨日黄土陇头埋白骨，今宵红灯帐底卧鸳鸯。金满箱，银满箱，展眼乞丐人皆谤。正叹他人命不长，那知自己归来丧？训有方，保不定日后作强梁。择膏粱，谁承望流落在烟花巷。因嫌纱帽小，致使枷锁扛，昨怜破袄寒，今嫌紫蟒长。乱烘烘你方唱罢我登场，反认他乡是故乡。甚荒唐，到头来都是为他人作嫁衣裳。""旧时王谢堂前燕，飞入寻常百姓家。"官场的功名利禄转眼间会烟消云散，尽管这是文学语言，在一定程度上却反映出了封建皇权下官僚权贵阶层权势的演变。

除了皇帝，一切人都是王朝治下的臣民，这就是"率土之滨，莫非王臣"。这种社会环境自然而然地促使人们产生"平等"的意识。这种平等的观念使人们并不拘泥于现实地位与身份（因为这种地位与身份是可以改变的），而是要求用统一的"王法"去衡量庶民、官吏、皇亲国戚，甚至于品评帝王的明圣昏庸。为什么当世界其他的专制大帝国崩溃分裂，走向没落、灭亡时，当欧洲进入黑暗的中世纪时，中国的帝王统治却能"山重水复疑无路，柳暗花明又一村"，能在屡衰屡兴中走向完善，而且其间不乏"政通人和，百废俱兴"的大治局面？也许正是这异乎寻常地植根于中国人思想中的"平等""平均"观念制约了权力的无限膨胀，形成了独具中国特色的文化传统。

"王子犯法与庶民同罪"也正是在这种背景下，在社会各阶层广为传播，最终成为人们所公认的法的原则。中国传统法中的平等观与古代社会的政治、经济、文化息息相通。通过对平等观的剖析，我们可以清楚地看到，中国古代社会既存在着专制的一面，同时，与其他地区和国家相比又存在着开明的一面。重民、民本的传统在"礼治"的护翼下两千余年中从未中断。与之相呼应，法律的平等观和“王子犯法与庶民同罪”的意识也一直在司法中发挥着潜移默化的作用。将法律单纯地理解为刑罚是传统法文化研究中最不足取之处，将王法视为“保民”之具，以法律抗衡权贵，搏击豪强，王法面前臣民一体不能不说是传统法中的优良成分，古代社会的治理多得力于此。即使今天它仍在人们心中占有一定的位置，民众对司法腐败的深恶痛绝，对有法必依，执法必严的执着，都是这种司法平等传统的延续，这也正是传统法可以借鉴、改造、更新并为今所用之处。

二、刑事司法条文的严格性

为了更好地发挥刑罚的作用，达到维护封建统治的目的，秦国以及后来的秦朝统治者总结了上千年的统治经验，以法家的基本思想为指导，制定了一整套刑罚的实施原则，这些原则在秦朝的司法实践中得到了全面的贯彻和执行，对以后的法律制度产生了很大的影响。

1. 秦律司法条文的严格性表现

承担刑事责任的年龄，秦律中有明确的规定：未成年人犯罪，不负刑事责任，或者减轻刑罚。《法律答问》中记载：甲小未盈六尺，有马一匹自牧之，今马为人败，食人稼一石，问当论不当？不当论及赏（偿）稼。又载：甲盗牛，盗牛时高六尺，系一岁，复丈，高六尺七寸，问甲可（何）论？当完城旦。按《周礼》贾公彦疏：“七尺谓年二十，六尺谓年十五。”当时是以六尺作为成年人与未成年人的界限的。前例是说，一不足六尺的小孩放马，马被惊吓而吃他人禾稼，判小孩为不赔偿不论处；后例则明确犯人刚到应处罚的年龄，囚禁一年后，又随其年龄身高的增长，依照律法处以“完城旦”的刑罚。

需要说明的是，秦简所规定的刑事责任年龄是指本人应负责任的法定年龄，而受连坐的家属则不受年龄限制，一律行刑。如李斯一家老少几十口，皆连坐被刑于市。秦简中还有“子小未可别，令从母为收”的记载。

有关法律时效问题，秦律对犯罪分子追究刑事责任的法定有效期限做了明确规定：第一，被告人已死亡的，不再追究；第二，发生在法令发布前的犯罪行为，不予追究。如《法律答问》：“甲杀人，不觉，今甲病死已葬，人乃后告甲，甲杀人审，问甲当论及收不当？告不听。或以前盗千钱，赦后尽用之而得……毋论。”

有关犯罪意识问题，秦律把有无明确的犯罪意识作为判断被告人是否犯罪的重要依据。关于这一点，《法律答问》中有许多材料可以证明，如“‘抉籥（钥），赎黥。’可（何）谓‘抉籥（钥）’？抉籥（钥）者已抉启之乃为抉，且未启亦为抉？抉之弗能启即去，一日而得，论皆可（何）（也）？抉之且欲有盗，弗能启即去，若未启而得，当赎黥。抉之非欲盗殹（也），已启乃为抉，未启当赀二甲”。简文大意是：撬门的人应当赎黥。撬门的人已经撬开才算撬，还是没撬开也算撬？撬而未能撬开就走了当天被拿获，以上各种情形应如何论处？撬门的目的在于盗窃，未能撬开就走，或未撬开而被拿获，都应赎黥。撬门的目的不在于盗窃的，已开才算，未开应罚二甲。这里把犯罪的目的作为判罪的重要依据，无论是否撬开，只要目的是盗窃，就要判处赎黥。

同篇还有：“甲盗，臧（脏）直（值）千钱，乙智（知）其盗，受分臧（脏）不盈一钱，问乙可（何）论？同论。”相反，“甲盗钱以买丝，寄乙，乙受，弗智（知）盗，乙论可（何）殹（也）？毋论”。又如：“夫盗千钱，妻所匿三百，可（何）以论妻？妻智（知）夫盗而匿之，当以三百论为盗；不智（知），为收。”即妻知夫为盗，同罪，虽不知情，但因属“室人”，也要受牵连，但处刑较轻。

有关故意犯罪与过失犯罪问题，秦律在惩处罪犯时，对于故意与非故意有严格的区分。《法律答问》载：“甲告乙盗牛，若贼伤人，今乙不盗牛，不伤人，问甲可（何）论？端为，为诬人；不端，为告不审乙。”端即故意。《墨子·号令》载：“其端失火以为乱事者，车裂。”毕沅注曰：“言因事端以害人，若今律故犯。”简文的意思是：甲控告乙盗牛或杀伤人，现在乙没有盗牛，没有伤人，问甲应如何论处？如系故意，作为诬告他人；不是故意，作为控告不实。

在秦代司法审判中，也存在故意违法曲判的问题，《法律答问》载：“罪当重而端轻之，当轻而端重之，是谓‘不直’。当论而端弗论，及傷其狱，端令不致，论出之，是谓‘纵囚’。”这段话的意思是：罪应当重罚而故意轻判，应当轻罚而故意重判，称为“不直”。应当论罪而故意不论罪，以及减轻案情，故意使犯人够不上判罪标准，于是判他无罪，称为“纵囚”。

2. 唐律司法条文严格性表现

就现代刑法理论而言，罪刑相适应原则是刑法的重要的原则，也是刑法的基本原则。以此观照唐律，以发现唐律同样也坚持刑罪相当的原则。因为封建统治者同样也需要通过“刑罪相当”来精准地打击犯罪和有效地预防犯罪，来维护其封建统治。唐初的统治者们十分重视这一原则，唐太宗李世民曾说：“法者，非朕一人之法，乃天下之法。”“法者，人君所受于天，不可以私而失信。”可见，唐初的统治者是十分重视刑罪相当这一原则的。观唐律可以发现，其始终是坚持刑罪相当这一原则的，主要表现在：

唐律中的刑罚的轻重始终与行为危害性的大小相对应。

（1）赃罪以数的多少来决定刑罚的轻重。唐律中把非法的经济侵害及非法的经济出入都称为“赃”，而对犯贮罪的人的处罚一律折成所值绢的匹数来定刑罚轻重。如《杂律》（总389条）规定坐脏致罪的刑罚是“一尺笞二十，一匹加等十匹徒一年，十匹加一等，罪止徒一年”。

（2）司法官吏出入人罪，以所出入的幅度，作为处罪的依据。

《断狱律》（总487条）规定，故意入人全罪，即无罪判有罪；徒、流判为死罪，以全罪论处法官，一般轻重幅度入不大的，以正枉之差距论处法官。故意“出罪”的，也照此办法论处。如属于过失出入人罪的，也比照故意犯罪减等论处法官，但比照的依据仍是以错判的差额为依据，即以危害的大小为依据。“断罪失于入者，各减三等；失于出者，各减五等。”此处所谓的“各减”是指依错失之差距减。

（3）官吏走失囚犯，依所失囚犯的轻重为准处罚责任人。《捕亡律》（总466条）规定，“主守不觉失囚者，减罪二等”。如果囚犯是徒三年的，失职官吏处徒二年。如果是故意放脱罪犯的一律不减，“以其（囚犯）罪罪之”，也即被放脱的人受什么样的形罚处罚，放脱他的人也要受同样的刑罚处罚，与此相同，《捕亡律》（总468条）规定知情藏匿罪犯的人，其所受的刑罚是按照被藏匿罪犯的刑罚减罪等处罚，即“减罪人罪一等”。《卫禁律》中也有类似的规定。

诬告“反”的原则是“以其罪罪之”。《斗讼律》规定：“诬告人者，各反坐。”疏文说，所谓反坐是“准诬罪轻重，反坐告人”。注文说，“准前人人法”。即诬告的罪重，反坐的罪也重；诬告的罪轻，反坐的罪也轻。如诬告别人“通奸”的人，自己也将受“通奸”罪的处罚；如诬告别人“强奸”的人，自己将照“强奸”罪受到处罚。

对损害结果相同的犯罪，以犯罪的主客观情节的性质不同做轻重不同的处罚：

（1）对“赃”，根据犯罪性质确定刑罚轻重。唐律把非法的经济侵犯和经济出入分为六种。《杂律》（总389条）之疏文说，“罪正名，其数有六”，即受财法、受财不枉法、受所监临财物、强盗、窃盗及坐赃六种性质不同的犯罪。在计额时显然是以量值的大小作为轻重处罚的依据，但折算的方法却严格地体现了罪性质的不同。《职制律》（总138条）规定，官员受财枉法，罪满一尺杖一百，一匹加一等，十五匹绞。官员受财不枉法，一丈杖九十，二匹加一等，三十匹加役流。《职制律》（总140条）规定监临官受所监临内财物者，一尺笞四十，一匹加一等，八匹徒一年，八匹加一等；五十匹流二千里。《贼盗律》（总281条）规定，强盗得一尺徒三年，二匹加一等，十匹处绞刑。《贼盗律》（总282条）规定，窃盗得财一尺杖六十，一匹加一等；五匹徒一年，五匹加一等，五十匹加役流。《杂律》（总389条）规定，不属“监临主司，因事受财”的“坐脏致罪”，一尺笞二十，一匹加一等；十匹徒一年，十匹加一等，最高处徒三年。从这里就可以看出“六账罪”处罚轻重次序依次是：强盗、受财法、受财不枉法、窃盗、受所监临、坐。这顺序也正是犯罪性质由重至轻的顺序。

（2）杀人罪以不同的性质决定刑罚的轻重。唐律规定在致人伤死的犯罪中，“谋杀人罪”是最重的。《贼盗律》（总256条）规定：“谋杀人”罪中，有谋即徒三年，已致伤的即绞，已杀死人的处斩。《斗讼律》（总306条）规定先有预谋，而又“非因斗争，无事而杀”的故意杀人罪，杀死的处斩刑；原无杀人之心，相斗殴而致人死命的（斗杀人）处绞刑；虽然因斗，但是斗时用刃器杀人的，要处斩刑，因共用杀人即有害人之心，所以同“故杀人”之罪。属于两厢情愿以强力相戏的“戏杀人”罪，《斗讼律》（总338条）规定，其刑罚是“减斗杀伤二等”；如戏杀人死，照斗殴杀人之绞刑减二等，处三年徒刑以上。犯罪虽然都是致人以死，但因所犯罪行性质不同，依法所做的惩处也就不同。

罪刑法定是现代法的一项重要原则，以这一原则为基准来考察唐律，我们可以看到，唐律基本上也是贯彻“罪刑法定”这一原则的。唐律规定“断狱之法，须凭正文”。《断狱律》（总484条）规定凡给人定罪判刑都要完整地引用法律、法令的正式条文：“诸断罪皆须具引律、令、格、式。”由是观之，唐律条文中是明文要求断罪都要以法律为维绳的。从这一角度上来看唐律是始终贯彻刑罪相适应的原则的，不仅对性质不同的犯罪处罚贯彻这一原则，即使是性质相同的犯罪，唐律也要求对犯罪分子的判决要结合其犯罪的具体情节，区分犯罪的轻重予以准确的刑罚。

当然，我们也非常清楚，作为维护封建特权统治的等级特权法，唐律毫无疑问也规定了皇帝及封建官吏的司法特权，在一定程度上存在“罪刑无法定”的问题，但这与一般意义上的罪刑法定原则并不矛盾。这是封建专制王朝人治社会的共有现象，与日常司法行政过程中的罪刑法定原则是并存的，古代与现代的司法平等不能同日而语，等量齐观。

三、刑事司法程序的公正性

中国传统法治文化注重公正性，这在刑事司法程序方面体现最为明显。某种程度上来说，司法过程的公平性、公正性比结果的公正性更为重要。这一点，唐代的刑事司法程序就是例子。唐朝的审判制度中包括证据、审判、上诉与复核等一系列内容，而且法律和司法过程都有明文规定，司法裁决依法依规依律进行，环环相扣。

1. 证据

证据是司法审判裁决的重要依据，唐朝律法规定的证据涉及证人、证言、物证和书证等方面的内容。

（1）证人与证言

唐朝的法律规定不是任何人在任何情况下，都可成为证人。证人的主体资格受到法律的限制。这种限制主要有两种情况：一种情况是同居相为隐的成员对一般犯罪不能互相作证；另一种情况是年龄八十岁以上、十岁以下和笃疾者也不可作为证人。《唐律疏议·断狱》“议请减老小疾不合拷讯”条规定：“其于律得相容隐，即年八十以上，十岁以下及笃疾，皆不得令其为证，违者减罪人罪三等。”此条“疏议”还专门对这一规定中的一些问题作了如下说明：“‘其于律得相容隐’，谓同居，若大功以上亲及外祖父母、外孙，若孙之妇、夫之兄弟及兄弟妻，及部曲、奴婢得为主隐；其八十以上，十岁以下及笃疾，以其不堪加刑，故并不许为证。”

作伪证的人员要按反坐之罪，受到处罚，这在唐律中也有明文规定。《唐律疏议·诈伪》“证不言情及译人诈伪”条规定，“诸证不言情”，而且“致罪有出入者，证人减二等”。另外，证人在一定条件下也会被拷打，拷打证人在唐朝同样是一种法定程序。“诸诬告人流罪以下，前人未加拷掠，而告人引虚者，减一等；若前人已拷者，不减。即拷证人，亦是。”

对于证人提供的证言，唐朝的司法官要依据“据众证定罪”的原则，来确定它的证明力。具体来说是这样的：“三人以上，明证其事，始合定罪”；如果“察验难明，二人证实，犹故不合入罪，况一实一虚，被告之人，全不合坐”；如果“三人证实，三人证虚”，那么要按“疑罪”处理。

（2）物证与勘验

唐朝的司法官在司法实践中也是充分重视物证，并把它作为定罪的重要证据之一。《唐律疏议·断狱》“讯囚察辞理”条规定：“若赃状露验，理不可疑，虽不承引，即据状断之。”此条“疏议”还举例作了说明计赃者见获真赃，杀人者检得实状，赃状明白，理不可疑，问虽不承，听据状科断。在这种情况下，物证便起了定案的决定性作用。这种据赃定罪的案件在唐朝不是少数，至今仍可看到实例。唐朝的阎济美曾“镇江南”，其间他就办过一个以赃定罪的案件。这一案件的具体情况是这样的：有个船夫受雇载送一个客商，此客商随身携带了“甚繁碎”，而且“密隐银十锭于货中”。这一切都被船夫看到了，于是他偷了十锭银子并“沉于泊船之所”。第二天早上，当那位客商发现少了银子以后，便拖着船夫到官府去告状，阎济美审理了此案。他问了客商的具体情况后，就命令武士与船夫一起去寻找那些找不到的银锭，还秘密指示武士：

“必是舟人盗之，沉于江中矣，可令楫师沉钩取之，获当重赏。”武士依命，到江中打捞，果然“获箧，银在其中，封题犹全”。在赃物面前，“舟人遂服罪”。[①]

还有，在“苏无名获盗”“董行成叱贼”[②]等案中，也都是以赃物作为定罪的主要依据。

为了取得可靠的证据，规范勘验行为，唐朝还对有关勘验问题作了法律规定，违犯者要依律受到处罚。《唐律疏议·诈伪》“诈病死伤检验不实”条规定：“诸有诈病及死伤，受使检验不实者，各依所欺，减一等。若实病死及伤，不以实验者，以故入人罪论。”可见，在唐代司法实践过程中，非常重视对各种物证的核验，对提交的物证要核验其真伪，如果查实证物作伪，要依法依规对提交者进行处理。

（3）书证

书证不同于直接的物证，它以文字、符号、图画等所表达的内容来证明案情。唐朝的司法官曾利用书证来破案、定罪。王锷任淮南节度使时，曾有人把匿名信扔在衙门前，他的属官便拾起交给了他。王锷拿到信后便把它放进靴筒里，当时“靴中先有他书以杂之”。吏人走后，他拿出别的信烧掉了，这一假象使“人信其匿名书亦焚也”。回到家里，王锷查看了匿名信的所告之事。以信中所告之事为线索，他在几天后假借别的事把信中所告的人抓获、审查。王锷的这一做法，“禁系按验，以谲其众，下吏以为神明”[③]。还有，李至远“识奸案”也是利用书证，破案定罪。

① 杨奉琨校释：《疑狱集 折狱龟鉴校释》，复旦大学出版社，1988，第354页。

② 杨奉琨校释：《疑狱集 折狱龟鉴校释》，复旦大学出版社，1988，第349~351页。

③ 杨奉琨校释：《疑狱集 折狱龟鉴校释》，复旦大学出版社，1988，第392~393页。

2. 审判

根据唐朝法律的规定，审判中包含有司法官的审判责任、审判管辖、审判期限、刑讯、调解和判决等几个组成部分。

（1）司法官的审判责任

唐朝建立了一套比以往更为完备的司法官审判责任制度，以规范司法官的审判行为，增强司法官的审判责任感。根据《唐律疏议·断狱》的规定，司法官的审判责任主要有以下几个方面。

第一，涉及同案犯的，司法官要依公文行事或移送至其他同案犯处一起审判，否则要被处罚。“诸鞫狱官，停囚待对问者，虽职不相管，皆听直牒追摄。牒至不即遣者，笞五十；三日以上，杖一百。”“诸鞫狱官，囚徒伴在他所者，听移送先系处并论之。违者，杖一百。”[①]司法官员有责任相互配合协同办案，如果不按照相关规定进行合作断案，则要受到法律的惩处。

第二，司法官应依照告状的请求审判，违反者要被罚。“诸鞫狱官，皆须依所告状鞫之。若于本状之外，别求他罪者，以故人入罪论。”[②]

第三，司法官要正确适用法律条文，违犯的，要被追究法律责任。“诸断罪皆须引具律令格式正文，违者笞三十。”如果要用制敕断罪的，也要依法进行。“诸制敕断罪，临时处分，不为永格者，不得引为后比。若辄引，致罪有出入者，以故失论。”审判过程中要依据律令格式的正文，引用要有明文规定，不能随意引用制敕（皇帝的诏令），明知故犯者要受到惩处。

第四，司法官要严格依法定罪量刑，不可出入人罪，否则要按情节被处以刑罚。“诸官司入人罪者，若入全罪，以全罪论；从

① 长孙无忌等：《唐律疏议》，刘俊文点校，中华书局，1983，第555～556页。

② 长孙无忌等：《唐律疏议》，刘俊文点校，中华书局，1983，第555页。

轻入重，以所剩论；刑名易者：从笞入杖、从徒入流亦以所剩论，从笞杖入徒流、从徒入流入死罪亦以全罪论。其出罪者，各如之。即断罪失于入者，各减三等；失于出者，各减五等。若未决放及放而还获，若囚自死，各听减一等。即别使推事，通状失情者，各又减二等；所司已承误断讫，即从失出入法。虽有出入，于决罚不异者，勿论。”司法官要根据律令条文来依法定罪量刑，决不能随意加重或减轻处罚。

第五，其他与审判有关的责任。司法官遇需上报的案件，不可擅自决断，违反者要受处罚。诸断罪应言上而不言上，应待报而不待报，辄自决断者，各减故失三等。审判结束后，凡是判徒刑以上的，司法官应将判决告诉罪犯的家属，让其“服辩”，不服的可以申诉；司法官不按这一程序办理的要被追究刑事责任。“诸狱结竟，徒以上，各呼囚及其家属，具告罪名、仍取囚服辩。若不服者，听其自理，更为审详。违者，笞五十；死罪，杖一百”司法官要慎重对待与赦有关的法律适用，违反了规定的，也会被罚。“诸赦前断罪不当者，若处轻为重，宜改从轻；处重为轻，即依轻法。其常赦所不免者，依常律。即赦书定罪名，合从轻者，又不得引律比附入重，违者各以故、失论。”皇帝大赦天下，有其特殊意义。对待特赦，要严格依据赦令来进行司法裁决，让犯罪者感受到皇帝的恩赦，故意加重处罚，不遵守赦令的，将会被依法追究责任。

除此以外，《唐六典》和《狱官令》等还对其他一些问题做了规定。《唐六典·刑部》规定，司法官在审判中要执行回避制度，而且有明确的回避范围。“凡鞫狱官与被鞫人有亲属、仇嫌者，皆听更之。”（注称：“亲谓五服内亲及大功已上婚姻之家，并授业经师为本部都督、刺史、县令，及府佐与府主，皆同换推。”）司法官员与审判对象有亲属关系（或是亲戚关系、师生情谊的）或是仇怨者，要依照法律进行更换，以避免司法不公的嫌疑，尽可能保证司法的公平公正。《狱官令》对适用格的问题作了补充规定，说："诸犯罪未发及已发未断决，逢格改者，若格重，听依犯时；格轻者，听从轻法。"最后，受理民事案件必须在每年的十月至第二年的三月，司法官不可在其他时间受理审判民事案件。"诸诉田宅、婚姻、债负，起十月一日，至三月三十日检校，以外不合。"

（2）审判管辖

唐朝也有关于审判管辖的规定，其内容主要是级别管辖和地区管辖。

唐朝的级别管辖专门规定了各级刑罚的处断、审核的机关。《狱官令》载："杖罪以下，县决之。徒以上县断定，送州覆审讫，徒罪及流应决杖、笞若应赎者，即决配征赎其大理寺及京兆、河南府断徒及官人罪，并后有雪减，并申省，省司覆审无失，速即下知；如有不当者，随驳正若大理寺及诸州断流以上若除、免、官当者，皆连写案状申省，大理寺及京兆、河南府即封案送若驾行幸，即准诸州例，案覆理尽申奏。"《狱官令》还对疑案的管辖作了这样的规定："诸州府有疑狱不决者，献大理寺，若大理仍疑，申尚书省。"

唐朝也有地区管辖的规定，内容涉及同级审判机关在地区上对案件的分工。《唐六典·刑部》载："凡有犯罪者，皆从所发州、县推而断之。"刑事案件由案发地的审判机关来受理，但是有些案件有其复杂性，出现了一人数案或数人数案的情况，以致两地或两地以上的审判机关都有管辖权。对于这种复杂情况，《唐律疏议·断狱》"囚徒伴移送并论"条规定："诸鞫狱官，囚徒伴在他所者，听移送先系处并论之。"具体来说是这样："轻从重。若轻重等，少从多。多少等，后从先。若禁处相去百里外者，各从发处断之。"违反这一规定的司法官要被"杖一百"。还有"若违法移囚，即令当处受而推之，申所管属推劾。若囚至不受及受而不申者，亦与移囚罪同"。

（3）审判期限

唐朝曾多次对审判期限作出过规定。唐玄宗开元时期曾明确规定过赎限和应征官物等的期限，具体内容是："诸赎死刑限八十日，流六十日，徒五十日，杖四十日，笞三十日。若无故过限不输者，会赦不免，虽有披诉，据理不移前断者，若应征官物者，准直五十匹以上一百日，三十匹以上五十日，二十匹以上三十日，不满二十匹以下二十日。"

唐宪宗元和四年（809年）又颁敕规定了大理导、刑部等司法机关断案的时限。"刑部大理决断系囚，过为淹迟，是长奸幸。自今已后，大理寺检断，不得过二十日，刑部覆下，不得过十日。如刑部覆有异同，寺司加不得过十五日，省司量覆不得过十五日，省司量覆不得过七日。如有牒外州府节目及于京城内勘，本推即以报。牒到后计日数，被勘司却报不得过五日。"

唐穆宗长庆元年（821年）再次规定了大理寺、刑部断案时间，而且更为详明。"大理，大理寺限三十五日，详断毕，申刑部，限三十日闻奏；中事，大理寺三十日，刑部二十五日；小事，大理寺二十五日，刑部二十日。一状所犯十人以上，所断罪二十件以上，为大；所犯六人以上，所断罪十件以上，为中；所犯五人以下，所断罪十件以下，为小。其或所抵罪状并所结刑名并同者，则虽人数甚多，亦同一人之例。"

司法官必须依照规定，在审判期限内结案，否则会被追究法律责任。元和四年（810年）的规定最后明确指出："仍令刑部具遣牒及报牒月日，牒报都省及分察使，各准敕文勾举纠访。"长庆元年（821年）的规定最后也说："违者，罪有差。"它们都明确纠劾、处罚违反审判期限规定的司法官。

有些案件无法结案的，也不可淹禁不决，而要虑而决之。《狱官令》规定："诸若禁囚有推决未尽、留系未结者，五日一虑。若淹延久系，不被推诘，或其状可知而推证未尽，或讼一人数事及被讼人有数事，重事实而轻事未决者，咸虑而决之。”

（4）刑讯

唐朝也允许在审讯中使用刑讯，而且制定了一套比以前更为完善的刑讯制度。

关于刑讯条件的规定。唐朝的法律规定，司法官不可在任何条件下都使用刑讯，而有专门的条件规定。《狱官令》载：“诸察狱之官，先备五听，又验诸证信，事状疑似，犹不首实，然后拷掠。”另外，还须经过特定的立案程序，不可擅自刑讯，否则擅刑的司法官将受到处罚。《唐律疏议·断狱》“讯囚察辞理”条规定：“诸应讯囚者，必先以情，审察辞理，反覆参验；犹未能决，事须讯问者，立案同判，然后拷讯。违者，杖六十。”此条“疏议”还作了这样的补充：“事不明辨，未能断决，事须讯问者，立案，取见在长官同判，然后拷讯。若充使推勘及无官同判者，得自别拷。”

关于刑讯施行的规定。唐朝的法律对拷讯的次数、部位、行刑人等一系列刑讯施行问题都作了规定。首先，拷讯的次数有明确的规定。“诸拷囚不得过三度，数总不得过二百，杖罪以下不得过所犯之数”。还有，“每讯相去二十日。若讯未毕，更移他司，仍须拷鞫，即通计前讯以充三度”。如果司法官违反了这一规定，将被追究刑事责任。“若拷过三度及杖外以他法拷掠者，杖一百；杖数过者，反坐所剩；以故致死者，徒二年。”其次，拷讯的部位有明确的规定。“决笞者，腿、臀分受。决杖者，背、腿、臀分受。须数等。拷讯者亦同。”再次，拷讯的行刑人有明确的规定。“拷囚及行决罚者，皆不得中易人。”另外，拷讯病及被拷讯死亡的也有明确的规定。“有疮病，不待差而拷者，亦杖一百；若决杖笞者，笞五十；以故致死者，徒一年半。若依法拷决，而邂近致死者，勿论；仍令长官等勘验，违者杖六十。”最后，拷讯原告人和证人亦有明确规定。当被告人被拷讯完而仍不招供的，就要反拷原告人；证人为被诬告人作证的，也要被拷讯，尽管最终要追究诬告人的刑事责任。

关于不准刑讯对象的规定。唐朝规定不准刑讯的对象主要是具有特权者、年老年幼者、废疾者、孕妇和产后妇等。“诸应议、请、减，若年七十以上，十五以下及废疾者，并不合拷讯。”还有，刑讯孕妇、产后妇的司法官要被处罚。“诸妇人怀孕，犯罪应拷及决杖笞，若未产而拷、决者，杖一百；伤重者依前人不合捶拷法；产后未满百日而拷决者，减一等。失者，各减二等。”

关于刑讯具杖的规定。刑讯具杖也在唐朝法律规定之列。贞观、开元年间都曾对杖的规格作过规定。“诸杖皆削去节目，长三尺五寸。讯囚杖，大头径三分二厘，小头二分二厘。”

唐朝虽建立了较为完备的刑讯制度，但在司法实践中，司法官滥用刑讯并因此而造成冤案的情况为数不少。《折狱龟鉴》记载，“东都留守杜亚恶大将令狐运”，于是杜亚利用机会，审讯令狐运，但是“幕府按鞫无状，更以爱将武金掠服之”，令狐运蒙受了不白之冤。有些奸臣更是利用刑讯，大发淫威，陷害无辜，其惨状令人不能目睹。《旧唐书·刑法志》载：来俊臣“每鞫囚，无问轻重，多以醋灌鼻，禁地牢中，或盛之于瓮，以火圜绕炙之，兼绝其粮饷，至有抽衣絮以啖之者”。

（5）调解与判决

唐朝也采用调解的方法去解决一些轻微刑事案件和民事案件。在乡、里，乡老、里正、村正、坊正等都具有调解职能，他们要处理乡、里出现的民间讼事。这样，一般的民事案件和轻型刑事案件大多可在乡、里等县以下居民组织用调解的方法得以解决。

在县衙里，县令也有用调解办法结案的做法。开元年间，贵乡县的县令韦景骏审理了一个母子相讼的案件，韦景骏在审理中用调解的办法，开导母子两人，最后妥善地解决了此案，“母子感悟，请自新，遂称慈孝”。

从现存资料来看，唐朝的一些重要案件都通过判决来解决，皇帝是许多案件的直接判决者。他的判定便成了终审判决结果。唐太宗曾亲自判决过一些案子。一天，唐太宗“录系因”发现了一个囚犯叫刘恭，其“颈有‘胜’文，自云‘当胜天下’”。因而被关进监狱。唐太宗了解到这一情况后，说：“若天将兴之，非朕所能除；若无天命，‘胜’文何为！”于是，唐太宗就把刘恭释放了。

唐朝的《狱官令》要求司法官要亲自审判。“诸问囚皆判官亲问，辞定，令自书款。若不解书，主典依口写讫，对判官读示。”一些“八议”“上请”案件，须依法经过商议后，再由皇帝最后判定，这在《狱官令》中同样有明确规定：“诸狱囚应入议，请者，皆申刑部，集诸司七品已上于都座议之。”

判决徒刑以上案件必须经过长官的同意，即“长官同判”。在一些较为重要的案件中，参与判决的司法官还要连署意见，判错了要负连带刑事责任。据《唐律疏议·名例》“同职犯公坐”条“硫议”的规定，连署人分为四等。在地方是长官通判官、判官、主典，在中央大理寺则是卿、少卿和正是通判官，丞是判官，府吏是主典，“诸同职犯公坐者，长官为一等，通判官为一等，判官为一等，主典为一等，各以所由为首”，他们都是“连署之官”。

司法官要根据唐律、令、格、式等法律正文进行判决，如果无明文规定，那可依据唐律中有关“举重以明轻”和“举轻以明重”的原则进行判决。《唐律疏议·名例》“断罪无正条”规定：“诸断罪而无正条，其应出罪者，则举重以明轻；其应入罪者，则举轻以明重。”如果违反了令、式而“律无罪名者”，那要按违令式进行处罚。《唐律疏议·杂律》“违令”条规定：“诸违令者，笞五十；别式，减一等。”如果有些行为属于“律令无条，理不可为者”，那要按“不应得为”进行判定。《唐律疏议·杂律》“不应得为”条规定：“诸不应得为而为之者，笞四十；事理重者，杖八十。”徒刑以上的案件被判决后，司法官要向被判决人及其家属宣告其罪行，听取被判人是否服判的意见。如果被判人不服的案件，还要重审。《唐律疏议·断狱》“狱结竟取服辩”条规定：“诸狱结竟，徒以上，各呼囚及其家属，具告罪名，仍取囚服辩。若不服者，听其自理，更为审详。”

3. 上诉与复核

在唐朝，案件经一审判决后，允许被判决人上诉。死刑案件在执行前还要经过复核程序。

（1）上诉与复审

在唐朝，如果确有冤滞的，被告人在判决后可以提起上诉，直到上诉至皇帝。“凡有冤滞不申欲诉理者，先由本司、本贯，或路远而踬碍者；随近官司断决之。即不伏，当请给不理状，至尚书省左、右丞为详之；又不伏，复给不理状，经三司陈述；又不伏者，上表。”

唐朝还建立了专门的复审制度。上级机关要复审由下级机关审理的案件，其基本情况是：县所判定的徒罪案件，要由州复审；流罪和死罪案件，则须由刑部复审，然后再奏皇帝裁定；大理寺、京兆府和河南府初审的徒罪以上案件、官人被判罪，都应申报至尚书省、刑部复审。流罪以上及除名、免官、官当的案件，要经尚书省、刑部复审后，再报请皇帝裁定；县、州审理的疑案，先移至大理寺复审，大理寺无法审决的再由尚书省众议，然后奏报皇帝定夺；等等。司法官如果违反复审制度，有应复审而不申报、没有接到上级的复审通知而擅自执行等行为的，都要受到杖刑的处罚。

（2）直诉

唐朝还有直诉的规定。当无辜者被冤，而且冤抑很重并无处申辩时，其人可直接向皇帝申诉。直诉的形式主要有四种，即邀车驾、挝登闻鼓、上表和立肺石。邀车驾是一种有冤人在路旁迎皇帝车驾进行申诉的直诉形式。挝登闻鼓是一种有冤者敲击朝堂外所置大鼓，以向朝廷申冤的直诉形式。上表是一种有冤者陈书直接上奏的直诉形式。立肺石是一种有冤者站在朝堂门外的赤色石上，要求朝廷申冤的直诉形式。因此石色赤如肺而得此名。有重大冤抑者可选择其中任何一种形式进行直诉。

另外，在武则天执政时期，还有一种名为申冤的直诉形式。武则天时曾命人制成铜匦置于朝堂外接受有冤人的投诉，同时还设置知使和理使掌管此事。他们每天取出诉状，提供给武则天审理。

唐朝的法律还同时对直诉提出要求，违反要求的还要被追究刑事责任。根据《唐律疏议·斗讼》的规定，有关直诉的规定主要是以下三个方面。第一，所诉事实必须真实。否则，直诉人要受到处罚。“以身事自理诉，而不实者，杖八十。”第二，在形式和程序上必须严格遵守规定。如邀东驾的只可在路旁迎驾，不可辄入部伍否则要被制裁。“其邀车驾诉，而入部伍内，杖六十。”又如，上表的须有中书舍人、给事中、御史三司监受，违反这个规定而“入殿庭而诉，是名‘越诉’”。越诉者要被笞四十。第三，司法官必须接受并认真受理直诉案件。如果司法官违反这一规定，而不立即接受直诉的，要按情节被处以杖六十至一百的刑罚。

（3）死刑的核准和复奏

死刑涉及人命。唐朝的统治者从慎刑出发，建立了自己的死刑核准和复奏制度，防止错杀不构成死罪者。

死刑核准制度是一种由谁最后确定死刑的制度。唐朝的死刑案件，先由中央机关核准，然后再由皇帝决定。《唐六典·刑部》载：“旧制，（死刑）皆于刑部详复，然后奏决。开元二十五年（738年），敕以为庶狱即简，且无死刑，自今以后，有犯死刑，除十恶死罪、伪造头首、劫杀、故杀、谋杀外，宜令中书门下与法官等详所犯轻罪，具状闻奏。”

死刑核准以后，在执行死刑前，还有一个死刑复奏程序，唐朝也把这一程序作为制度确定下来，即死刑案件经核准后，在执行前还须经皇帝勾决才能执行。唐太宗贞观五年（632年）前已有死刑三复奏。那年，唐太宗错杀了不构成死罪的大理丞张蕴古。为了防止再错杀，他下诏规定："凡有死刑，虽令即决，皆须五复奏。"因此，唐朝的"五复奏，自蕴古始也"。此后，《狱官令》对三复奏、五复奏以及相关问题都做了明确的规定："诸决大辟罪，在京者，行决之司五复奏；在外者，刑部三复奏。若犯恶逆以上，及部曲、奴婢杀主者，唯一复奏。"通过相关记载，我们看到唐律里面对普通死刑多次复奏有明确的规定，对罪大恶极的死罪则只提供一次复奏机会。

司法官违犯死刑复奏制度的，要按情节受到严厉处罚。《唐律疏议·断狱》"死囚复奏报决"条规定："诸死罪囚，不待复奏报下而决者，流二千里。即奏报应决者，听三日乃行刑，若限未满而行刑者，徒一年；即过限，违一日杖一百，二日加一等。"

死刑核准和复奏制度有利于依法执行死刑，减少或避免冤假错案的产生，有其积极的一面。唐太宗就曾根据这种制度纠正过错案。贞观年间发生过这样一个案件：卫州版桥客店的主人张逖的妻子回娘家省亲。这时，魏州有杨正等三个卫兵投宿到此店。晚上，有人拿他们的刀杀死了张逖，然后又把刀插回鞘中，而杨正等人没有发觉。"至晓，店人追及，刀血狼籍，收禁考掠，遂自诬服。"案件上报后，唐太宗"疑之，差御史蒋常复推"。蒋常受命后即进行了侦察，最后发现是一男子"与（张）逖妻奸，杀（张）逖"，于是杨正等人被释放。

当然，这种复推制度在唐朝也没有发挥应有的作用。统治集团内部为了争权夺利故意制造冤假错案，清除异己力量。在某些特定的政治斗争异常激烈的时期，政治迫害超越了其合理权限，滥杀无辜的记载史不绝书。武则天时（690—705年）"前后枉遭杀害者，不可胜数"。唐肃宗时（756—763年），有人用刑"皆深酷割剥，骤求权柄，杀人以逞刑，厚敛以资国。六七年间，大狱相继，州县之内，多是贬降人"。唐文宗时（827年—840年），"诛杀大臣，夷灭其族，滥及者不可胜数"。

四、以礼入刑与德刑并重的实践

贵贱有等，可以说是礼的基本精神，也是唐律立法的基础。唐律按照当时社会经济关系把人们划分为不同的等级，规定了不同的法律地位，赋予其不同的权利和义务。唐律实际给我们勾画出一个具有多等级结构的社会。上到至高无上的皇帝，下到贱民妇婢，全社会不但界限分明，而且利用严法重典以稳定和巩固这些界限，防范任何超越界限的行为。唐律在维护封建等级方面的举措，集中在宣扬“三纲”上。“三纲”即儒家所创导的“君为臣纲，父为子纲，夫为妻纲”，唐代法治文化呈现出以礼入刑与德刑并重的特征。

1. 贵贱有等

早在先秦时期，儒家为维护宗法等级就提出“五伦”的观念，即君臣、父子、兄弟、夫妇和朋友五种关系，认为只有以体现卑尊等级关系的礼来处理这五种关系，才能做好治国理民的工作，实现儒家所憧憬的“三代之治”。此后，韩非把君臣、父子、夫妇的关系归纳为“臣事君，子事父，妻事夫”的关系，认为“三者顺则下治，三者逆则天下乱，此天下之常道也”。

西汉中期，倡导新儒学的董仲舒又进一步用阴阳学说加以附会阐发，并提出一套带有神学色彩的“三纲”学说。董仲舒说：“君臣、父子、夫妇之义，皆取诸阴阳之道。君为阳，臣为阴；父为阳，子为阴；夫为阳，妻为阴。”他认为阳尊阴，阳贵阴贱，君父夫居阳，即占主导地位，而属于阴的臣、子、妻则处于从属地位。他说“王道之三纲，可求于天”，这不但为“三纲”涂了一层“缘饰儒术”的油彩，而且为之加上了“天意”的桂冠。

唐律维护等级制度，中心是“君为臣纲”。维护专制君主的至尊地位和无上权威，是唐律压倒一切的任务、出发点和归宿。在“特标篇首，以为明诫”的“十恶”大罪中直接涉及皇帝的就有四条，即“十恶”首举的“谋反”“谋大逆”和“谋叛”等前三条，以及列第六条的“大不敬”。在这四条中，值得注意的是前三条并非有言论行为，仅仅是“谋”，就得依“十恶”科刑。

所谓“谋”，《唐律疏议》曰：“案《公羊传》云：‘君亲无将，将而必诛。’谓将有逆心，而害于君父者，则必诛之。《左传》云：‘天反时为灾，人反德为乱。’然王者居宸极之至尊，奉上天之宝命，同二仪之覆载，作兆庶之父母。为子为臣，惟忠惟孝。乃敢包藏凶慝，将起逆心，规反天常，悖逆人理，故曰‘谋反’。”

《唐律疏议》编撰者在《贼盗》中对谋反大逆之罪其所以虽无言论行为也要论罪科刑做了解释：“人君者，与天德合德，与日月齐明，上祇宝命，下临率土。而有狡竖凶徒，谋危社稷，始兴狂计，其事未行，将而必诛，即同真反。”这里《唐律疏议》从《公羊传》和《左传》中找出了理论根据，将君主与天并提，论证了谋反罪的严重性，因而唐律对谋反、大逆处罚最严，缘坐入死，刑及父母妻妾子女和兄弟姐妹即所谓“谋反、大逆，罪极株夷，污其室宅，除恶务本”。一部唐律，只有五百条，其中涉及维护专制政权及君主人身安全的即有九十多条，占全部律文几近五分之一。而唐律规定处以死罪二百余条，事涉这方面的就有二十多条，甚至于连“口陈欲反之言，心无真实之计，而无状可寻者”亦要处以“流二千里”，可以看出唐律维护皇帝至高无上地位不受任何侵犯的严密和严格，也在一定程度上反映了法律维护统治阶级利益的属性。

2. 礼重君臣

礼重“君臣之义”，主张“正君臣之位”。唐律围绕“君为臣纲”防范非分行为的规定是十分严密的。诸如不得非分越礼，臣下的衣食住行必须严守礼典政令；不得非分擅权，臣下处理政务应奏而不奏，不应奏而奏都会获罪受刑；不得非分失礼，臣下对皇帝必须有“肃敬之心”，即连触犯名讳者、误犯宗庙讳者亦得处罚；不得抗拒皇帝使节，凡对皇帝使节不依人臣之礼，又有拒捍之言者，应处绞刑；甚至在皇帝居所喧闹，随意接近皇帝宫人都会受重刑。还有，唐律在处理君臣关系和其他关系的矛盾时，始终把君臣关系置于首位。按唐律规定，子孙不得告祖父母、父母，部曲、奴婢不得告主，否则处绞。但是当子孙、部曲、奴婢所告为谋反、谋叛时唐律就不但不追究，反而例外予以保护。根据《唐律疏议》的解释犯谋反、谋大逆、谋叛等罪者，都是“不臣之人”“故许论告”，也就是说，在这种情况下，不臣之罪已远远大过于不孝之罪了。

以庇护亲贵、品官犯罪，严格“良”“贱”界限，这是唐律捍王封建等级的又一重要内容。列宁曾经说过：“在奴隶社会和封建社会中，阶级的差别也是用居民的等级划分而固定下来的，同时还为每个阶级确定了国家中的特殊法律地位。所以，奴隶社会和封建社会（以及农奴社会）的阶级同时也是一些特别的等级。”而儒家则早就提出“正名”的理论，作为等级合理化的依据“正名”是制礼的出发点和根据。“名以制义，义以出礼，礼以体政，改以正民”，而“名位不同，礼亦异教”。可见，正名之名，正的是等级之名，是以“今日冠冕”为等级高下。礼既是这种等级之名的体现，在礼法结合的原则下，唐律就必然要将这种正等级之名提升为具体的法律条文了。所以，一部唐律，实际上就是一部封建社会维护权贵等级的特权法。它按照每一个社会成员不同等级的法律地位，赋予人们各不相同的权利义务，让人们各就其位，各安其分，不得逾越，使“刑不上大夫，礼不下庶人”合法化、制度化。

唐律在庇护亲贵、品官犯罪，以及实行良贱异法方面，是在总结前朝经验的基础上，加以发展和完善形成的一套承前启后的体系。亲贵和品官是唐律优容的主要对象，当他们触犯国法时，唐律有议、请、减、赎、官当等规定，让他们可以根据自己的阶品，分别享有免受刑罚、免纳赋税、免服徭役，以及世袭官爵等特权。通过一整套互为呼应、周密协调的律文，亲贵和品官的犯罪行为，绝大部分都能大事化小，小事化无，直至完全逍遥法外。正如清人薛允升所说：“其（唐律）优礼臣下，可谓无微不至矣！”

与对亲贵、品官百般优容成为鲜明对比的，是唐律对一般老百姓犯罪绝不假贷，对名列“贱”籍的奴婢部曲官户杂户的犯罪，更是从严惩处。唐律甚至明申“奴婢贱人，律比畜产”“奴婢有价”“奴婢视同资财，即合由主处分”。在良贱同罪的情况下，唐律同罪异罚是很明显的。以杀伤罪为例，唐律规定：“诸主殴部曲至死者，徒一年。故杀者，加一等。其有愆犯，决罚致死及过失杀者，各勿论。”而部曲、奴婢即使是过失杀主人也要处绞刑，唐律从尊卑原则出发，还规定了在诉讼上贵贱的明显差别：一方面是“诸部曲、奴婢告主，非谋反、逆、叛者，皆绞”；另一方面则是主人告发部曲、奴婢，即使是诬告，也“即同诬告子孙之例，其主不在坐限”，就是说主人是没有罪的。

3. 尊卑有别

尊卑长幼有别，这是礼在贵贱上下有别之外的另一个等级原则。从“三纲”来看如果说贵贱上下之别主要涉及“君为臣纲”，那么尊卑长幼之别就主要涉及“父为子纲”和“夫为妻纲”了。这实质上是维护以父权和夫权为中心的封建伦理关系。儒家认为“天下之本在国，国之本在家”，家与国是相通的，要把齐家提到治国平天下的高度，就必须从立法上反映这种尊卑长幼亲疏有别的伦理等级关系。所以，一部唐律，也是一幅以血缘关系为基础的多层次的宗法等级结构图。在这幅等级结构图中，本着“父者子之天也，夫者妻之天也”的精神，尊等的划分以父和夫为最尊，历代因之。

“一准乎礼”的唐律在这方面更是反映得最全面最具体，从诉讼、科刑到执刑，都体现以父权为中心的亲属一体观，将“亲亲之义”直接引入法律，一切都遵循“孝”的原则，凡属违犯“善事父母”，违背亲亲之义者，均构成不孝之罪，诸如别籍异财、子孙违犯教令、嫁娶违律、匿丧等规定都是旨在确保“家事统于尊”和尊卑有别的礼义原则。唐律根据“国之本在家”的精神，从亲属一体观出发，在诉讼方面设立了“亲属相容隐”的制度。凡同居亲属或非同居大功以上亲属，犯有谋反、谋逆、谋叛以外的一般犯罪，可以相互包庇隐瞒，皆不论。这种曲法以循情的做法，按儒家的观点看，是“仁者人也，亲亲为大”。所以孔子说：“父为子隐，子为父隐，直在其中矣。”唐律这样容隐“小奸”，以求得作为封建社会细胞的家庭和宗族的睦和谐，进而换来整个社会的“长治久安”，实际上是蕴含着以“父为子纲”服务于“君为臣纲”，移孝于忠的真谛。

关于“父为子纲”“夫为妻纲”的规定和阐发，在唐律中所占的比例很大，仅在“十恶”大罪中，属于“齐家违礼”方面的占了一半，诸如恶逆、不孝、不睦、不义、内乱都是。有的则散见于《职制》《户婚》《贼盗》《斗讼》《诈伪》《杂律》诸篇的有关条文。封建社会，皇帝是政权的代表，父亲是族权的代表，丈夫是夫权的代表，皇权、父权和夫权的统治客观上形成封建社会的宗法关系和等级关系。礼将这些关系规范化，律将这些关系法律化，不仅礼之所许，律亦不禁，礼之所禁，律亦不容，而且“尊卑贵贱，等数不同，刑名轻重，粲然有别”。礼与律这种内在的融洽关系在唐律中处处可见，一方面，礼的一些概念，诸如“斩衰”“大功”“小功”“缌麻”等在唐律中反复出现，被借用为律的专门用语。另一方面，唐律中许多律条本身就是直接或间接地源出于礼。比如《名例律》中的“八议”完全是照抄《周礼·秋官》中的“八辟”，《户婚律》中的“七出三不去”则是《大戴礼记·本命》中“七去不去”的翻版，《名例律》关于“矜老小及疾”的规定也是从《周礼·秋官》中的“三赦”和《礼记·曲礼》中的“悼耄不刑”演化而来的。

在唐律中以礼折狱的事例较为多见。在现实社会运转过程中，往往是律条无文时，法官可以据礼处断；律条有文时，可以用礼解释；律条与礼冲突难以附会时，可以弃律从礼。另外，唐代以科举取士，从中央到地方绝大多数官员都出身于明经或进士两科，多数官员都读经、通经，礼义经书是他们知识结构的主要部分，因而礼就成为唐代各级官员思想的理论基础。他们在政治生活的实践过程中，受儒家经典礼文化的影响是显而易见的。

综上所述，唐律修撰以礼为指导，唐律条文多源于礼，唐律的实施在很大程度上为礼所左右。在一定程度上我们可以说唐律“一准乎礼”，礼是唐律的灵魂，唐律是礼的法律表现，唐代法律文化受唐代礼文化的影响是相当明显的。这也成为中国传统法治文化的显著特点之一，对后世法治文化的发展产生了深远影响。

第五章 中国传统民事司法中的公平与正义追求

相对于“刑法”，“民法”是在一国之内用来规范、调整民事主体之间的人身关系、财产关系的法律。除了国际法，相对于规定国家与私人间关系的“公法”，“民法”单纯以民事关系裁决为主，乃规范、调节私人之间关系的法律，属于“私法”范畴。“民法”一语，源于古罗马法中的“市民法”。中国传统社会既无“民法”一词，也无一项专门的民事法律。直至清末，清政府任用沈家本、伍廷芳在中国传统法律的基础上，借鉴欧美各国法律的标准，制定了具有现代意义的刑律、民商律、诉讼律、审判编制法等新型法律，开创了我国法典编纂的先河。因此，一般观点认为，中国传统法治文化中并无“民法”。梁启超先生直言：“我国法律界最不幸者，则私法部分全付阙如之一事也。”[①]这里的“私法”主要就是指“民法”。单从法律名称上看，中国传统法治文化中确实没有“民法”的踪迹。此外，如果我们仅从西方民法中的公民、个人权利和私法自治等概念或观念出发，得出的结论仍然是：中国传统法

① 梁启超：《论中国成文法编制之沿革得失》，载《饮冰室合集·文集之十六》，中华书局，1989，第52页。

治文化中没有“民法”可言。从这个结论出发，中国传统社会的法律大抵也可以被视为一部刑法了。这样的认识妨碍了人们对中国传统法治文化原貌的探求，也在一定程度上歪曲了对中国传统法治文化史实的认识。

研究一个历史阶段的法律制度，首先应当从法律制度所规范、调整对象的现实形态切入，然后再去探求它的法律表现。如果一味追求其法律表现的有无，忽略其现实形态的存在，势必会在认识上发生偏差。换言之，我们不能因为某一部门法典的缺失，就认为这一范围的诸种关系缺乏相应的法律规范，从而得出法律体系欠缺的结论。这是不符合史实的。中国传统社会虽然没有专门的民事法典，但不代表没有民事法律规范。中国传统社会的民事法律不仅存在，而且在维护人际关系、社会稳定方面发挥了巨大作用。尽管在以重农抑商为基本国策的中国传统社会，自然不可能产生出“民法”这样的概念，但是在现实生活中，财产关系和人身关系的客观存在，显现出当时并不缺乏调整上述关系的法律规范。

应该指出的是，中国传统社会往往有将民事问题刑事化处理的倾向，例如，按照唐律，婚姻、立嫡子、债务等民事问题，违反规定者一般要受到刑事处罚。所以，在中国传统法治文化中，多有民事、刑事纠缠在一起的案件，很难找到明显的界限。在这里，我们不把案件的审理结果作为区分民事、刑事案件的主要标准，而是按照发生法律关系的对象和关系的性质来判别是否属于民事司法范畴。凡是涉及个人间的财产关系、人身关系的案件，我们都将其归为民事司法范畴。

一、民事司法中的道德裁量

不同于刑事案件，自古以来，民事案件就以琐碎繁杂而著称。所谓琐碎，是由于民事案件案发的缘由多涉及百姓生活的方方面面，故俗语有“清官难断家务事”之论；所谓繁杂，是由于在民事案件或纠纷中牵涉人情世故，“打断骨头连着筋”，如单纯以法律科断，则又有法律严酷不近人情之嫌。道德源自伦理，伦理是人与人之间特别是亲族之间在交往中形成的特定的规范、秩序。与西方的民事司法审判只依律而判不同，中国传统的民事案件在裁决过程中，向来法与情皆原，在很多案件当中，以原情为主的道德裁量，对民事司法的判决有着重要的影响。其原因就在于，中国民事司法在意的不仅仅是民事判决的结果，而且关注案件结束后对家庭、社会的影响。

1. 父母与子女之讼

中国古代乃父权制社会。父为子纲，子女从属于父母。在中国传统社会，历来父母的权威不容侵犯。故唐以后各朝法典将“恶逆”“不孝”“不睦”列于“十恶”当中。据《唐律疏议》可知，子女屠戮“五服至亲”的“恶逆”，天理不容，故排在“十恶”之中的第四位，仅次于危害君权专制的谋反、谋大逆、谋叛等不容赦的大罪之后。“恶逆”之举不属于民事纠纷，乃刑事司法范畴，前文已述，兹不多举。“不孝”“不睦”分别位列“十恶”之中的第七、第八位。

何为“不孝”之举？《唐律疏议》曰：“谓告言、诅詈祖父母父母，及祖父母父母在，别籍、异财，若供养有阙；居父母丧，身自嫁娶，若作乐，释服从吉；闻祖父母父母丧，匿不举哀，诈称祖父母父母死。”[①]也就是说，状告、咒骂祖父母、父母；祖父母、父母健在，不经长辈允诺，强行或私自分家别籍，分配或藏匿家庭财产；不好好赡养祖父母、父母；父母去世，服丧期间，儿女娶妻嫁人，丧事期间饮酒作乐，不按丧礼服丧规定，脱掉丧服，提前结束服丧；听闻祖父母、父母去世之讯，装作不知道，行动不哀切，谎称祖父母、父母死。以上这些罪过皆属于“不孝”之列。在中国传

① 长孙无忌等：《唐律疏议》，刘俊文点校，中华书局，1983，第12页。

统社会，“不孝”是重罪，往严重说，罪不容赦。

何为“不睦”之举？《唐律疏议》曰：“谓谋杀及卖缌麻以上亲，殴告夫及大功以上尊长、小功尊属。”[①]谋杀及卖掉内外有服的亲属当属刑事案件，列于“不睦”之列，罪不容赦；殴打、状告大功以上尊长、小功尊属之列，都属于“不睦”。

《宋刑统》因袭《唐律疏议》，罪名和量刑的科条基本没有大的变化。从罪行科断上看，“不孝”“不睦”属于刑事司法范畴；但从罪行缘由上看，有些则属于民事司法范畴。如“不孝”中的“别籍异财”“供养有阙”，“不睦”中的殴告大功以上尊长、小功尊属。中国传统社会制定法律的本意是在家庭或家族当中申饬孝道、敦睦九族，维护家庭、家族的和谐稳定。然而，生活往往是现实而具体的，家庭、家族成员间的关系除了亲情，还有利益瓜葛。亲情一旦掺杂利益，矛盾和冲突就在所难免，即使是至亲的父母子女、兄弟姊妹，也不例外。中国古代的法官在处理关涉家庭伦理的民事纠纷时，不是简单、机械地以法律条文来审理案件，而总是从伦理道德的高度，想方设法修复亲情、敦睦家族。这些受过传统儒家教育的司法裁决人，不仅仅是法官，往往还是守护一方的行政长官。他们深深懂得，中国传统社会家族稳固就意味着社会和谐、国家稳定。

南宋的吴雨岩曾担任江东提点刑狱，是职业的司法官。他在处理父母与子女的民事诉讼方面颇有心得。《名公书判清明集》详细记载了吴雨岩的一则“母子兄弟之讼当平心处断”的判词。[②]古今人情皆然。吴雨岩记载的这则案例，今天也多有发生。许氏有两子，长子韩应之，幼子韩闳。由于韩应之年长，婚配也早，与母亲和弟

① 长孙无忌等：《唐律疏议》，刘俊文点校，中华书局，1983，第14页。

② 中国社会科学院历史研究所宋辽金元史研究室点校：《名公书判清明集》，中华书局，1987，第361～362页。

弟本就有所疏远。婚后的韩应之又将专注力更多放在了自己的小家庭上，无疑又加大了母子兄弟间的隔阂。对于多数家庭来讲，相对于长子，幼子年少，况且又是家里最后一个出生的孩子，故父母多偏爱幼子。许氏就属于这类父母。

许氏特别偏爱幼子韩闳，恨不得把老大韩应之应得的东西都给韩闳。法官吴雨岩一语中的——财产乃交争祸根。母亲许氏分配不公，将母子兄弟之间的隔阂激化为仇恨。这场母子兄弟之争，弟弟有母亲加持，哥哥自忖不是对手，便生出挟持兄弟，欲杀弟自刎来迫使母亲妥协让步的极端做法。可能是在族人的干预下，韩应之挟弟要母的做法没有得逞。众目睽睽，哥哥韩应之已是触犯了“十恶”当中的“不孝”之罪。众人将其扭送入官，县级法官但听众人之词，特别是根据母子冲突过程中韩应之一句“母不是我娘”的愤急之语，便欲以“极典”科断。所谓“极典”，就是按照《宋刑统》当中的“十恶”惩办。犯“十恶”之罪者，《唐律疏议》判以五刑之中的“绞、斩”死罪。《宋刑统·名例律》吸收了唐德宗建中三年（782年）八月二十七日的敕节文：“其十恶中，恶逆以上四等罪，请准律用刑，其余应合处绞、斩刑，自今以后，并决重杖一顿处死，以代极法。”[①]也就是说，宋律沿袭了唐德宗建中三年的敕文，将处于“十恶”之罪中的“不孝”罪，科以极法，即在死刑前，增加了重杖的惩罚。

这则案例中县级的法官就打算以这样的极典，判决韩应之的不孝之罪。在当时，这个案子如果按照法律重判的话，合法合规，即使上诉到路一级的司法部门，提点刑司也基本上维持县域的原判。民事纠纷，特别是家庭纠纷，动辄科以重罪，这在当今社会是难以想象的。

韩应之是幸运的。他遇到了一个明了世情且有哀矜之心的好

① 窦仪等：《宋刑统》，薛梅卿点校，法律出版社，1998，第6页。

法官——吴雨岩。作为省部级司法官，吴雨岩接到这则案子后，没有简单地以下级审判为是，而是从维护家庭人伦关系的和谐稳定出发。他指出，一般法官看到不孝之行的案子，不详加推勘就认定罪行，而忽略了此案的原告、被告双方是母子、兄弟关系。如果按照“不孝”罪论以重典，韩应之将被处死。等于是许氏和韩闳把亲儿子、亲兄长推上了断头台。这个案件如果以杀子、杀兄终结，无异于用刀杀人来实现诉讼。这是许氏、韩闳想要的结果吗？将来作为母亲的许氏和作为弟弟的韩闳如何面对良心的谴责，又有何面目存活于天地间？法官不能机械地用法律简单地科断家庭纠纷案件，应该从着眼于维系家庭天伦的和谐稳定。民事司法的目的不仅仅在于区分是非对错，还要维护社会伦理秩序的和谐稳定，在中国传统社会，后者更重要。

基于以上原则，吴雨岩驳回了县域法官的一审，要求县级相关部门选择良吏重新审理此案。具体做法是，让原告和被告母子三人共同出庭，母子、兄弟敞开心扉，相互检讨自己的错误。处在监押之中的韩应之经过此番牢狱磨砺，定能认识到自己的错误，向母亲认错求饶，向弟弟韩闳检讨自己；母亲许氏会宽恕长子，平衡对两个儿子的爱；弟弟韩闳也能够保全兄长，并认识到自己的错误。

没有比家庭的一团和气更重要的了！吴雨岩用“融融怡怡，翻然如初”八个字来形容和好如初、和谐美满的家庭关系。吴雨岩甚至还对此案的判决结果给出了直接答案：“今以应之、闳各能悔过，均可置之不问。”也就是说，母子、兄弟如能相互检讨并和好如初，这个案子也就不再追究责任了。至于韩应之胁迫弟弟要挟母亲虽“终难全恕”，但应该不会科以重典。

综观此案，吴雨岩并非仅凭借法律条文办案，而是从维系社会风化的高度来处理民事纠纷案件。所以，他说：“为政者先风化，刑杀云乎哉！”这就是对《论语·为政篇》所说的“道之以政，齐之以刑，民免而无耻；道之以德，齐之以礼，有耻且格”的具体实践。其实，民事案件中的家庭纠纷，本就难以厘清谁对谁错。如果机械地用法律条文审判，即使不判重刑，也很难恢复家庭原来融洽的局面。对法官判案来讲，这是尤其值得注意的。因此，吴雨岩在判语的开头就直接申明："听讼之法，公则平，私则偏。所谓私者，非必惟货惟来也，止缘忿嫉多而哀矜少，则此心私矣，所以不能作平等观。"法官进行司法审判，要做到公心论断。公心论断即能做到案件审理公平，私心处置则使案件偏离公平，出现冤案。吴雨岩强调，这里的"私"并非接受原被告的贿赂而任意审判，而是指不能平心甄别案件，多愤世嫉俗而缺少慈悲怜悯之情。民事司法以"哀矜"之情来调停案件，实为用道德感化的手段来"软"处理民事纠纷和矛盾。

即使在当代，法院在审理家庭纠纷时也多用此法。如2011年1月18日中央电视台《今日说法》栏目就以《谁把父亲逼上法庭》为题，报道了2010年11月24日北京市房山区人民法院开庭审理的一件因子女赡养老人酿成纠纷、老人无奈将子女告上法庭的民事案件。该案的主审法官多次对老人与子女双方进行过调解，认为作为一个家庭的矛盾应该在家庭范围内解决，而不应该通过司法程序来解决，所以并不建议老人以状告子女的方式来获得子女赡养，因为采用司法方式往往会激化矛盾，最后导致双方都无法得偿所愿，结果就是亲情的疏离。由此可知，古往今来，道德准则在中国民事司法中从未缺席，也不应当缺席。

2. 财产之争

家庭纠纷多肇始于财产之争。中国传统社会没有关于家庭成员财产纠纷的明确律条，如祖父母、父母在，兄弟争夺财产，审判此类案件多以"户婚律"中的"别籍异财"科断。《唐律疏议·户婚》"子孙别籍异财"条，曰："诸祖父母、父母在，而子孙别籍、异财者，徒三年。"注曰："别籍、异财不相须，下条准此。"疏议曰："称祖父母、父母在，则曾、高在亦同。若子孙别生户籍，财产不同者，子孙各徒三年。注云：‘别籍、异财不相须’，或籍别财同，或户同财异者，各徒三年。”[①]《宋刑统》沿用《唐律疏议》此条。不管是祖父母、父母在，子孙不分家而另立户籍，还是不另立户籍而分家产，都要判处三年失去自由而从事强迫劳动的“徒”刑。即使“同居应分”，即按律应分家另立户头单过的，《唐律疏议·户婚》“同居卑幼私辄用财”条“疏”也有明确规定：“‘同居应分’，谓准令分别。而财务不均平者，准《户令》：‘应分田宅及财物者，兄弟均分。妻家所得之财，不在分限。兄弟亡者，子承父分。’违此令文者，是谓‘不均平’。谓兄弟二人，均分百匹之绢，一取六十匹，计所侵十匹，合杖八十之类，是名‘坐赃论减三等’。”[②]《户令》举例说明，如果兄弟二人平均分配一百匹绢，一人得了六十匹，是多侵占了十匹，应该判以杖刑八十，这就是在盗窃他人财物得赃之罪的基础上减去三等。

在中国传统社会，由于土地是最重要的生产资料，因而民事司法中的家庭财产纠纷多是由争夺土地而引起的。如已别籍异财，分立户头单独生活，还有财产之争特别是田地的争端的话，对于无理多占的一方就要比附“户婚律”中的“占田过限”或“盗耕种公私田”来判罚。《宋刑统·户婚律》将《唐律疏议·户婚》中的“占田过限”和“盗耕种公私田”合并为“占盗侵夺公私田”。“诸盗耕种公私田者，一亩以下笞三十，五亩加一等，过杖一百，十亩加一等，罪止徒一年半。荒田，减一等。强者，各加一等。苗子归官、主。”值得注意的是，此条法律的疏议曰：“若亲属相侵得罪，各依服纪，准亲属盗财物法，应减者节级（释曰：节级，犹等

---

① 长孙无忌等：《唐律疏议》，刘俊文点校，中华书局，1983，第236页。

② 长孙无忌等：《唐律疏议》，刘俊文点校，中华书局，1983，第241~242页。

级也）减科。”[①]关于亲属盗财物法，《唐律疏议·贼盗》明确规定：“诸盗缌麻、小功亲财物者，减凡人一等；大功，减二等；期亲，减三等。”[②]按唐律、宋律，偷盗他人财物：“不得财笞五十；一尺杖六十，一匹加一等；五匹徒一年，五匹加一等，五十匹加役流。”[③]亲属间的侵夺田地，按照亲属盗财法，服制越重，血缘越近，罪行就减得越多。然而，亲属间的财产之争，若断之以法律，即使比常人间的侵犯财产要轻，也免不了肉体上的杖、笞刑罚。从家族和睦的角度看，亲属之间的财产之争，最好的审判结果是息讼，即亲属间私下通过协商解决纠纷。

南宋的胡颖（字叔献，号石壁）曾担任过知平江府兼浙西提点刑狱、湖南提点刑狱兼提举常平、广东经略安抚使等要职。《名公书判清明集》就记载了胡颖的一则“兄弟侵夺之争教之以和睦”的判词[④]。

根据胡颖的记载，奉璇、奉琮虽非同父同母，却是叔伯兄弟，“本无大可争之事”，所争不过是“锥刀小利”。这里的“锥刀小利”可能是一般的财产之争，也有可能是父辈留下的田地之争。如果按照当时的律条审判，多侵占的一方除了归还财产，还要受到杖刑的惩戒。胡颖的原文也印证了推断，按照法律条文，严格司法审判的话，兄弟一方肯定要受到“杖”“黥”之刑。然而，法律的登场，刑罚的落实，不仅不能使原来的家族成员关系恢复如初，反而增加仇恨，家族也就不复和谐、安宁，最终的结局就意味着家族的

① 窦仪等：《宋刑统》，薛梅卿点校，法律出版社，1998，第228～229页。

② 长孙无忌等：《唐律疏议》，刘俊文点校，中华书局，1983，第365页。

③ 长孙无忌等：《唐律疏议》，刘俊文点校，中华书局，1983，第358页。

④ 中国社会科学院历史研究所宋辽金元史研究室点校：《名公书判清明集》，中华书局，1987，第369～371页。

衰败。家族因乱而衰，将导致国家和社会的不稳定。换句话说，以法律审理民事纠纷的结局不是消弭了家族的争端，而是打开了潘多拉的盒子。

作为一方执政长官，其职守就是为皇帝守护地方，维护社会的稳定。只有人心稳，社会才能稳。正如胡颖在判词中所言："当职叨蒙上恩，假守于此，布宣德化，训迪人心，正太守之责也。"受过儒家系统教育的胡颖深知，教化人心，单靠法治是行不通的，关键要依靠"德化"。"德化"的具体操作手段是什么？一句话，"以天理人伦开晓之"。依照宋明理学，"天理人伦"实际上就是儒家经典确立的纲常道德。

面对这对堂兄弟的财产之争，作为地方主要行政长官兼主审司法官的胡颖在判词中不厌其烦地语告奉氏兄弟，务必要以"睦族"为第一事。兄弟二人虽非亲兄弟，但同属一祖先之后裔，血脉相通，爱对方就是爱祖先，若兄弟任何一方受到刑罚惩戒，另一方将来在黄泉之下又有何面目面对祖先。在这里，法官不是申饬律条，而是从维系家族敦睦出发来教化原告和被告。法官站在了原告和被告家族的立场上来消弭矛盾，比单纯用刑罚强力压制矛盾效果更加理想。这就是中国传统法治文化的特点，司法审判往往具有浓厚的宗法人情味道。最后，胡颖令负责具体审理案件的推官"更切开譬折衷"，即重新折中审理此案，协调兄弟二人私下解决此案，让多侵犯的一方归还侵犯之产，兄弟和好如初。这则兄弟侵夺之争的民事司法案件最终的裁决，就是由道德主导。需要说明的是，民事司法案件的审判并非没有了法治的身影，而是法治与德治相互交融，德治起主导作用，若德治不能消弭矛盾和分歧，法治才会以强力出手，此即所谓"出礼入刑"也。

3. 婚姻

在中国传统社会，婚姻不仅关乎家族的繁衍，也是两个家族缔结亲密关系的重要渠道。故《礼记·昏义》开篇就说："昏礼者，将合二姓之好，上以事宗庙，而下以继后世也，故君子重之。”[①]对于个人的人生和家族来讲，婚姻至关重要。维系婚姻，一靠两个家族缔结的婚约和社会形成的伦理纲常，二靠男女双方感情的融洽和谐。在中国传统社会，婚姻从来就不仅是个人的民事行为，还关涉到两个家族之间的关系。婚姻出现变数，多为家族矛盾纠葛所羁绊，致使即将成为姻亲或已经结为姻亲的两个家族对簿公堂。因此，婚姻纠纷案件的实质是两个家族关系无法维系的矛盾焦点。夫妻相爱有加故产生感情，感情的融洽又能强化关系。伦理道德就建立在关系和感情的基础上。为了维护社会的稳定，司法官在审理婚姻纠纷案件时，亦往往参照伦理道德进行裁量。

在中国传统社会，婚约一经缔结或聘礼完成交割，不管是否迎娶新娘，婚姻关系即已在法律上形成。婚约生成，不论男方、女方，胆敢骗婚，法律严惩不贷。故《唐律疏议·户婚》“为婚妄冒”条明确规定：“诸为婚而女家妄冒者，徒一年。男家妄冒，加一等。未成者，依本约；已成者，离之。”妄冒，即骗婚。《唐律疏议》疏议曰：“为婚之法，必有行媒，男女、嫡庶、长幼，当时理有契约，女家违约妄冒者，徒一年。男家妄冒者，加一等。‘未成者依本约’，谓依初许婚契约。已成者，离之。”[②]因中国传统社会，男女双方在结婚之前一般不见面，听父母之命、经媒妁之言双方即缔结婚约。婚约生成后，女方如果将原来的准新娘掉了包，就是“妄冒”；男方如果将准新郎调换成别的儿子或其他人，也属于“妄冒”。唐律规定，犯了“妄冒”律条的，女方徒一年；男方加一等，徒二年。《宋刑统·户婚律》沿用唐律。[③]《大明律·户

① 郑玄注，孔颖达正义：《礼记正义》，龚抗云整理，北京大学出版社，1999，第1888页。

② 长孙无忌等：《唐律疏议》，刘俊文点校，中华书局，1983，第255页。

③ 窦仪等：《宋刑统》，薛梅卿点校，法律出版社，1998，第240页。

律三·婚姻》在唐宋律的基础上，有所变更，规定：“若为婚而女家妄冒者，杖八十，追还财礼。男家妄冒者，加一等。不追财礼。未成婚者，乃依原定；已成婚者，离异。”[①]明律改唐律作为劳改的徒刑为肢体摧残的杖刑，惩罚更加严厉。明代小说家冯梦龙《醒世恒言》就记载了一则“富家丑男骗婚案”。《醒世恒言》第七卷以题为《钱秀才错占凤凰俦》，讲述了这则故事。

话说太湖中有七十二峰，唯有洞庭二山最大，东洞庭曰东山，西洞庭曰西山。居住在两山上的人多不事农耕，善于货殖，因此居民多为商贾。西洞庭山有个叫高赞的富商，有一儿一女，男曰高标，女曰秋芳。因高家颇有钱财，自请先生设馆教授一对儿女。女儿秋芳天资聪明，诗书皆通，又攻女红，十六岁出落成美人。因此，她的父亲高赞下定决心，不计聘礼厚薄，一定要给她找个才貌双全的读书人。附近多少富室子弟多有提亲的，都因无才相匹而被拒绝。高赞择婿，不但标准高，而且还要亲自面试男方公子。

距此一百多里的苏州府吴江县有个叫钱青的读书人，不仅饱读诗书，又长相出众，可怜父母早亡，家境贫寒，只能依附表兄颜俊家读书。颜俊与表弟钱青同岁，家境颇为富裕。颜俊虽不学无术，长得奇丑，但择偶标准甚高，非要找个容貌绝美的女性结为伴侣。颜俊有个远房亲戚叫尤辰，家境也不宽裕，向颜俊借了些本钱，开了家水果店。前几日尤辰从洞庭山贩回了几担橘子，给颜俊送了一些。两人聊天时，尤辰说起西洞庭山高家择婿的事，颜俊就起意央求尤辰去提亲，但由于颜俊相貌丑陋，恐被拒，便生出让表弟钱青冒名顶替去高家相亲之事。钱青虽心里不愿做此等骗人之事，但寄人篱下不得不低头，勉强答应去西洞庭山相亲。

假颜俊（钱青）和媒人尤辰一同赴西洞庭山，高赞见钱青一

---

① 胡惟庸等：《大明律》，怀效锋点校，法律出版社，1999，第59～60页。

表人才，又经家里的先生试探其文学水平，甚为满意。当下与媒人尤辰口头上订下这门亲事。只是高赞不知，这里的钱青是冒牌的颜俊。经过行聘礼之后，婚期便定下了。为防止迎亲时女方识破调包之计，颜俊又央求钱青代其迎亲。钱青与媒人尤辰再赴西洞庭山迎亲，到高府完成迎亲之礼后，不巧遇上三天大风雪，无法按时接新娘子回苏州吴江。再延迟婚期已不可，高赞遂命假颜俊（钱青）与女秋芳就地拜堂成亲。钱青虽与高秋芳入洞房，然三日和衣而睡，不曾有非分之想。待第四日风平浪静，高赞亲自与迎亲队伍送新郎新娘回吴江县。结果，钱青一到吴江，便向表兄说明未曾非礼新娘之事，但颜俊不肯相信。两人扭打在一起，高赞听闻颜俊妄冒婚姻之事，也与媒人尤辰扭打在一起。不巧正遇到出行的吴江县令，高赞便将颜俊妄冒婚姻一事详细告知县令。经吴江县令详加审理，此案最终了结。县令的判词是：

> 高赞相女配夫，乃其常理；颜俊借人饰己，实出奇闻。东床已招佳选，何知以羊易牛；西邻纵有责言，终难指鹿为马。两番渡湖，不让传书柳毅；三宵隔被，何惭秉烛云长。风伯为媒，天公作合。佳男配了佳妇，两得其宜；求妻到底无妻，自作之孽。高氏断归钱青，不须另作花烛。颜俊既不合设骗局于前，又不合奋老拳于后。事已不谐，姑免罪责。所费聘仪，合助钱青，以赎一击之罪。尤辰往来煽诱，实启衅端，重惩示儆。[①]

吴江县令最终判决媒人尤辰重责三十板，颜俊虽设骗局妄冒婚姻，又兼有斗殴之行，将其所费之聘礼断给钱青，以赎其打人之罪。穷秀才钱青成了此案最大的受益者，不仅没有被追究妄冒的责

① 冯梦龙编：《醒世恒言》，顾学颉校注，人民文学出版社，1956，第149页。

任，而且得了聘礼，还抱得美人归。若依照《大明律》，颜俊是妄冒婚姻的首犯，又兼男家妄冒，比女方妄冒杖八十加一等。因已成婚，聘礼不能再追回，算是补偿女方的损失。媒人尤辰是妄冒婚姻的主要策划者之一，又是主要的执行者，重责三十板已是轻判。穷秀才钱青是从犯，也应该受到相应惩罚。因《大明律》中没有具体的律条，对妄冒婚姻的直接参与者定罪。《大明律·名例律》“断罪无正条”曰：“凡律令该载不尽事理，若断罪而无正条者，引律比附。应加应减，定拟罪名，转达刑部，议定奏闻。”[①]按律，即使律有缺失，对于妄冒婚姻的直接参与者，也应该有例可参考，断不能不加责罚而成了受益者。但是，此案又有特殊性，钱青是被颜俊胁迫妄冒以婚，与主动参与有别。另外，钱青与高秋芳拜堂后已经有夫妻之名，对于新娘来说，再行改嫁他人，名誉肯定受影响。钱青不仅学问好，为人也正派，特别是与秋芳三夜同床不曾侵犯。正如吴江知县所云：“自古以来，只有一个柳下惠坐怀不乱。”[②]知县通过谈话得知，受害人高赞有心属意钱青。故此案的最终审判结果，在依照法律“妄冒为婚”的基础上，参以人情和道德，不仅未追究钱青的责任，而且还将美女子顺人情嫁与了他。

综观以上三个方面的民事纠纷，我们就会发现，中国传统社会的民事司法活动中的案件审理，不仅仅参以法律条文进行科断，往往还参以伦理道德、人情和民意。毕竟民事纠纷不同于刑事案件，案件的起因和审判结果都与人情、社会道德相关联。民事纠纷的司法审判若仅以法律科断，不近人情和道德的话，最终审判的结果可能事与愿违，甚至给家庭、社会造成不可弥补的裂痕。在中国文化的基因里，法治从来都是治理国家的手段而非结果。施政者治国理

① 胡惟庸等：《大明律》，怀效锋点校，法律出版社，1999，第23页。

② 冯梦龙编：《醒世恒言》，顾学颉校注，人民文学出版社，1956，第149页。

政，着眼于家庭的美满、社会的和谐和国家的稳定。法是无情的，更注重公平公正性；但国家和社会是由人组成的，而人是有情的。故陈顾远先生有言曰："盖纯粹之民事制度归之于礼，重在以'德法'而自制之，防范于未然，即有事端发生，亦以调解为贵，经官制定而不遵行者，则视同于顽，必引刑律以制之焉。"[1]中国传统政治文化认为，要想把国家治理好，道德裁量永远不会退场。

二、民事司法中的礼俗入法

前文已述，在中国传统社会，礼大多源自史前社会的原始风俗。在原初，礼与俗本为一物，随着社会的发展，风俗渐渐发展成一套具有制度性的规范或规则。此即礼。从家庭、社会规范发展成国家制度，礼就具有了法的内涵。自周公制礼作乐，礼遂成为国家大法。在周代，礼即法。汉武帝罢黜百家、独尊儒术，董仲舒以春秋决狱，礼法合流之势遂起，至唐以后，礼俗已经堂而皇之地被列入国家颁布的法典之中。在中国传统社会的法典中，关涉到民事司法的许多律条都有礼俗的痕迹。

1. 立嫡子

在中国传统社会，立子嗣不仅关乎家族的血脉延续和家庭的和谐稳定，还关系到国家的稳定与长治久安。周公创设嫡长子继承制的目的就是消弭因继承人不当而酿成的纷争。故自西周以后，历代王朝皆将嫡长子继承列入国家法律当中，成为百代不易之法。从渊源关系上看，在西周，立嫡子法是宗法制的重要内容。早在商代，继承制度沿袭上古风俗，子继制与兄终弟及制并行，结果引起了宗室的混乱乃至互相残杀。继承制度的不完善导致了商代"九世之乱"。《史记·殷本纪》记载："自中丁以来，废適而更立诸弟子，弟子或争相代立，比九世乱。于是诸侯莫朝。"从仲丁到外

① 陈顾远：《中国法制史概要》，商务印书馆，2011，第152页。

壬、河亶甲、祖乙、祖辛、沃甲、祖丁、南庚、阳甲，连续九世，为了争夺王位，骨肉相残。因继承制度的不完善，导致商朝持续衰败，诸侯都不再来朝贡商王。周公创立的立嫡子制弥补商代继承制度的不完善，使得早期的继承制度从风俗习惯转变为持续不变的礼制。在广义上，西周的礼就承担着法的功能。在当时，刑法和军事法都从属于礼制。

《唐律疏议 · 户婚》“立嫡违法”条曰：“诸立嫡违法者，徒一年。即嫡妻年五十以上无子者，得立嫡以长，不以长亦如之。”在西周嫡长子继承制本是礼俗范畴，从隋唐开始，国家从法律上确立嫡长子继承制。立嫡子并非只适用于皇族或一般贵族，天下万民皆适用。但是，家庭子嗣继承，并非像律条那么简单。有些家庭没有嫡子或嫡孙，法律考虑到这个缘故，就又多设置了一层规定。《唐律疏议 · 户婚》疏议曰：“依令：‘无嫡子及有罪疾，立嫡孙；无嫡孙，以次立嫡子同母弟；无母弟，立庶子；无庶子，立嫡孙同母弟；无母弟，立庶孙。曾、玄以下准此。’无后者，为户绝。”①这条可以看作立嫡子的补充法。由上述法律规定可知，唐代立嫡子法奉行下列原则：

（1）女子被排除在立嫡之外。

（2）立长原则。凡立嫡，须先立年长之子、年长之孙。

（3）嫡优于庶的原则。在子辈、孙辈中，嫡妻所生诸子，优于庶子，嫡孙妻所生众孙优于庶孙。

（4）顺序原则。唐律规定的立嫡顺序为：嫡长子—嫡长孙—嫡子同母弟—庶子—嫡孙同母弟—庶孙。只有在前一顺序人离世或不存在时，后一顺序人才可取代前一顺序人而被称为嫡子、嫡孙，但需要指出的是，当嫡子有罪及患病时，嫡孙取代其地位。

① 长孙无忌等：《唐律疏议》，刘俊文点校，中华书局，1983，第238页。

皇帝之位，九五之尊，储君历来是皇子争夺的位置。自周公创立嫡长子制度，实践证明，凡是能够真正落实嫡长子制度的朝代，一般在新旧皇帝交替时都比较平稳。唐宋两代，有不少皇帝即位，就没有严格落实嫡长子继承制。即使未通过嫡长子继承制入继大统的皇帝，如唐太宗李世民，积极有为，政治清明，也免不了非议；宋太宗赵光义以弟弟的身份继承兄长的皇位，“金匮之盟”在当朝就争议不断。

2. 收养子

财产继承是家庭生活中的重要事项。人成年之后，没有生育后代则被认为最大的不孝。因此，《孟子》曰：“不孝有三，无后为大。”从家庭财产继承的角度看，这话也完全说得通。若无后，法律规定则为绝户，财产要充公。为了保护家族财产，法律规定无后者可以收养他人子女为养子、养女，以继承自己的家产。收养亦源自风俗习惯。古人称“螟蛉”为养子，养子制可能最早源自先秦。《诗经·小雅·小宛》为证：“螟蛉有子，蜾蠃负之。”唐代孔颖达正义引西晋名士陆机语曰：“螟蛉者，桑上小青虫也，似步屈，其色青而细小。或在草莱上。蜾蠃，土蜂也，似蜂而小腰，取桑虫负之于木空中，七日而化为其子。”[①]螟蛉，桑树上的小青虫；蜾蠃即土蜂。先秦时人认为，土蜂有雄无雌，繁衍后代的方法就是绑架桑树上的小青虫，飞七日而将之育为后代。这种说法当然不科学，但古人就用这个典故中的“螟蛉”代指养子。到东汉时期，收养子已被政府法令承认。《后汉书·顺帝纪》曰：“（阳嘉）四年春二月丙子，初听中官得以养子为后，世袭封爵。”[②]唐代的养子之法更加明确。《唐律疏议·户婚》“养子捨去”条规定：“诸养子，

① 毛亨传，郑玄笺，孔颖达正义：《毛诗正义》，龚抗云等整理，北京大学出版社，1999，第744～745页。

② 范晔撰，李贤等注：《后汉书》，中华书局，1965，第264页。

所养父母无子而捨去者，徒二年。若自生子及本生无子，欲还者，听之。”疏议曰：“依《户令》：‘无子者，听养同宗于昭穆相当者。’既蒙收养，而辄舍去，徒二年。若所养父母自生子及本生父母无子，欲还本生者，并听。即两家并皆无子，去住亦任其情。若养处自生子及虽无子，不愿留养，欲遣还本生者，任其所养父母。即养异姓男者，徒一年；与者，笞五十。其遗弃小儿年三岁以下，虽异姓，听收养，即从其姓。”[①]唐律规定，若无子可收养子，但养子必须从同宗“昭穆相当者”中选择。通俗点讲，应当从同宗中和子辈相当的人中挑选养子，否则就是非法。这显然是从礼俗习惯转化而来，其目的就是防止“亲亲”间的长幼之序紊乱。

宋代立嫡子、养子之法完全沿袭了唐律。稍有不同的是，宋代养子之法更加完善。如宋仁宗无子，在同宗堂兄濮安懿王赵允让诸子当中，选择了第十三子赵曙过继宫中抚养。不到四年的时间，仁宗宝元二年（1039年），仁宗的亲生子豫王赵昕出生，作为仁宗养子的赵曙又回到了本生家庭濮安懿王府。这倒也符合唐宋律“若所养父母自生子及本生父母无子，欲还本生者，并听”的规定。不幸的是，仁宗的独苗豫王早夭。仁宗在宰相韩琦等建议下再次将赵曙立为皇子。实际上，仍然是从同宗昭穆相当者中挑选的养子。英宗作为仁宗的养子入继大统，从法律程序和传统上讲，都没有问题。

虽然法律规定养子须是同宗昭穆相当者，但在宋代社会，百姓当中往往有养弟为子者。

南宋著名豪放派词人、江湖派诗人刘克庄（字潜夫，号后村）不但工于诗词，而且还是一名优秀的司法官。虽然刘克庄在三十九岁时担任了职位不高的建阳县令，但他兢兢业业，认真审理民间司法案件，在职期间就获得了“庭无留讼，邑用有余”的美名。《名

① 长孙无忌等：《唐律疏议》，刘俊文点校，中华书局，1983，第237页。

公书判清明集》就记录了他的十二篇判词。其中，他的“继绝子孙止得财产四分之一”的判词中提到一则因遗产继承案引发的纠纷，其中就涉及宋代“以弟为养子”的风俗。

建阳县一田姓县丞有两子：长子名世光，系田县丞抱养之子；次子名珍珍，乃县丞亲生之子，年纪尚幼。长子世光可能有病早死，无子，只有两个幼女存世。田县丞死后，按照宋代的法律，其财产应该均分。一份由世光的两个幼女继承，一份由世光的幼弟珍珍继承。这样本无争执，然而田县丞有个亲弟弟名曰通仕，在哥哥遗产分配时，突然拿出一份侄子世光的遗嘱。遗嘱交代，世光以叔叔通仕的儿子世德为后，也就是以自己的堂兄弟世德为养子。这则遗嘱真假不得而知。刘克庄在判词中说：“世俗以弟为子，固亦有之，必须宗族无间言而后可。”[①]民间风俗以弟为养子，只要宗族中人没有意见就可以。在这则案例当中，田通仕拿出侄子世光的遗嘱，目的是想把侄子世光的所有遗产判在自己的儿子世德名下。刘克庄明辨是非，虽然以“国家无此等条法”和遗嘱未经族议为由，断然驳斥了田通仕的做法，但在最终处理世光的遗产分配时，还是把世光四分之一的遗产分给世德，四分之三分给世光的两个幼女。这实际上等于变相地默认了作为堂弟的世德为堂哥世光的养子。

律条与风俗习惯出现了冲突，只要风俗习惯不危害统治和社会稳定，政府在处理这样的棘手案件时，顺民之心，大多迁就百姓业已形成的风俗。由此推测，礼俗入法的来历，很可能就是官方在处理这些案件时，将对国家和社会稳定不构成威胁的风俗习惯，先是迁就，后来风俗就逐渐变为成法。

3. 同姓不婚

早在史前社会，同姓不婚就已经成为不成文的风俗习惯。

① 中国社会科学院历史研究所宋辽金元史研究室点校：《名公书判清明集》，中华书局，1987，第251页。

《左传·僖公二十三年》曰："男女同姓，其生不蕃。"[1]同姓男女结为连理，不利于后代繁衍兴旺。这在遗传学上已经有证明，古人凭经验得出此条禁忌，禁忌遂成风俗习惯。《国语·晋语四》又说："同姓不婚，恶不殖也。"[2]同姓不婚的原因，就是不利于子孙繁衍。《左传·昭公元年》曰："内官不及同姓，其生不殖。美先尽矣，则相生疾，君子是以恶之。故志曰：'买妾不知其姓，则卜之。'违此二者，古之所慎也。男女辨姓，礼之大司也。"[3]诸侯妃嫔不娶同姓，否则子孙不昌。即使买妾不知姓氏，也要经过占卜才可。男女结合，不知女方姓氏需要占卜，这就带有远古的风俗禁忌的痕迹。由此可知，同姓不婚本是从上古流传下来的风俗禁忌，至西周可能就成为礼的重要内容，春秋之世，时人结婚仍很重视此礼。

至唐代，历经千百年的礼俗禁忌写进了朝廷颁布的法典。《唐律疏议·户婚》"同姓为婚"条规定："诸同姓为婚者，各徒二年。缌麻以上，以奸论。"疏引议曰："同宗共姓，皆不得为婚，违者，各徒二年。然古者受姓命氏，因彰德功，邑居官爵，事非一绪。其有祖宗迁易，年代寖远，源流析本，罕能推详。至如鲁、卫，文王之昭；凡、蒋，周公之胤。初虽同族，后各分封，并传国姓，以为宗本，若与姬姓为婚者，不在禁例。其有声同字别，音响不殊，男女辨姓，岂宜仇匹，若阳与杨之类。又如近代以来，特蒙赐姓，谱牒仍在，昭穆可知，今姓之与本枝，并不合共为婚媾。其有复姓之类，一字或同，受氏既殊，元非禁限。若同姓缌麻以上为婚者，各依《杂律》奸条科罪。问曰：同姓为婚，各徒二年。未知同姓为妾，合得何罪？答曰：'买妾不知其姓，则卜之。'取决蓍

① 杜预集解：《春秋经传集解》，上海古籍出版社，1988，第334页。

② 上海师范大学古籍整理组校点：《国语》，上海古籍出版社，1978，第349页。

③ 杜预集解：《春秋经传集解》，上海古籍出版社，1988，第1197页。

龟，本防同姓。同姓之人，即尝同祖，为妻为妾，乱法不殊。《户令》云：‘娶妾仍立婚契。’即验妻、妾，俱名为婚。依准礼、令，得罪无别。若外姻有服属而尊卑共为婚姻，及娶同母异父姊妹，若妻前夫之女者，亦各以奸论。”[①]前文已述，“同姓不婚”的礼俗禁忌起源甚早，至唐朝至少有数千年历史。由于史前社会人口少，宗族之间血脉相连、沾亲带故，“同姓不婚”的礼俗禁忌能够最大限度地保证各宗族的生育质量、人口繁衍。

随着宗族或氏族的繁衍，遂成同姓的部落。为了保证“同姓不婚”的落实，有些大的部落与异姓的部落结为时代姻亲。如《国语·晋语四》曰：“昔少典娶于有蟜氏，生黄帝、炎帝。黄帝以姬水成，炎帝以姜水成。成而异德，故黄帝为姬，炎帝为姜。二帝用师以相济也，异德之故也。异姓则异德，异德则异类。异类虽近，男女相及，以生民也。同姓则同德，同德则同心，同心则同志。同志虽远，男文不相及，畏黩敬也。黩则生怨，怨乱毓灾，灾毓灭姓。是故娶妻避其同姓，畏乱灾也。”[②]古人认为，异姓虽然不一心，但可“男女相及”。这主要是害怕黩神。同姓结婚就会触犯神灵，给宗族带来灾难。所以，从上古开始“娶妻避其同姓”，出自黄帝的姬姓部落与出自炎帝的姜姓部落，世代结为姻亲，目的就是避免同姓为婚、亵渎神灵。

但是，随着部落的扩大，人口不断繁衍，宗族支脉繁杂。到了春秋时期，时人虽然屡屡申饬“同姓不婚”的礼俗禁忌，但同姓为婚的现象也不少见。如鲁昭公娶同为姬姓的吴女为夫人，为避免闲话，昭公名之“吴孟子”。晋平公同为姬姓，纳四个姬姓的美女为妃嫔。《唐律疏议》说得很明白，“祖宗迁易，年代寖

① 长孙无忌等：《唐律疏议》，刘俊文点校，中华书局，1983，第262～263页。

② 上海师范大学古籍整理组校点：《国语》，上海古籍出版社，1978，第356页。

远，源流析本，罕能推详”。随着宗族支脉繁衍，年代又渐远，以致很难厘清祖宗世系，因此周文王一脉与周公一系，与姬姓结婚皆不在禁列。唐代以后，法典基本默认同姓内的婚姻。法律所禁，主要在近亲之间。故唐律规定：“若同姓缌麻以上为婚者，各依《杂律》奸条科罪。”在五服之内，丧礼服缌麻以上宗亲，即凡本宗为高祖父母、曾伯叔祖父母、族伯叔父母、族兄弟及未嫁族姊妹为婚者，依照《杂律》奸论，也就是血亲乱伦，这是法律坚决禁止的。唐律甚至规定，“若外姻有服属而尊卑共为婚姻，及娶同母异父姊妹，若妻前夫之女者，亦各以奸论”。有服制的外亲如小功以内的外祖父母、母舅、母姨等，缌麻以内的外孙、外甥、婿、妻之父母、表兄、姨兄弟等，结婚也以奸论。在实际执行过程中，与外亲为婚，主要防范上下两辈乱伦，如与姨母、岳母等乱伦。与姨表亲结婚，有时被视为亲上加亲，法律多不过问。如《红楼梦》中，贾宝玉与薛宝钗本是姨表亲，却可以结为夫妇。

至清代，法律仍然严格禁止同姓中近亲结婚。《大清律例·户律·婚姻》“同姓为婚”条规定：“为婚，兼妻妾言，礼不娶同姓，所以厚别也。凡同姓为婚者，主婚与男女各杖六十，离异。妇女归宗，财礼入官。”《大清律例·户律·婚姻》特别列“尊卑为婚”条规定：“凡外姻、有服、（或）尊属、（或）卑幼共为婚姻，及娶同母异父姊妹，若妻前夫之女者，各以亲属相奸论。其父母之姑舅、两姨姊妹及姨，若堂姨、母之姑、已之堂姨，及再从姨、（已之）堂外甥女，若女婿（之姊妹）及子孙妇之姊妹，（虽无服）并不得为婚姻。违者，（男女）各杖一百。若娶已之姑舅、两姨姊妹者（虽无尊卑之分，尚有缌麻之服），杖八十，并离异，妇女归宗，财礼入官。”[①]宗族内有服制的尊卑之间、外亲有服制

① 上海大学法学院、上海市政法管理干部学院、张荣铮、刘勇强、金懋初点校：《大清律例》，天津古籍出版社，1993，第220页。

的尊卑之间，法律禁止为婚。服制之内，不论宗族、外亲，血缘关系近，且有尊卑关系，如果允许服制内尊卑为婚，就冲击了宗族、外亲间的伦理秩序，造成伦理上的混乱，这是法律所不允许的。《大清律例》中“条例”又补充说：“前夫子女与后夫子女苟合成婚者，以娶同母异父姊妹律条科断。男女亲属尊卑相犯重情，或干有律应离异之人，俱照亲属已定名分，各从本律科断，不得妄生异议，致罪有出入。其间情犯稍有可疑，揆于法制似为太重，或于名分不甚有碍者，听各该原问衙门临时斟酌拟奏。其姑舅、两姨姊妹为婚者，听从民便。”[①]同父异母兄妹、同母异父兄妹结婚，早在唐律就不被法律允许。再生家庭，即便没有真实的血缘关系的前夫子女与后夫子女间的结合，也是不被法律允许的。值得注意的是，清律是允许姑舅、两姨姊妹为婚的，这也是明清习俗入法的证据之一。在民间，姑舅亲、姨娘亲，被认为是亲上加亲，是巩固家族间关系的重要纽带。这与当代中国婚姻法有联系，也有区别。现代婚姻法主要从人群的优生角度制定法律，禁止近亲结婚。所以，同姓以及前夫子女与后夫子女的结合，现代婚姻法是不干涉的。中国传统法治文化则更多地从维护宗族姻亲间的秩序出发，所以允许姑表亲、姨表亲为婚，却禁止再生家庭前夫子女与后夫子女间的婚姻。

《清代吏治丛谈》记载了清人吴冠中任甘肃安西县令时处理的一则血缘关系莫定的婚姻纠纷案。该案的处理结果证明，同姓不婚特别是禁止血亲相奸，在民事司法中仍有强烈影响。

清代的吴冠中任安西县令时，有幼女、幼男二人，皆十六岁，并呼冤于县令的车轿之前。幼男称，幼女为其童养媳，因男方的父母逝世，欲抛弃男家转而别嫁他人。幼女表示，自己是幼男的胞

① 上海大学法学院、上海市政法管理干部学院、张荣铮、刘勇强、金懋初点校：《大清律例》，天津古籍出版社，1993，第221页。

妹，因父母去世，男的要强占其为妻。吴冠中问他们的姓氏，二人都能记得，问故乡何处，则因为二人的父母属于四处讨饭的乞丐，辗转各地，居无定所，已经很难记得家在何方。询问一同讨饭的乞丐得知，他们一家刚到安西不数日，父母即双双离世，对这家人并不了解，只听到这对男女以兄妹相称。在清代，一般平民家，童养媳与丈夫有称兄妹的习俗。这可难住了吴县令。这时，县衙有一久经世故的老吏出主意说："是事如捉影捕风，查无实证，又不可以刑求，断合断离，皆难保不误。断离而误，不过误破婚姻，其失小。断合而误，则误乱人伦，其失大矣！盖断离乎？"[①]吴冠中推研再三，无法处理，最终听从了老吏之言。

这则案例中的幼男幼女因从小在一起长大，男方认为女方为其童养媳，女方认为男方是其胞兄。因清代民间习俗，童养媳与丈夫以兄妹称，兼之二人对父母的称呼相同，其他证人又对这个新来安西乞讨的家庭不甚了解。在这种难以判断的情况下，县令吴冠中竟听从老吏之言断其离异。一方面，这是同姓不婚在清代法律上的痕迹；另一方面，这也是中国传统法治文化重人伦秩序的表现。当诉讼人的利益与人伦秩序相冲突时，法律往往偏重于维护人伦秩序，至于百姓的实际利益，则是其次。

三、民事司法中的法制主导

尽管中国传统法治文化深受儒家礼治文化影响，但事实上，国家治理如若没有刚性的法律约束，社会就难以达到善治。中国传统社会处理民事纠纷虽然倡导"无讼"，但普通民众熙熙攘攘，皆为利往，难免因各种矛盾产生纠纷。受中国传统社会儒家文化教育的司法官在处理民事纠纷时，往往先以德治教化调解纠纷，如教化

① 伍承乔编：《清代吏治丛谈》卷二，载沈云龙主编《近代中国史料丛刊》（第二辑），（台北）文海出版社，1966，第231页。

不能起作用，法治遂登场。司法官才依律平忿、以法弥争。这就是儒家倡导的“明刑弼教”和“出礼入刑”。故《孔子家语·刑政》曰：“化之弗变，得之弗从，伤义败俗，于是乎用刑矣。”换句话说，在平抑纠纷和矛盾时，礼治或德治不能发挥作用时，法治才有机会走到前面，用强制手段制止纷争。礼治教化在理论和愿望上显得特别美好，但在实际执行的过程中往往要逊色于法治。如稍微了解一点中国古代的法案或判词，就会感觉到民事纠纷的审判特别令法官苦恼。即使官方通过教化手段说服了诉讼双方，不久一纸讼书又递到法官手中，有的纠纷甚至累年诉讼得不到解决。究其原因，德礼教化难以平复利益纠葛，即使受过系统儒家教育的人都难以摆脱利的诱惑，何况是普通的平民百姓？孔子讲得很明白：“君子喻于义，小人喻于利。”道德素质不高的人是很难不受利益摆布的。在中国传统社会的芸芸众生当中，真正的君子毕竟少见。所以，民事纠纷的最终解决常由法制主导。评判民事纠纷，以法制为主导表现在三个方面：重证据、重事实和重甄别手段。

1. 重实物证据

司法审判离不开对事实的认定，对事实的认定起关键作用的乃证据。证据有口供、人证和物证三大类。口供、人证需查证，物证才最具说服力。狭义上司法审判中的证据就是指的物证。俗语云：“打官司就是打证据。”可见证据在司法审判中的重要作用。《廉明公案》卷三记载了一则“孟主簿明断争鹅案”的民事纠纷，作为法官的孟主簿用证据来说话，平息了一桩带有欺诈性质的民事案件。

明朝南昌府进贤县有一秀才名曰周仲进，家财殷富，却霸道乡里，仗势欺人。一日东乡的鹅贩子前来卖鹅，周秀才有心用自家的小鹅换贩子的大鹅，便与贩子讨价还价，借机以小换大。鹅贩子不明就里，以为周家欲买四只大鹅。等讨要钱时，周秀才不与，诈称四只小鹅才是贩子的。周秀才见贩子要他还四只大鹅，便让家童将贩子毒打一顿后锁住，并去见孟主簿，恶人先告状。主簿着人将贩子带到，二人在公堂上都说大鹅是自家所养，指责对方欺瞒事实。孟主簿心生一计，问周秀才家以何喂鹅，秀才称以饭。又问贩子，贩子言以草。孟主簿命令将两只鹅分别放在两边，不一会儿，见两只鹅都在拉屎。孟主簿起身下堂，见大鹅屎青，小鹅屎白，便是非全清。原来周仲进家的鹅吃饭故屎白，贩子的鹅吃草故屎青。在证据面前，周秀才无法抵赖，只能承认欺诈，昏赖贩子大鹅的事实。①

很明显，在这则案例当中，周秀才的行为属于典型的民事欺诈。对于欺诈行为，《唐律疏议·诈伪》“诈欺官私财物”条有清晰的界定：“诸诈欺官私以取财物者，准盗论。”该律条注曰：“诈欺百端，皆是。若监主诈取者，自从盗法；未得者，减二等。下条准此。”《唐律疏议》曰：“诈谓诡诳，欺谓诬罔。诈欺官私以取财物者，一准盗法科罪，唯不在除、免、倍赃、加役流之例；罪止流三千里。注云‘诈欺百端，皆是’，谓诈欺之状，不止一途。”②唐律认为，诈即诡辩诓骗他人财物；欺为欺骗、蒙蔽诬赖他人财物。不管是诈，还是欺，证据确凿，都按照盗窃判罪。《唐律疏议·贼盗》“窃盗”条规定：“诸窃盗，不得财笞五十；一尺杖六十，一匹加一等；五匹徒一年，五匹加一等，五十匹加役流。”③按照唐律，周秀才诈鹅已成，至少应科以杖刑。《大明律·刑律一·贼盗》“诈欺官私取财”条规定：“凡用计诈欺官私以取财物者，并计赃，准窃盗论，免刺。若期亲以下，自相诈欺者，亦依亲属相盗律，递减科罪。若监临主守，诈取所监守之物者，以监守自

① 郭成伟、肖金泉主编《中华法案大辞典》，中国国际广播出版社，1992，第654页。

② 长孙无忌等：《唐律疏议》，刘俊文点校，中华书局，1983，第465页。

③ 长孙无忌等：《唐律疏议》，刘俊文点校，中华书局，1983，第358页。

盗论。未得者，减二等。若冒认及诓赚局骗、拐带人财物者，亦计赃，准窃盗论，免刺。”①《大明律·刑律一·贼盗》“窃盗”条规定：“凡窃盗已行而不得财，笞五十，免刺。但得财者，以一主为重，并赃论罪。为从者，各减一等。”注曰：“以一主为重，谓如盗得二家财物，从一家赃多者科罪。并赃论，谓如十人共盗得一家财物，计赃四十贯，虽各分得四贯，通算作一处，其十人各得四十贯之罪。造意者为者，该杖一百；余人为从，各减一等，止杖九十之类，余条准此。”《大明律·刑律一·贼盗》“窃盗”条接着又规定：“初犯并于右小臂膊上刺窃盗二字，再犯刺左小臂膊，三犯者，绞。”②对比唐律，明律对犯罪惩戒更加严厉。按照《大明律》的规定，周秀才诈欺罪名做实，按照四只大鹅的价值，至少应判杖一百的肉刑，还免不了在右臂上刺字的惩戒。

这则案例能够公正地解决，最为关键的是要靠孟主簿找到大鹅和小鹅粪便的区别。鹅屎虽污秽不堪，但在审判案件时，却是关键证据。从这则民事纠纷的审判上看，作为法官的孟主簿以证据为依据，凸显了民事司法审判过程中法治主导的特点。

2. 重视档案记录

案底是刑事案件破案的重要参考依据。所谓的案底，是指存留在公检法部门刑事犯罪记录，也指个人档案中的刑事犯罪记录。在现代社会，民事诉讼的记录一般不会添加到个人档案之中，但司法部门会留有诉讼的记录。在中国传统社会，司法档案制度虽未像现代社会一样科学合理，但包括民事纠纷在内的司法档案在司法部门都有保存。这也成为法官破案的重要证据。

据清代潘相所撰《事友录》记载，清代乾隆年间，郅某之孙是河南新中举人，准备状告范某，索要范某六十年前所欠百金。因借

---

① 胡惟庸等：《大明律》，怀效锋点校，法律出版社，1999，第144页。
② 胡惟庸等：《大明律》，怀效锋点校，法律出版社，1999，第141页。

据年代久远，又听说范某品德不良，知县遂问当差："范某曾与别人有诉案吗？"官吏呈上了二十年前范家曾与侄争夺财产的案卷。通过阅览案卷，查出范某的胞弟死时，侄子幼小，范某当家，与弟分家各自为炊，本有田二十余顷，但只给侄子几顷，前任官员问范某"为什么如此分家"，范某开了一张单子"某处是妻子的陪嫁田，某处是媳妇嫁奁田，某处是前任县官郅太爷的田"。因当时族长也出来作证，当时的官员也就没有再追究。范某在这则档案记录中所言"某处是前任县官郅太爷的田"就成了平息这场纠纷的关键证据。县官郅太爷就是新中举人郅某的祖父。原来，二十年前，濮州长官郅某与州监生范某是好朋友，郅某常在范某家吃饭睡觉。范某便同郅某一同买下了几顷田地，但契约上只写了范某的姓名。后来，郅某罢官回到老家，向范某要钱，范某只立了一张借郅某百金的借条。后郅某的儿子来要过钱，但范某未给，郅某的儿子死后无人问津此事。郅某的孙子中举以后，检查箱子发现了借据。案情明朗后，知县讯问范某，范某开始还想继续抵赖，但差官出示当年的案底时，范某最终承认抵赖的事实。知县考虑到范家已经破落，遂判决范某赔偿郅某二百两银子，以了此案。[①]

这则民事纠纷是因借贷金钱不还而引起的。借贷关系是中国传统社会常见的债务关系。中国传统上把借与贷加以区别，借系特定物的使用借贷，贷乃种类物的消费借贷，分为无偿的"负债"和取息的"出举"。清代的借贷关系也有这样的区分。与西方中世纪的法律不同，中国历代统治者对低利率的借贷关系都加以肯定和保护，允许当事人双方通过自行协定，约定利率，但为了防止高利贷，国家严格限定了利率的最高数额。清律明确规定："凡私放钱债及典当财物，每月取利并不得过三分。年月虽多，不过一本一

① 郭成伟、肖金泉主编：《中华法案大辞典》，中国国际广播出版社，1992，第686页。

利。违者，笞四十。以余利计赃，重（于笞四十）者，坐赃论，罪止杖一百。”[①]高利贷一本万利，在历朝历代屡禁不止。和唐宋相比，清代对高利贷资本的限制要严厉得多。国家之所以从法律上限制高利贷资本，主要是因高利贷给社会带来不安定因素，使很多人倾家荡产，甚至家破人亡。中国传统社会，限制利息的同时，又从法律上保护合法借贷关系中债权人的利益，构成了古代民事法规的一项重要内容，这一点，清律与唐律、宋律有着共同的指导思想。只是做法上略有区别。当债务人不能履行债务时，唐律、宋律允许债权人自行“牵掣”债务人的财产，而清律从强调债的关系是一种法律关系，对债务人的处置权力应由国家掌握的角度出发，禁止未经官府同意，私自“强夺去人孳畜、产业”，违者杖八十，对于强夺数额未超过债务的，“听赎，不追”；若“估（所夺畜产之）价过本利者，计多余之物（罪有重于杖八十者），坐赃论（罪止杖一百，徒三年），依（多余之）数追还（主）”[②]，并追原物还主，在一定程度上对债务人加以保护。

再回到这则民事纠纷中，范某与郅某祖父郅太爷在二十年前形成了债务关系。二人虽共同买田，然田契署名范某，郅太爷离任时曾向范某要钱，范某当时没有还钱，而是出具了借据。这笔债务关系本来很清晰，只是历经二十多年范某也没有偿还郅家的借款。曾追要过钱的郅太爷、郅太爷的儿子（郅某的父亲）都相继去世，债务关系缺少了直接当事人。当郅太爷的孙子寻出借据时，范某以为物是人非、年代久远便抵赖。幸亏知县明察秋毫，调阅档案，才使得范某认罪。按照清律，即使这笔借贷没有利息规定，范某的抵赖行为也应该受到法律的制裁。但知县权衡利弊，了解到范某年事已

① 上海大学法学院、上海市政法管理干部学院、张荣铮、刘勇强、金懋初点校：《大清律例》，天津古籍出版社，1993，第269页。

② 上海大学法学院、上海市政法管理干部学院、张荣铮、刘勇强、金懋初点校：《大清律例》，天津古籍出版社，1993，第269页。

高、家境衰落，判其偿还二百两银子结案。总的来说，判决结果还是比较公正的。

3. 重视司法鉴定

民事纠纷发生后，当事双方都会站在自己的角度维护各自权益，纷争难定的情况下，司法鉴定对于民事诉讼案件的审判，具有很强的说服力和公信力，鉴定结果一出，案件的原委也就基本清楚了。司法鉴定是用专业知识和技术手段，依照法定程序做出鉴别和判断的一种活动。因司法鉴定结论是法定证据的一种类型，可以作为确定事实的法定证据，因而对民事、刑事诉讼、仲裁等公正性起着重要乃至决定性作用。

据宋慈《洗冤集录》记载，滴血认亲法有两种：滴骨亲法和合血法。滴骨亲又曰"检滴骨亲法"，具体做法是"谓如某甲是父或母，有骸骨在，某乙来认亲生男或女，何以验之？试令某乙就身刺一两点血滴骸骨上，是的生亲，则血沁入骨内，否则不入。俗云'滴骨亲'盖谓此也"[①]。合血法，具体做法是需要认亲的双方各刺血滴入一水内，如系亲生父母和子女之血则滴血相合，否则不相合。[②]在古代，人们已经认识到，不论滴骨亲法，抑或是合血法都有弊端，容易被奸人做手脚。如果骸骨被盐水洗过，不是父子滴血也能渗入；如果用浸过盐水或醋的抹布擦拭了合血的器皿，不是亲人的两个人的血液也能凝结在一起。[③]清代宫廷剧《甄嬛传》有一集就

① 宋慈：《宋提刑洗冤集录》，张松、张群、段向坤整理《洗冤录汇校》（上），载杨一凡主编《历代珍稀司法文献》（第九册），社会科学文献出版社，2012，第75页。

② 宋慈：《宋提刑洗冤集录》，张松、张群、段向坤整理《洗冤录汇校》（上），载杨一凡主编《历代珍稀司法文献》（第九册），社会科学文献出版社，2012，第92页。

③ 宋慈：《宋提刑洗冤集录》，张松、张群、段向坤整理《洗冤录汇校》（上），载杨一凡主编《历代珍稀司法文献》（第九册），社会科学文献出版社，2012，第92页。

采用了合血法认亲，与《洗冤集录》记载稍有不同的是，该剧指出明矾也可以使不是亲人的两个人的血融合在一起。

尽管有弊端，但古人凭借经验认为，滴骨亲法和合血法在处理刑事案件和民事纠纷中还是有效的。《清代吏治丛谈》卷二就记载了一则滴血认亲的案例：

清代的许仲元任昌化县令时，有一姓章的男子丧妻后，因为家贫无法再娶，就与一个妇人私通。这个妇人的丈夫因为残疾，卧床多年，丧失了劳动能力，妻子就靠卖淫谋生。过了不长时间，这个妇人的丈夫就死了。这个妇人就与章姓男子结婚，不到半年就生下一子。章姓男子自从有了儿子后，生活有了奔头，努力耕作，年年丰收。他本来就有山田一顷，因经营农业有方，卖了粮食有了余钱后，就不断买地，家业变得殷实。章姓男子族中有贪恋他的家产的人，向衙门控告这个妇人所生的儿子并非章姓血脉。原因是，一方面，这个妇人在前夫刚死数月后就生了这个孩子，又怎么能证明不是她前夫的遗腹子呢？另一方面，这个妇人曾和多人相通，靠卖淫为生，谁又能确定这就是章姓男子的孩子？因缺乏证据，前两任昌化县令对这个民事诉讼案都不能裁决。许仲元想到了滴血认亲法。他取来一只七寸的碗，亲自用温水洗了碗，然后盛满泉水。让章姓男子站在左边，这个妇人的孩子站在右边。许县令差人用红绒线扎在这对父子的手臂上，用长针刺破各自的手指，血入碗中，左边的滴血往右晕染，右边的滴血往左晕染，刚开始，两滴血在水中扩散得有点慢，不久越来越近，融合得也越来越快，最后两滴融合在了一起。在场之人无不称奇，就连原告也低头惊诧，许仲元于是"断章某杖八十，奸无自首，法不援免也。原告亦杖八十，诬告有因，照不应例也。断章出钱二千，酒脯告祠，即饗族众，出田十亩，给原告子，以章前妇殁时，曾以原告子为期服始主丧也”[①]。

亲子关系纠纷属于民事纠纷的范畴。这则案例审理的关键是如何证明妇人所生之子是章姓男子之子。此案疑点的确较多，所以在没有充足证据的情况下，前两任昌化县令都不能判。许仲元采取滴血认亲的方法解决了多年的纠纷，获得了诉讼双方的认可。滴血认亲，今天已经证实是不科学的，但在中国传统社会，由于当时的技术水平有限，这种流传久远的技术手段在鉴定子女与父母是否有血缘关系方面，得到人们的认可。这种鉴定的结果，也令诉讼双方深信不疑。究其原因，一是此法起源早，不仅被曾作为正史的《南史》所记载，还被法医学权威著作《洗冤集录》所整理记载，在辨别血亲方面具有相当的权威性；二是在那个没有DNA鉴定的年代，滴血认亲法作为少有的血亲鉴定技术手段，司法鉴定的效果能让在场的诉讼双方都亲身见证到，故而被认为是公正、令人信服的手段。这也从侧面证实了中国传统法治文化在民事司法审理中法治作为主导的事实。

① 伍承乔编：《清代吏治丛谈》卷二，载沈云龙主编《近代中国史料丛刊》（第二辑），（台北）文海出版社，1966，第233页。

第六章 中国传统社会管理中的法治逻辑

在古代社会，世界上大多数国家依靠风俗习惯、宗教、迷信、武力强权、道德教化及法律等多元化的手段和方式来管理社会行为。在中国传统社会，历代王朝管理社会也不例外。总结起来，礼俗和法治构成了国家管控社会的两种主要手段。然而，“百代都行秦政法”，秦以后历代王朝基本奉行了秦始皇开创的政治体制，在国家意识形态上尊崇儒家思想的同时，方法论上更多地遵循了法家的技术路线。何以如此？社会管理归根到底是对人的管理，更偏重实践；法治具有强烈的实践性和可操作性。在实践层面上，二者具有亲和性。社会管理又是具体的，它涉及国家与民众生活的方方面面，统治者要想有效地管理社会，在技术层面上，法治是最为有效的方法。自战国以后，中国很早就确立了单一制中央集权式的国家结构。强大的政府面对的是一个人口众多、纷繁复杂的社会，礼治和法治成了政府驱动社会运转的两个轮子。礼治用道德教化百姓，温情脉脉；法治用刑罚约束庶民，铁面无私。社会是物质的、具体的，法治在作为“场”的社会中，彰显出自身的一套逻辑。在中国传统社会，政府通过法的“指挥棒”管理着世界上最多的人口。在对人口实现有效管理的基础上，又通过法征收数额庞大的赋税。对多姿多彩的民间活动，法也用它铁一般的标尺规范着百姓自发生成的风俗习惯。礼治和法治互为表里、交叉融合，在社会管理中实现了良性互动。这就是中国传统社会管理的主要特征，也是中国传统法治文化区别于西方法治文化的重要表现。

一、传统人口管理的法律规则

人口不仅是一个国家的战略资源，也是社会管理的主要对象。在中国传统社会，历代政府为了便于征收赋税、征发徭役及征兵，同时也为了更有效地实现对社会的管控，对人口进行调查必不可少。政府通过法律保证人口调查的效果，鼓励早婚，打击贩卖人口，又对特殊人群和流动人口进行特别管理。应该说，正是由于援引了法律，中国传统社会整体上才实现了平稳发展。

1. 人口调查中的法律保障

中国自国家诞生以来，人口调查即已出现。其原因无非上文所述，即征集赋税徭役、兵役和管理人口。然而，夏、商和西周的人口调查多为偶然性、局部性的，调查的结果也是相当粗线条的。战国以降，列国兼并战争的剧烈化促使人口调查走出原始阶段，在各国变法过程中完成了制度化、规范化。特别是秦，在变法中有意将人口调查纳入法制轨道，为后世人口调查树立了典范。

户籍就是登记户口的册籍。由于在纸出现之前，户口一般都记录在版上，所以又被称为户版。从文献上看，“户籍”一词最早出现在秦献公十年（前375年）。《史记·秦始皇本纪》载：“（献公）十年，为户籍相伍。”所谓的“户籍相伍”，就是通过户籍将百姓以五户为一个单位加以管理。按照正常的逻辑推测，用户籍管理百姓很可能早于此时，秦献公十年以法令的形式推出的“为户籍相伍”制度，只是强化了用户籍管理百姓这种手段。

正如前文所述，中国古代政府登录百姓户口，其目的是征集赋税、徭役及兵役。而对百姓来讲，沉重的赋税、徭役与兵役是主要的负担。因为负担不起沉重的赋税，承受不了无休止的徭役和兵役，很多家庭到了家破人亡的地步。因此，百姓就想方设法规避人口调查，以期能够逃脱赋役的压榨。事实上，自户籍制度诞生以来，百姓就存在着户籍脱漏的问题。即使到了气度恢宏的唐代，号称治世的贞观年间，因差科徭役繁重，百姓大批逃亡，户籍脱漏问题也相当严重。《资治通鉴》卷一百九十六“贞观十六年七月庚申制书”曰：“自今有自伤残者，据法加罪，仍从赋役。”同年诏书中又曰：“敕天下括浮游无籍者，限来年附毕。”贞观年间百姓逃避赋役的方式，一是自残肢体；一是逃亡浮游，不著户籍。[1]贞观年间户籍脱漏尚且如此，贞观以后民间户籍脱漏更加严重。自安史之乱后，藩镇割据下的连年战乱使得赋役征收无度，百姓逃亡进一步加剧。

唐政府为了保证赋役的征集，同时也为了稳固社会，在法律上强化了对户籍的管控。《唐律疏议·户婚》开篇四条律文即加强人口登记和管理的规定。“脱漏户口增减年状”规定：“诸脱户者，家长徒三年；无课役者，减二等；女户，又减三等。”注曰：“谓一户俱不附贯。若不由家长，罪其所由。即见在役任者，虽脱户及计口多者，各从漏口法。”疏议曰：“率土黔庶，皆有籍书。若一户之内，尽脱漏不附籍者，所由家长合徒三年。身及户内并无课役者，减二等，徒二年。若户内并无男夫，直以女人为户而脱者，又减三等，合杖一百。注云‘谓一户俱不附贯’，此文不计人数，唯据脱户。纵一身亦为一户，不附，即依脱户，合徒三年；纵有百口，但一口附户，自外不附，止纵漏口之法。‘若不由家长’，谓家长不知脱户之情，罪其所由，家长不坐。‘即见在役者’，谓身见在官驱使，而户籍无名，虽脱户，纵漏口法。既见在役任，即无

① 李剑农：《魏晋南北朝隋唐经济史稿》，三联书店出版社，1959，第251页。

课调，若一身脱户，合杖六十。‘及计口多者，各从漏口法’，漏有课口，罪止徒三年；漏无课口，罪止徒一年半。”[①]该律条又规定：“脱口及增减年状，以免课役者，一口徒一年，二口加一等，罪止徒三年。”疏议曰：“谓脱口及增年入老，减年入中、小及增状入疾，其从残疾入废疾，从废疾入笃疾，废疾虽免课役，若入笃疾即得待人，故云‘之类’，罪止徒三年。其增减非免课役及漏无课役口者，四口为一口，罪止徒一年半；即不满四口，杖六十。”唐律规定，若一户都脱漏户口，家长要处徒刑三年。如果家中没有服役的脱漏户，罪减二等，处徒刑二年。如果户内没有男丁，只以妇女为户而脱漏的，减三等，合杖一百。具体来看，哪怕全家仅剩一个男丁，如脱漏户口，也得处以徒刑三年。家虽有百口，但仅有一人登记户口，其余皆为脱漏，合律也属于纵漏口之法。如果家长不知情，罪及脱漏者，不及家长。即使本人在官服役，然而脱漏户籍，合律也属于纵脱漏法。如果本人在官已服役，但没有上缴赋税，且只有他一人脱漏户口，合律应处以杖刑六十。

总观此条，唐律对脱漏户口的惩处，目的在于防范编户逃避徭役和赋税。唐律对于脱漏户口者惩罚相当严厉，动辄处以徒刑和杖刑。此条主要是针对脱漏户口的百姓而设。然而，在中国传统社会，检查户口、征收赋税和征发徭役主要在最基层的乡里完成。自战国以来，州县乡里制度日趋严密，若非基层州县乃至乡里小吏监管不力和私下协助，一般百姓几乎很难做到脱漏户口。因此，《唐律疏议·户婚》在“脱漏户口增减年状”条下，连续三条法律都是针对官吏失职而造成百姓脱漏户口的惩罚。

《唐律疏议》“里正不觉脱漏增减”条规定：“诸里正不觉脱漏增减者，一口笞四十，三口加一等；过杖一百，十口加一等，罪止

① 长孙无忌等：《唐律疏议》，刘俊文点校，中华书局，1983，第231~232页。

徒三年。若知情者，各同家长法。”疏议曰：“里正之任，掌案比户口，收手实，造籍书。不觉脱漏户口者，脱谓脱户，漏谓漏口，及增减年状，一口笞四十，三口加一等；过杖一百，十口加一等，罪止徒三年。里正不觉脱户者，听从漏口法，不限户内口之多少，皆计口科之。州县脱户，亦准此计口科罪，不依脱户为法。若知脱漏增减之情者，总计里内脱漏增减之口，同家长罪法。州县计口，罪亦准此。其脱、漏户口之中，若有知情、不知情者，亦依并满之法为罪。”①

“州县不觉脱漏增减”条规定：“诸州县不觉脱漏增减者，县内十口笞三十，三十口加一等；过杖一百，五十口加一等。州随所管县多少，通计为罪。各罪止徒三年。知情者，各同里正法。”疏议曰：“‘州县不觉脱漏增减者’，与上条‘里正不觉脱漏增减’义同，十口笞三十，三十口加一等，即是二百二十口杖一百；过杖一百，五十口加一等。‘州随所管县多少，通计为罪’，若管二县以上，即须通计，谓管二县者，二十口笞三十；管三县者，三十口笞三十之类。‘计加亦准此’，谓一县三十口，加一等，即州管二县者，六十口加一等；管三县者，九十口加一等；若管十县，三百口加一等。‘若脱漏增减并在一县者’，谓管三县，一县内脱漏三十口，州始笞三十；若管四县，一县内脱漏四十口，州亦笞三十，故云‘得以诸县通之’。‘若止管一县者，减县罪一等’，谓县脱三十口，州得笞二十之类。‘余条通计准此’，谓一部律内，州管县，监管牧，折冲府管校尉，应通计者，得罪亦准此，各罪止徒三年。‘知情者，各同里正法’，其州县知情，得罪同里正法，里正又同家长之法，共前条家长脱漏罪同。”②

① 长孙无忌等：《唐律疏议》，刘俊文点校，中华书局，1983，第233页。

② 长孙无忌等：《唐律疏议》，刘俊文点校，中华书局，1983，第234页。

"里正官司妄脱漏增减"条规定："诸里正及官司，妄脱漏增减以出入课役，一口徒一年，二口加一等。赃重，入己者以枉法论，至死者加役流；入官者坐赃论。"疏议曰："里正及州、县官司，各于所部之内，妄为脱漏户口，或增减年状，以出入课役，一口徒一年，二口加一等，十五口流三千里。若有因脱漏增减，取其课调入己，计赃得罪，重于脱漏增减口罪者，即准赃以枉法论，计赃至死者加役流；其赃入官者，坐赃论。其品官受赃虽轻，以枉法论，一匹以上即除名，不必要须赃重。众人之物，亦累倍而论之。"①

里正和州县不觉脱漏增减年，实为工作疏忽导致脱漏户口，属于工作失职罪。即使对于工作疏忽导致的户口脱漏，唐律也按照脱漏户口的人数来定罪。对于主观上的"妄"，即有意为了财物为人脱漏户口，私下行方便之门，这属于贪赃枉法，主观动机不良，要科以重罪。为他人行方便之门，脱漏一口，论以徒刑一年，二口论以徒刑二年，脱漏十五口，判以三千里流刑。若敢贪赃枉法，将其脱漏户口者本应所缴纳的赋税收归己有，按照赃罪判刑。根据贪赃的数额，判处从流放到死刑不等的大罪。有品位的官员，以贪赃枉法论罪，贪赃一匹绢以上即行撤职除名。由此可知，对于地方官吏主动为他人脱漏户口的，特别是收受贿赂者，唐律判以重罪。

不管是百姓脱漏户口，还是官员失职或有意为人脱漏户口，在唐律中的罪行都不轻。对比其他刑事犯罪，即可知唐政府对脱漏户口罪惩罚之严厉。在唐代，触犯伦理的性犯罪是重罪，但《唐律疏议·杂律》"凡奸"条规定，具有良民身份的普通百姓，通奸各徒一年半，强奸无夫之妇的徒二年，强奸有夫之妇的徒二年半。而这里脱漏户口增减重者，一经发现就判徒三年。由此可知，唐政府对脱漏户口判罪之重。

① 长孙无忌等：《唐律疏议》，刘俊文点校，中华书局，1983，第235页。

唐律承继隋律。在隋代，隋律对不尽职责、亡失户口的官吏，往往惩罚甚严。据《隋书·高劢传》载，高劢治陇有方，羌人大批来附。吐谷浑来袭，高劢因病不能拒敌，令敌寇大掠人口而去。有宪司上奏高劢失职之罪，理由是“亡失户口”和“受羌馈赠”，高劢竟被免官，不久死去。①

尽管高劢“亡失户口”不是主观所为，但论罪也有失职之处。州县长官因失职造成“亡失户口”，可比照唐律“州县不觉脱漏增减”律条，罪行严重者要判徒三年的重刑，“受羌馈赠”又可比贪赃枉法罪。因高劢之前的确治理洮州有政绩，隋政府可能已经法外开恩，最终还是判处高劢免官。由此例可知，隋唐法律对“脱漏户口”惩罚之严厉。

2. 法律上强制早婚

对于农业生产和战争来讲，人口是战略资源。在某种意义上，人口繁庶就是国力昌盛的重要表现。因此，在中国传统社会，政府一般在法律上强制早婚，对于晚婚者要进行处罚，并鼓励、保护人民生育。

在法律上强制早婚，先秦时代即已出现。《墨子·节用上》曰：“昔者圣王为法曰：‘丈夫年二十，毋敢不处家；女子年十五，毋敢不事人。’此圣王之法也。”②墨子生活在春秋末期，在墨子以前的古圣王时期，大约是指夏、商和西周时期，有法律规定：男子年二十岁，须婚配成家；女子十五岁，须嫁人生子。史料记载政府最早实行强制性婚姻政策的是春秋后期的越国。越国被吴国击败后，为一雪前耻，越王勾践发愤图强，积蓄力量报仇，遂有十年休养生息之策。

越国以法令的形式颁布全国，禁止年轻人娶老妇为妻，禁止

① 魏徵、令狐德棻等：《隋书》，中华书局，1973，第1374页。
② 孙诒让：《墨子间诂》，孙以楷点校，中华书局，2001，第161页。

老汉娶年轻的女子为妻，原因是只有年轻男女婚配才能提高生育质量。女子到十七岁未出嫁，男子到二十岁不娶妻，父母都有罪。同时，政府鼓励生育，有身孕即将分娩者，政府令医守护。生男孩奖励两壶酒、一只犬；生女孩奖励两壶酒、一头小猪。生三个孩子，政府给配备保姆。生两个孩子，政府给生活补贴。嫡子死，政府为之守孝三年；庶子死，政府为其守孝三月。不论嫡子去世还是庶子去世，政府官员都参加丧礼，并帮助掩埋尸体，就像对待自己的孩子一样。对独子的、寡妇、患有疾病的、家庭贫困的，政府安排他们的孩子充任官吏，并获得俸禄。①

这虽然是非常时期的权宜之策，但从《墨子·节用上》可知，这并非越国独创，三代早已有之。可见政府用法令强制早婚的做法，也是遵从过去的习惯。此外，越国鼓励生育的做法，也很有代表性。从具体内容上看，不仅有实实在在的物质奖励，还有为鼓励生育而发布的政策扶持，比如配备保姆、给予补贴以及让孩子将来参与仕途等利好政策。这对当前中国人口政策调整和配套扶持，仍有一定的参考价值。

观史料可知，中国传统社会大部分时期在法律上是强制早婚的。到了唐代，政府仍然在法律上强制早婚。据《唐会要·嫁娶》贞观元年（627年）二月四日诏中可知，唐初政府对年满二十岁的男子、十五岁以上的女子以及丧妻之鳏夫“须申以婚媾，令其好合”，这就有督促婚配的意思。家贫而无彩礼的男子，诏书希望亲戚乡里给以资助，使其完婚；对于富裕之家，男子年二十，女子年十五，则明确强制婚配。诏书虽然规定对坚守妇贞的寡妇听任其情，但又明示刺史县令以下的地方官，若所辖州县的青年男女能够按时婚配、鳏寡之人数量减少、户口增加，则作为重要的政绩进行

① 上海师范大学古籍整理组校点：《国语》，上海古籍出版社，1978，第635页。

考核。[①]

君主的诏令往往就是法律。正如西汉的酷吏杜周所言："三尺安出哉？前主所是著为律，后主所是疏为令。"[②]显然，唐王朝强制民间青年男女早婚是受了过去传统历史的影响，其目的和过去也一样：通过繁衍人口，提高农业生产，增加兵源和税源。

3. 打击贩卖人口的犯罪行为

在中国传统社会，历代政府都严厉打击贩卖人口等犯罪行为。中国古代人口贩卖的主要对象是妇女和儿童。不法分子贩卖妇女，获利之后多将其转卖他人为婢为妾，甚至卖到青楼为娼，而儿童多卖与他们为奴仆，有的儿童被拐后命运更悲惨，或被杀死炼药，或被截去手足如犬豚为人卖艺。因此，历代王朝的律条对贩卖人口的不法行为惩处极其严厉。

《唐律疏议·贼盗》关于贩卖人口犯罪行为的惩处共有五条律文。

"略人略卖人"条曰："诸略人、略卖人为奴婢者，绞；为部曲者，流三千里；为妻妾子孙子者，徒三年。"[③]注曰："不和为略。十岁以下，虽和，亦同略法。"此处被拐卖的对象主要指良人。据疏议可知，"略"为通过强暴、威胁等手段拐骗，用现在的话说，用绑架的手段完成拐卖；"和"为知情，事出不得已而被骗。唐律规定，十岁以下的儿童被拐骗，不论是否遭到威胁、劫掠，都按不知情被拐论罪。唐律规定，通过强暴手段拐卖人为奴婢，拐骗者与转卖者都要处以绞刑；通过强暴手段拐卖人为部曲者，处以流放三千里的刑罚；通过强暴、威胁的形式拐卖人为妻子或儿子，处以三年徒刑。唐律打击绑架拐卖人口是依照被拐者所遭受的境遇来论

① 王溥：《唐会要》，中华书局，1955，第1527页。

② 班固撰，颜师古注：《汉书》，中华书局，1962，第2659页。

③ 长孙无忌等：《唐律疏议》，刘俊文点校，中华书局，1983，第369页。

罪。即使是被拐卖为他人妻子或儿子，有人身自由和地位，拐卖人也要被判处三年徒刑。如前所说，三年徒刑在唐代已是重罪。

“略和诱奴婢”条规定：“诸略奴婢者，以强盗论；和诱者，以窃盗论。各罪止流三千里。即奴婢别赍财物者，自从强、窃法，不得累而科之。”[①]该条主要针对拐卖对象是奴婢。良人与奴婢身份与地位不同，法律惩治贩卖人的罪行也不相同。略诱奴婢者按照强盗论，和诱奴婢则依照窃盗论。如果拐卖人除了拐卖奴婢，还捎带抢夺了奴婢（随身衣物除外）的财物，也各自按照强、窃法：“因略者，一尺徒三年，二匹加一等；和诱者，一尺杖六十，一匹加一等。各从一重科之，并不得将奴婢之身，累并财物同断。”[②]

“略卖期亲以下卑幼”条规定：“诸略卖期亲以下卑幼为奴婢者，并同斗殴杀法；即和卖者，各减一等。其卖余亲者，各从凡人和略法。”[③]根据疏议可知，期亲以下卑幼是指弟、妹、子、孙，兄弟之子孙、外孙、子孙之妇，以及从父弟、妹，并谓本条不至死者。假如斗杀弟妹徒三年，杀子孙徒一年半；若略卖弟妹为奴婢，同斗杀法徒三年，卖子孙为奴婢徒一年半。

“知略和诱和同相卖而买”条规定：“诸知略、和诱、和同相卖及略、和诱部曲奴婢而买之者，各减卖者罪一等。”[④]该律条主要针对人口拐卖中的卖家。众所周知，没有买家，就没有拐卖人口的市场。唐律对买家定罪虽比卖家减一等，但仍然相当严厉。因为拐卖人口本是重罪，所以即使减刑一等也属于重判。

---

① 长孙无忌等：《唐律疏议》，刘俊文点校，中华书局，1983，第371页。

② 长孙无忌等：《唐律疏议》，刘俊文点校，中华书局，1983，第371页。

③ 长孙无忌等：《唐律疏议》，刘俊文点校，中华书局，1983，第372页。

④ 长孙无忌等：《唐律疏议》，刘俊文点校，中华书局，1983，第374页。

“知略和诱强窃盗受分”条规定：“诸知略、和诱及强盗、窃盗而受分者，各计所受赃，准窃盗论减一等。知盗赃而故买者，坐赃论减一等；知而为藏者，又减一等。”[①]此律条主要针对明知是拐卖行为却参与分赃的犯罪同伙进行计赃定罪。

《唐律疏议·贼盗》对拐卖人口的犯罪行为进行了详细的界定，有些律条如对买家的法律制裁，对今天打击拐卖妇女儿童也有一定的借鉴意义。

在清代，对于打击拐卖人口的犯罪行为的记载也最为详细。《大清律例·刑律·贼盗》“略人略卖人”条将唐律打击贩卖人口的五条律归纳为一条，法律的内容不仅没有减少，而且律后面又增加了十七则条例，结合了清代社会特点，对每一种拐卖人口的犯罪行为进行了更加详细的规定。如针对清代窑子等性交易场所诱拐妇女和儿童的犯罪行为，《大清律例》条例明确规定：“凡伙众开窑，诱取妇人、子、女藏匿勒卖事发者，不分良人、奴婢，已卖、未卖，审系开窑情实，为首，照光棍例拟斩立决；为从，改发云、贵、两广烟瘴地方充军。”[②]

《刑案汇览三编》据嘉庆十五年（1815年）刑部说帖，记载了一则“被拐若不知情但拐未卖亦绞”的案例：

江陇居与其妻江胡氏从四川回湖北老家，路经贵州。江陇居从客店出发后发现丢失银两，当下决定原路返回去寻找银两，命其妻江胡氏先找客店暂住，等候他返回。贵州人杨光贵得知江陇居夫妇丢失银两的事，见胡氏单身一人客居店内，便起意诱拐。杨光贵伙同王小五私下商定待胡氏被拐卖后得银分赃。二人尾随胡氏，等胡氏走至岔路口，胡氏因迷路，遂问佯装路过的杨光贵。杨光贵欺骗

① 长孙无忌等：《唐律疏议》，刘俊文点校，中华书局，1983，第375页。

② 上海大学法学院、上海市政法管理干部学院、张荣铮、刘勇强、金懋初点校：《大清律例》，天津古籍出版社，1993，第416页。

胡氏说自己也要回湖北，建议胡氏和他一同到张老长客店内。杨光贵便安排胡氏在店内住下休息，以便等候其夫江陇居。杨光贵私下偷偷告知店主张老长欲拐卖胡氏，希望张老长配合，并许诺拐卖胡氏后与其分银。张老长素知杨光贵品行不彰，实属无赖地痞之流，不敢当面斥责杨光贵，就假装答应，私下让母亲高氏向胡氏透露拐卖之事，让胡氏向乡约求助。杨光贵听闻消息后逃逸。江陇居返回后了解了情况便向官府控告杨光贵拐卖之事。官府侦办此案，将杨光贵抓获。

贵州司查例载："诱拐妇人不分已卖未卖，但诱取者，被诱之人若不知情为首者，拟绞监候等语。"[①]《大清律例·刑律·贼盗》"略人略卖人"条规定："凡诱拐妇人子女，或典卖，或为妻、妾、子、孙者，不分良人、奴婢，已卖、未卖，但诱取者，被诱之人若不知情，为首，拟绞监候；为从，杖一百，流三千里。"[②]刑部的最终结论是："今杨光贵因见胡氏单身独行，起意拐卖，业经诱至僻处张老长店住宿，被诱之胡氏并不知情，该省将杨光贵拟以绞候，为从之王小五拟流，与例相符，似可照覆。"[③]由于贵州司的审判结果与《大清律例》相符，刑部肯定了该司的审判结果。

清律规定，不论拐卖人口是否成功，只要犯罪嫌疑人有了拐卖的动机，并付诸行动，且在被拐之人不知情的情况下，拐卖人口的主犯就要被判处绞监候的重刑，而从犯也要被判处杖一百、流三千里的重刑。由于拐卖人口情节恶劣，造成的社会负面影响太大，清律便采取了不论犯罪的结果，而以犯罪的动机和行动为依据定罪的做法。毫无疑问，这对社会上拐卖人口的犯罪行为起到了很强的警示作用。

---

① 祝庆祺等编：《刑案汇览三编》，北京古籍出版社，2004，第719页。

② 上海大学法学院、上海市政法管理干部学院、张荣铮、刘勇强、金懋初点校：《大清律例》，天津古籍出版社，1993，第416页。

③ 祝庆祺等编：《刑案汇览三编》，北京古籍出版社，2004，第720页。

二、传统赋役征收的法制努力

中国传统社会的赋役制度包括赋税和徭役两大类，赋税是其主要内容。赋役作为国家财政的重要组成部分，反映了国家凭借政治权力参与社会产品分配的一种治理能力。一般观点认为，赋役特别是赋税乃是国家为了运转各机构，实现其职能，凭借政治权力，按一定的标准，强制地、无偿地取得财政收入的一种手段。赋役之于政府意义重大。可以说，没有赋役，特别是赋税，政府就无法存在。因此，马克思在《1848—1850法兰西阶级斗争》一文中一针见血地指出，“赋税，这是喂养政府的母乳”[①]。赋役乃是政府机构运转和实现国家治理的动力之源。

《孟子·尽心下》曰：“有布缕之征，粟米之征，力役之征。君子用其一，缓其二。用其二而民有殍，用其三而父子离。”孟子的描述，大体可以接近古代赋役制度的真相。所谓“粟米之征”，多指田赋，即孟子讲的井田制中的“九一而助”或将产出的十分之一上缴的“什一税”。早期田赋的缴纳方式或为劳役（即出工代税），或为粮食等实物。在中国传统社会，唐代实施“两税法”前，田赋大部分时间征收粮、布等实物，“两税法”实施后才开始征收货币，至明清时期，田赋实现了普遍征收白银。所谓“布缕之征”，即按照住宅面积征收的绢布，目的是督促庶民在房前房后广种桑麻之属。所谓“力役之征”，乃令庶民在农耕间隙充当征夫，为国家服各种劳役，主要是按家里的人丁多少分配名额。春秋战国时期，兼并战争频发，赋税日趋加重，故孟子屡屡畅言薄赋敛，不违农时，并将其视为施行仁政的重要条件。战国以后，随着法家的兴起，赋役制度渐渐被纳入国家法典当中。依法保证赋税的征收和徭役的征发，成为后来王朝普遍的做法。

---

① 中共中央马克思恩格斯列宁斯大林著作编译局编译：《马克思恩格斯选集》（第一卷），人民出版社，2012，第522页。

1. 赋税征收

两宋继续沿袭唐中期以来杨炎创设的“两税法”。然北宋更多承袭的是五代“两税法”的旧制，尤其是税额各地轻重未定，因此赋税难以均平。其要害在于各地隐田未及查清所致。为均平赋税，北宋神宗熙宁五年（1072年），王安石变法，修订方田均税法。通过重新丈量土地，按照土地的优劣划分为五等定税，规范了唐代中期以来的“两税法”。由于豪强、地主的反对，加之新法在施行过程中用人不当，方田均税法难以彻底实施，最终随变法失败而失败。南宋定都临安后，江南各路州县的夏税、秋税负担都比较重，加之税种繁多，征税系统管理不够完善，在赋税征收上出现了种种问题，民不堪其压。为了规范税收，宋代政府在法律上将赋税征缴纳入了严格的督查系统。

里正居于传统社会权力结构的末梢，拥有依令授田、征收赋税及摊派徭役的权力。基层赋税征收时，征收对象混乱，该征收的未征收，不该征收的乱征收，多是自里正不按律征收所致。因此，《宋刑统·户婚律》沿袭了《唐律疏议》关于赋役的法律条文。“课农桑”条主要从规范里正权限出发，规定：“诸里正，依令：‘授人田，课农桑。’若应受而不授，应还而不收，应课而不课，如此类违法者，失一事，笞四十，三事加一等。县失十事，笞三十，二十事加一等。州随所管县多少，通计为罪。各罪止徒一年，故者加二等。”[①]据疏议可知，每年农历十月一日，里正需要根据当地的人口增减情况，核实每户授田、课税多少，依令校勘造簿，输送到县里汇总。如果应授田于人而不授，应还田而不收，应课税而不课税，应征收桑麻之物而不征收，以上每一事违反法令，笞四十。如果累加罪行较多，最高判处徒一年。

在征收赋税过程中，如不应律，征收不平均，有户征得少，

① 窦仪等：《宋刑统》，薛梅卿点校，法律出版社，1998，第209页。

有户征得多，或者非法擅自赋敛百姓，随便增加征收科目，都要判刑。故《宋刑统·户婚律》“差科赋役不均平及擅赋敛加益”条规定：“诸差科赋役违法及不均平，杖六十。若非法而擅赋敛，及以法赋敛而擅加益，赃重入官者，计所擅坐赃论；入私者，以枉法论，至死者加役流。”[①]律法规定，即使是依法征收赋税，如果征收者擅自增加数额，钱物入官者，按照擅坐赃论，总计数额若超过六匹绢，即要判处杖六十以上，如果擅自加税超过一百匹绢的数额，依照法律罪行最高判处徒三年；如多征收的赋税入了自己的腰包，那就是贪赃枉法了。按照枉法论，有官禄的，贪赃一尺杖一百，一匹加一等，十五匹就要判处绞刑。没有官禄的罪行减一等，十二匹就要判处绞刑。杖刑是肉刑，重杖六十，不死也得重伤。徒三年，被剥夺自由，强制参加劳动，属于重罪。不管有没有官禄，作为官吏，若私自增益税收额数，重至绞刑。不能不说，法条对赋税征收的监管极为严厉。

然而，对于赋税征收者来说，赋税征收，经手的毕竟是钱物。在金钱和财物面前，有些品行不彰的官吏往往敢于铤而走险。当然，也有一部分官吏为了保证业绩，以借的名义，强迫百姓提前预交租税。这对本来负担就重的百姓来讲，雪上加霜。宋政府为了防止此类违法征税事件的发生，在法律上专门有所设置。《庆元条法事类·受纳税租》载：“诸州县辄预借人户租税，徒一年。若公吏于人户处私辄借者，准盗论，五十匹配本城，仍需被借人户越诉。”[②]如果州县政府预借人户租税，行政长官要按律处以徒一年的刑罚。具体负责收缴租税的胥吏私自向人户借租税者，按照盗论，预借租税五十匹在本城发配，并准许本户越诉。《名公书判清明

---

① 窦仪等：《宋刑统》，薛梅卿点校，法律出版社，1998，第237页。

② 谢深甫编纂：《庆元条法事类》，戴建国点校，载杨一凡、田涛主编《中国珍稀法律典籍续编》（第一册），黑龙江人民出版社，2002，第617页。

集》记载了南宋刘克庄关于“州县不当勒纳预借税色”的感悟。①

通过刘克庄的感悟可知，铺寨兵向其申诉县道拖欠他们的衣粮，负责向百姓催科的都保，向其申诉县道预借租税之事。刘克庄还举例说明，本来第五年交了夏秋两税的粮食，县道又向百姓借第六年的两税的米。究其原因，县道也有苦衷。州郡一级单位要求按期缴纳两税，又因连年战争，军粮缺口较大，才出现了县道预借租税的现象。刘克庄对此颇同情百姓与都保，认为从州到县，应该从抚民、爱民出发，州郡要体恤县道，县道要体恤百姓。对于那些侵吞百姓、都保的钱不输官者，会断刺发配本城，即按照《庆元条法事类》规定的“若公吏于人户处私辄借者，准盗论，五十四配本城”。南宋时期，政府腐败，加之有抗金、元之事，战事频仍，州县苛敛甚重，民不堪其重。道德败坏的官吏趁机要弄权术，预借税租时不给百姓开具“户眼”（凭据或收据），克扣钱粮；品行正直的官吏对此也只能“颦蹙叹息”而无能为力。当时，刘克庄能够依据法律条文对向百姓、都保预借租税的胥吏进行有效的监督，其精神应该值得肯定。

2. 力役之征

唐代的租庸调法中，租调大体指的是田税和户税。庸即力役，不欲服役者可纳庸代役。唐代建中元年（780年），杨炎创设“两税法”。依照“两税法”的规定，代表力役的庸钱并入两税征收，国家发起的工程或官府的具体差事可以用钱募人代劳，力役之征应该不复存在。但实际情况却是，两宋时期，力役仍时有征发，时称之为“夫役”，与近世“出夫”类同。两宋的夫役有“春夫”和“急夫”两种。国家常规性的徭役一般在春天耕种前征发，则调春夫。在春天以外的徭役，属于非常规性的力役，则调急夫。不愿意服役

① 中国社会科学院历史研究所宋辽金元史研究室点校：《名公书判清明集》，中华书局，1987，第65页。

可缴纳夫钱。

两宋还有职役之法。《宋史·食货志》有《役法》两章，《役法上》曰：

> 役出于民，州县皆有常数。宋因前代之制，以衙前主官物，以里正、户长、乡书手督课赋税，以耆老、弓手、壮丁逐捕盗贼，以承符、人力、手力、散从官给使令；县曹司至押、录，州曹司至孔目官，下至杂职、虞候、拣、掏等人，各以乡户等第定差。①

节度使府衙、州衙前诸职虽近距离接触行政长官，但官事繁杂，差事辛苦。以督课为职役的里正、户长、乡书手，掌逐捕盗贼的耆老、弓手、壮丁，都是从乡里高等户人家选出，户等以财产多寡划分。最低等的承符、人力、手力、散从等，处于职役的最底层，供官僚驱使。以上职役，在宋代统称差役。因政府事无巨细，具体落实主要靠差役。负担之重，令民痛苦不堪。熙宁年间，王安石变法，创设募役法。应服役的人，出钱免役，变差役为雇役。新法在实施的过程中，也存在着一定的弊端。如为了使役钱负担相对均平，必须按丁产户籍评定户等，依户等不同出役钱，但以户等定役钱的事，实际操作起来却很难做到公平合理。王安石变法失败之后，募役法也难以实施。南宋基本按照熙宁变法之前的旧制。绍兴以来，讲究推割推排之制。因在一段时间内，户产有升降，如果不重新编排役法，则资产比之前多十倍、百倍者，科役却不增；而有些户先前有些资产，几年内资产竭尽，而服役不减，疲于应付。这样就会引起役法的不公正。因此，南宋绍兴二十六年（1156年），宋高宗“批朱”歇役六年者与未曾充役的“白脚”一起排役。宋孝

① 脱脱等：《宋史》，中华书局，1977，第4295页。

宗时，编制了一套具体做法，人户家庭殷实、物力高强者，分别歇役一年、六年、八年，歇年满即理为“白脚”，轮充差役，称之为倍法。然乡里小吏多与大户勾连，歇役既满，却仍旧不差遣服役，而让歇役未满者赋役，或让白脚充役。南宋法官据差役倍法进行核实，如不遵法律，胡乱派役，对保正等负责派遣服役的官吏，依律进行惩治，以保证役法的公平性。

《名公书判清明集》记载了南宋范西堂关于“倍役之法”的一则判词①。据判词可知，南宋孝宗年间的差役倍法，户产折合税钱一倍，歇役十年；税钱的两倍，歇役八年；税钱的三倍，歇役六年。张茂兄弟三人，因老母在堂，未曾分家，产钱共计五十一贯，虽属于贫下户，但依律也应服役。较之张茂的产钱，张法政产钱四百六十贯、邓汝贤产钱二百四十贯，分别是张茂产钱的八倍、四倍。张政法、邓汝贤都已歇役十年以上，歇年已满理为“白脚”，重新服役。然保正只差遣三人之中的一人服役，听闻范西堂核查此案，又三人并派。实际上，按照倍法，由于张法政先期服役较晚，不及一倍，邓如贤服役较早，理应先服役，最后服役的才是贫户张茂。范西堂依法断理此案，只因保正不遵法派役而导致役法乱行，最终判处负责检核服役的乡司、役案皆杖六十。中国传统社会力役之征虽繁重，但古代法律对此并非在此一无规定，有些贤明的地方法官依法核实服役情况，最大限度地维护了役法的公平公正。

三、传统民间活动的法律制导

民间活动本是群众寄托精神或信仰的载体，它起源甚早，在早期国家未形成之前，民间活动就已经大放异彩。但是，伴随着国家的确立，作为权力的集合体，国家就不再容忍民间活动“野蛮”

① 中国社会科学院历史研究所宋辽金元史研究室点校：《名公书判清明集》，中华书局，1987，第75页。

生长。大部分中国传统的民间活动是比较温和的，它的存在对于规制群众的社会生活有一定的积极意义，为政府所承认、接纳，最终发展成礼俗。然而，也有一些陋俗不利于民间社会生态的和谐，有些民间活动甚至超出了政府的容忍度，被坚决禁绝。为了便于管理民间活动，自战国以来，统治者都将传统民间活动置于国家律令之下，依律对民间活动进行有效的制约和疏导。

1. 传统法治对民俗的制导

在中国传统社会，上古延续下来的许多民俗逐渐演化为礼俗，如上巳节出游踏青之俗，到了秦汉之际，已经成了官民的公共节日。《后汉书·礼仪志上》："是月上巳，官民皆洁于东流水上，曰洗濯祓除去宿垢疢为大洁。"[①]到了唐代，上巳节更加盛行，皇家都参与进来。王维的《奉和圣制与太子诸王三月三日龙池春禊应制》："故事修春禊，新宫展豫游。明君移凤辇，太子出龙楼。"春禊，就是三月三上巳节，人们在水边举行盥洗祭祀，以象征祛除一年的晦气。从诗句中可知，唐代上至天子、太子，下至普通百姓都过此节。唐玄宗开元七年（719年），唐政府以法令的形式，公布了包括上巳节在内诸多节日放假一天的规定。唐德宗贞元四年（788年）颁布《三节赐宴赏钱诏》，更将上巳节定为"三令节"之一。[②]唐政府鼓励官民百姓快乐过节，规定三节时，"宜任文武百僚，选胜地追赏为乐"，唐德宗在诏书里特别强调赏钱要"节前五日支付，永为常式"[③]。唐政府通过法令的形式将民俗节日固定下来，成为官民的共同节日。在这里，法律对民俗起了因势利导的作用。

对于能够丰富百姓精神生活、促进地方和谐的良俗，中国古代王朝一般都能够容忍接纳，有些官民皆宜的民俗，还被法律固定下

---

① 范晔撰，李贤注：《后汉书》，中华书局，1965，第3110页。

② 唐人习惯将农历二月一日中和节、三月三日上巳节、九月九日重阳节，合称"三令节"。

③ 董诰等编：《全唐文》，中华书局，1983，第562页。

来，成为全民的节日。古代政府对民俗的接纳是有底线的，起码不能危害社会稳定和统治。对于一些恶俗，古代政府在法律上坚决禁止，惩罚甚严。

在古代，政府在法律上严厉禁止“采生折割”等有违伦理和人性的恶俗。所谓的采生折割人，即取活人耳目脏腑之类的器官，或者折断、削掉人的四肢、五官，把人折磨成动物的样子，靠其卖艺赚钱。这种恶俗始自汉初吕后将戚夫人变为“人彘”，在民间屡禁不绝。采生又有一说，即在古代民间流传甚广的“采阴补阳”之术。其中一说，舐吸幼女精髓即可长生不老，舐毕即杀女而再寻一主，如此反复。此等恶俗有违伦理和人性，即使放在思想开放的今天，也是骇人听闻。《大清律例·刑律·人命》“采生折割人”条规定：“凡采生折割人者，（兼已杀及已伤言，首）凌迟处死，财产断付死者之家。妻子及同居家口，虽不知情，并流二千里安置。为从（加功）者，斩。若已行而未曾伤人者，（首）亦斩。妻子流二千里，为从（加功）者，杖一百，流三千里。里长知而不举者，杖一百。不知者，不坐。告获者，官给赏银二十两。”[①]嘉庆十六年（1811年），清朝发生了一起骇人听闻的“张良璧采生毙命案”。

安徽歙县有个七旬多的老汉叫张良璧，从嘉庆元年（1796年）九月开始，连续十六年“吸婴女精髓前后共十六人，致毙女孩十一人，成废一人”。此案在安徽籍原任御史方大川的侦办下，一举破获。由于社会负面影响极大，惊动了嘉庆皇帝。以按照《大清律例》“采生折割人”条断应判张良璧凌迟处死。曾担任过刑部郎中的钱楷，时任安徽巡抚，可能因张良璧年迈，“量减拟以斩决”以上奏。嘉庆皇帝得奏后震怒，在上谕中严厉批评钱楷，反问钱楷：“庇护人妖，是何意见？”皇帝亲自下谕旨，判处张良璧凌迟

① 上海大学法学院、上海市政法管理干部学院、张荣铮、刘勇强、金懋初点校：《大清律例》，天津古籍出版社，1993，第452页。

处死。为了防止张良璧畏罪自杀，嘉庆皇帝又着令四百里加急传谕钱楷奉旨："先将该犯凌迟正法示众，传齐十六家亲丁环视，以快人心而抒众愤。所有张良璧家产并着抄没，传集被害之十六家亲属，当官分给，仍将情形具奏。钱楷错拟罪名，着交部察议。知府成履恒、知县曾佩连均着革职，交该抚将有无受贿故纵等情严行审讯。"[①]凌迟一刑，在古代刑法中最骇人听闻。行刑时，不像斩立决，将罪犯脑袋一刀砍下，而是在罪犯清醒的状况下，一刀刀活剐。这是中国古代王朝对谋反等大罪进行的最严厉惩罚。不仅如此，嘉庆皇帝在谕旨中还追究了巡抚钱楷的错拟罪名之罪，经手此案的徽州知府、歙县知县均被革职。

透过二百多年前的文字，今天我们在读嘉庆皇帝的谕旨时，对这个判决结果仍感到大快人心。对于这样有违伦理和人性的恶俗，任何时代、任何国家的法律都是坚决打击的。

2. 传统法治对祭祀的规制

祭祀在诸礼当中最为重要。《礼记·祭统》："凡治人之道，莫急于礼。礼有五经，莫重于祭。"[②]祭祀之活动，起源甚早。上古时期生产力落后，人的认识能力有限，人人敬畏自然，将之比作鬼神。初期，人人皆可以通神，祭祀没有门槛限制。当权力逐渐集中在少数人手中，祭祀通神之权遂被垄断。《国语·楚语下》曰："及少皞之衰也，九黎乱德，民神杂糅，不可方物。夫人作享，家为巫史，无有要质。民匮于祀，而不知其福。烝享无度，民神同位。民渎齐盟，无有严威。神狎民则，不蠲其为。嘉生不降，无物以享。祸灾荐臻，莫尽其气。颛顼受之，乃命南正重司天以属神，

① 祝庆祺等编：《刑案汇览三编》，北京古籍出版社，2004，第1041～1042页。

② 郑玄注，孔颖达整理：《礼记正义》，龚抗云整理，北京大学出版社，1999，第1570页。

命火正黎司地以属民，使复旧常，无相侵渎，是谓绝地天通。”[①]颛顼“绝地天通”，祭祀之权遂为统治阶层垄断，结束了民神杂糅、家为巫史的局面。“国之大事，在祀与戎”，统治者牢牢地把祭祀大权抓在手中，祭祀成为国家至重的大事，直至清代，朝廷和省州县地方各级政府几乎每年都有官方祭祀的重大仪式。

朝廷大祀仪式主要祭祀天地和社稷，同时也在太庙祭祀历代先皇。这些本属于礼仪活动的祭祀，从唐代开始上升到法律层面。《唐律疏议·职制》共有四条关于祭祀的法律，凡是违反者皆要受到法律制裁。从明代开始，官方祭祀的规定被收录在《大明律》中，并形成了一种单独律种——礼律。《大清律例》沿袭了明代的做法，对官方祭祀的规定更加详细。自颛顼“绝地天通”之后，官方虽然把持着祭祀通神的权力，但很难杜绝一般平民百姓祭祀神灵。因此，在大多数朝代，官方基本默认了民间对天地、山川诸神的祭祀权。如果私人祭祀出现亵渎神明的现象，一经告发，依律是要受到惩罚的。《大清律例·礼律·祭祀》“亵渎神明”条规定：“凡私家告天拜斗、焚烧夜香、燃点天灯、七灯，亵渎神明者，杖八十。妇女有犯，罪坐家长。”[②]私家祭祀，亵渎神明者杖八十，应该说法律对此惩罚还是比较严厉的。

因民间祭祀行为易聚集人群、迷惑人心，一旦被人利用，很容易通过民间信仰操控人众，危及王朝统治。故官方在法律上对民间祭祀活动中出现的巫师依靠邪术传徒惑众的行为坚决进行打击。《大清律例·礼律·祭祀》“禁止师巫邪术”条规定：

凡师巫假降邪神、书符咒水、扶鸾祷圣，自号端公、

① 上海师范大学古籍整理组校点：《国语》，上海古籍出版社，1978，第562页。

② 上海大学法学院、上海市政法管理干部学院、张荣铮、刘勇强、金懋初点校：《大清律例》，天津古籍出版社，1993，第280页。

太保、师婆，及妄称弥勒佛、白莲社、明尊教、白云宗等会，一应左道异端之术，或隐藏图象、烧香集众、夜聚晓散、佯修善事、煽惑人民，为首者，绞；为从者，各杖一百，流三千里。若军民装扮神象，鸣锣击鼓，迎神赛会者，杖一百，罪坐为首之人。里长知而不首者，各笞四十。其民间春秋义社，不在此限。[1]

清律对师巫降神，以名号或秘密教门聚众传习、煽惑百姓为首者，判重罪，处以绞监候。从者各杖一百，流三千里。装扮神像、迎神赛会的军民，杖一百。里长知情而不是为首者，尚且要笞四十。当然，清律规定，已经报备的民间春秋义社不在此限。这样就把民间普通祭祀行为与左道异端之术区别开来。

《刑案汇览》记载了一起道光年间的“邪书符咒传徒煽惑”案：

据道光九年（1829年）刑部说帖可知，湖南麻阳籍周潮相与哥哥周潮旺在贵州扛活时期，周潮旺在旧书摊上买得一本符咒口诀。该书主要教人降神过阴之术，兼学习拳棒。周潮旺得此书后，遂让弟弟周潮相与其一起学习。周潮旺不久病故，周潮相就继续演习书中记载的符咒口诀。其父周宗贤发现该书，知是被禁之书，旋即烧毁，并责令其子周潮相停止学习演练符咒口诀。周潮相与弟弟周潮文一起去其叔周贵贤家闲聊。周潮相向其叔及其婶周邓氏透露他会降神过阴之术。周贵贤与其妻邓氏便当场让其侄周潮相过阴查看邓氏病逝的父亲和儿子。这里需要交代一点关于所谓的“降神过阴”之术。顾名思义，降神过阴是指生人通过神附体的形式能够从阳间到阴间的一种巫术。这当然属于迷信。但在传统社会，民间很多普通百姓对此深信不疑。周潮相画符念咒，如鬼神降体，遍言死

① 上海大学法学院、上海市政法管理干部学院、张荣铮、刘勇强、金懋初点校：《大清律例》，天津古籍出版社，1993，第280页。

者生前之事和死后之事。周贵贤夫妇对此彻底信服。周潮相遂让他的亲弟弟周潮文和周贵贤的两个儿子，也就是他的堂弟，一起学习此术。亲族之内，子弟跟随周潮相学习降神过阴之术的人越来越多。当地的什长得知此事便向当地的县衙告发，县衙派衙役前来捉拿周潮相等一干众人。周潮相竟带领信众武力拒捕，为首者周潮相与周贵贤夫妇在拒捕过程中被殴伤至死，其余都被拿获。湖南巡抚判定“周潮相照左道异端煽惑人民为从例拟发回城为奴，周贵贤、周潮文、周添喜、周陇喜、张起富、张起贵均于周潮相遣罪上减等拟徒，周贵贤、周潮文仍加拒捕罪二等拟流”。刑部核查此案，认为湖南巡抚的判决“殊属轻纵，罪名既关出入，案情亦未确凿，应令该抚研讯确情，按律妥拟”①。刑部批复的意思很清楚，按照《大清律例》，这个案子判轻了。正如前言，依照《大清律例·礼律·祭祀》“禁止师巫邪术”条，作为首犯的周潮相应该判以绞监候，而不是被发配到新疆回城为奴。中国传统法律对民间祭祀中的旁门左道如此忌惮，究其原因前文已述。以祭祀为表象的民间信仰有很强的蛊惑性，它可以轻松地把群众集合起来，并在思想上施加影响，特别容易滑向反政府的方向，如清代的白莲教起义就是如此。

3. 中国传统法治对民间娱乐活动的管理

随着生产力的发展，我国劳动人民在生产、生活中逐渐自发地创造出一系列的娱乐活动。这些娱乐活动的发明、创造，丰富了人们的精神文化生活，构成了中国古代社会史生动的画面。历代王朝接纳了大部分民间娱乐活动，各朝的法律也对此基本持宽容态度。但凡事皆有界限，民间的娱乐活动也不都是法外之地。若娱乐活动走出平民百姓的界限，侵蚀宗室、官员的品行，如官吏宿娼者；或有侵犯民教道德，有伤风化，如丧礼中聚集演戏、

① 祝庆祺等编：《刑案汇览三编》，北京古籍出版社，2004，第379页。

扮演杂技者；或使人倾家荡产、家破人亡者，如赌博者，中国传统法律对以上种种所谓走出“边界”的民间娱乐活动坚决禁止。下面就以赌博为例，由此窥探中国传统法治对民间娱乐活动的管理情况。

在中国古代，博戏本是民间的娱乐活动之一。它根据事先设定的规则，采用某种娱乐方式进行竞争，分出胜负，决定输赢。在原始社会末期，赌博从游戏中蜕化产生。赌博虽然有着一定的精神娱乐功能，但它的负面影响更大。赌博不仅助长了人性的贪婪，败坏了社会风气，因赌博而赔掉财产、毁掉家庭乃至个人生命的，在历史上不知凡几。自战国以后，历代王朝为了维护社会稳定，在法律都出台了明令禁止赌博的条文，对以营利为目的的剧中赌博行为或职业性的赌徒，绳之以法，给予坚决打击。

宋律基本沿袭了唐律，严禁赌博。《宋刑统·杂律》“博戏赌财物”条规定：“诸博戏赌财物者，各杖一百；赃重者，各依已分，准盗论。其停止主人及出玖，若和合者，各如之。赌饮食者，不坐。”[①]据注可知，宋律只是列举赌博为例，其他一切具有赌博性质的游戏都要受到法律的制裁。只要赌财物，赌注价值不满绢五匹以下，各杖一百。按照赃论，赌注超过五匹绢的价值，合徒一年。“停止主人”即赌场的窝主，“和合者”即纠集赌博的人，“出九”就是一切从中抽利之人。不得财杖一百，如果得利的，就要按照盗窃罪处理，具体科罪看赃物的价值大小。《庆元条法事类·杂门》“博戏财物”条规定：“诸开柜坊停止博戏赌财物者，邻州编管；于出军营内停止者，配本城，并许告人。厢耆巡察、看营入宿提举人失察者，杖八十。诸停止初九和合兵级者，兵级徒一年半，配邻州本城；余人杖一百，邻州编管。诸博戏财物并停止出九和合者，各令众五日。财物未相付者，并不在计赃之限。……诸告获开

① 窦仪等：《宋刑统》，薛梅卿点校，法律出版社，1998，第472页。

柜坊或出军营内停止博戏赌财物者，在席停止出九和合人所得之物，悉给之。”[①]较之唐律，《庆元条法事类》对赌博的惩戒更加严厉。赌场窝主，直接发配邻州编管。对于兵营内部的赌博，南宋政府更是坚决予以打击。对于一般赌徒和从事赌博行业的相关人员，“各令众五日”，即要戴着枷锁被押着游街五日。法律甚至鼓励举报赌博活动，规定凡是举报者，将获得赌桌上的一切赌资。由此可见，宋律禁止赌博之严厉。

赌博不仅败坏了社会风气，追讨赌债，往往容易酿成命案，破坏社会的稳定。《名公书判清明集》就记载了宋代一起“因赌博自缢”案。

在唐宋时期，柜坊类似于后世钱庄，代人保管金银等贵重物品，又兼营借贷业务。因柜坊从事金融业务，三教九流皆有来往，许多柜坊主暗地经营赌场以谋取暴利。南宋有个叫支乙的人在衢州南市一座楼上开办柜坊，楼下名义上开设的是茶肆，楼上却是赌场。支乙还以其妻阿王为诱饵，色诱余济等一批道德败坏之徒，纠合开设赌局，专门欺骗陌生人钱财。有个叫陆震龙的人被诱骗至此赌博。支乙、余济等一帮赌徒在赌局上一局下来，合谋赢得陆震龙“旧会二百五十贯”，“及既二鼓，陆震龙又自家中办到旧会一百五十六贯”。[②]再次输光后，陆震龙又把身上的衣物输光，“支乙急欲陆震龙赎当还钱，既恐以无钱还时，我定到你家取讨，又恐以若取无时，只得经官论取。取之既急，恐之又甚，宜乎陆震龙讨出无聊，在家自缢而死”。支乙以上门讨债、若不还钱便告官等话语威胁、逼迫陆震龙还钱，致使陆震龙在家自缢而死。

① 谢深甫编纂：《庆元条法事类》，戴建国点校，载杨一凡、田涛主编《中国珍稀法律典籍续编》（第一册），黑龙江人民出版社，2002，第900~901页。

② 中国社会科学院历史研究所宋辽金元史研究室点校：《名公书判清明集》，中华书局，1987，第531页。

法官潘司理在判词中对此案原委写得甚为清晰："夫药骰子骗人，出于一人之手，而众人为之犄角，今余济等数辈，各能留五留六靠掷，欺骗赢钱，则与用药骰子何异。陆震龙欲不输，得乎？输钱既多，无所措画，欲不死，得乎？财者民之膏血，膏血既竭，身岂能存，是支乙、余济等虽不杀之，势实致之死地。今支乙等既已招承，欲具情节申。"[①]所谓"药骰子"即摇骰子，赌博的一种类型。赌局上合伙骗人钱财，要想不输钱是不可能的。钱财如民之膏血，血液流尽，就是没有人逼债，基本上也被置于死地。赌博之危害，古人早已看清。

最终这个案子送到江东提刑蔡久轩手中复审。蔡久轩在判词中写道：

> 奸猾之徒，动辄十数为群，以赌为名，欺骗取财，此等风俗，安可不戢。在法：恐迫人畏惧致死，以斗杀论。余济造谋恐迫陆震龙致死，正合上条。在法：进纳将仕郎犯斗殴人折伤以上者，不在当赎之例。余济所承买将仕郎不该听赎，合照条定断，姑减等决脊杖十二，编管一千里，牒州追索将仕郎诰赴司。支乙以妻为货，合谋欺骗，杖一百，编管邻州。留仍孙决竹篦二十，押下州县听赎一年。陈通、陈暹牒州各杖一百，刊落名粮，拘锁外寨。郑厨司、杨排军各杖八十，降移外寨。[②]

蔡久轩的判词可谓相当精彩。作为司法官，他对聚众赌博的本质看得很清楚，赌博就是"以赌为名，欺骗取财"，这样的陋俗

① 中国社会科学院历史研究所宋辽金元史研究室点校：《名公书判清明集》，中华书局，1987，第532页。

② 中国社会科学院历史研究所宋辽金元史研究室点校：《名公书判清明集》，中华书局，1987，第532页。

怎么能不禁止呢？民间正常的娱乐活动，不独寻常百姓参与，皇家、官宦人家皆有与焉。但娱乐一旦滑向危害社会和谐的一面，中国传统法治就会坚决禁止。古往今来，法治都是社会稳定的“压舱石”。

四、教化与法治的互动

中国传统政治文化的形成以农耕文明为基础。农业生产之基本单位乃家庭、家族，家庭、家族组织农业生产，全赖年龄较长、富有经验的家长。一方面，为维护家长之权威，家庭与社会普遍讲究孝道；另一方面，为维持家庭和谐、宗族敦睦，族长、家长对族人、家人又有温情脉脉的一面，社会又普遍倡导人情。早期国家形成后，渐渐依赖制度，法治由此而生。战国以降，君主集权制国家形成，法治大行其道。然重人情之传统畅行已久，社会特别是基层乡里社会之维系仍赖教化。秦摒弃人情世故，以法为教、以吏为师，结果统一六合后仅历二世而亡。汉以后，鉴于秦亡之教训，治国以霸王道杂之，随着儒家思想逐渐主导意识形态，法治渐受礼治浸润，“出礼入刑”“明刑弼教”是其主要特点。后世王朝治理国家基本以汉家治理模式为模板，教化与法治相互影响、相互配合，礼与法遂有合二为一之趋势，法之所禁必为礼之所不容，礼之所恶必为法之所禁。《汉书·贾谊传》曰“夫礼者禁于将然之前，而法者禁于已然之后”[①]。礼治、法治对于治理社会皆有不同功效，可相互参验。故《后汉书·陈宠传》又曰：“礼之所去，刑之所取，失礼则入刑，相为表里者也。”[②]礼治以教化为务，法治以刑罚为主。教化以感化为特点，刑罚以强制为特征。教化与法治不啻中国传统社会运行之两个轮子，刚柔相济，调和中庸，以达到国家社会长治

① 班固撰，颜师古注：《汉书》，中华书局，1962，第2252页。
② 范晔撰，李贤注：《后汉书》，中华书局，1965，第1554页。

久安的目的。

1. 谨持法理，深察人情

《折狱龟鉴》“严明”卷记载了这样一则案例：

西汉沛县有一富家翁，家产二千万。此翁有一儿年仅数岁，其母亡，别无亲属。富家翁又有一女虽已嫁人，但颇不贤。富家翁病重，恐死后其女与婿争财，小儿必不能保全性命，就把族人都叫来作证，当场写下遗书，把所有的家产都给了女儿，只留下一把剑，说：“等到小儿十五岁的时候，就将这把剑给他。”翁死后，财产悉归其女。等到富家翁的儿子长到十五岁向其姊要剑，其姊竟不与之。儿遂到郡治所告状。太守何武派人将翁之女及其夫逮捕。二人遂将富家翁临终前所立遗书奉上。太守览遗书后，回头与掾史曰：“翁之女强悍，其女婿又贪婪，恐死后两人虐待残害其小儿，又恐小儿得家产后不能保全，遂将所有家产付与女及婿。实际上是暂将家产寄托于女及婿名下。翁遗儿以剑，寓意决断，规定小儿长到十五岁方可付之剑，长到十五岁，就可以独立成人立户了。翁推测女婿不还其子剑，届时定将官司打到州县，到时候可能得到公平的审判，才能将家产夺回。老父爱儿，一般的人是没有这样深思远虑的。”何武将富翁留下的所有家产判给了富翁的儿子，并且说：“品德不良的女儿和穷凶极恶的女婿，享用了十年的财产，已经是很幸运了。”听闻此事的人，都叹服太守何武审判此案公正严明。

郑克在《折狱龟鉴》“严明”卷“何武”后附北宋张詠知杭州时所判一案，与何武判富家翁子女争财案相似：

北宋初年的名臣张詠做杭州知府时，有一富人，有一女一儿。女长，已嫁人。儿幼，方三岁。富人病重将死，让女婿管理他的财产，并立下遗书：“他日欲分财，即以十之三与子，七与婿。”等富人的儿子长大成人，便因分家产与其姊夫打起了官司。富人女婿拿着遗书赴知府衙门，请求知府按照遗书分家产。张詠看了遗书后，把酒浇注在地上以示敬奉逝去的富人，说：“你妻子的父亲真是个明智之人。他病重时，儿子年幼，因此把财产付与你管理，要不然，他的儿子就死在你手里了。”

按照汉代以来的继承法律，家产分析采取“诸子均分”的制度。在有儿子的情况下，女儿没有继承家产的资格。但宋律规定，家产分析时，若女儿未出嫁，是可以得到一份嫁妆钱的。《宋刑统·户婚律》“卑幼私用财”条规定沿袭了唐代的《户令》，规定：“诸应分田宅者及财物，兄弟均分。妻家所得之财，不在分限。兄弟亡者，子承父分。兄弟俱亡，则诸子均分，其未娶妻者，别与聘财。姑姊妹在室者，减男聘财之半。”[①]观这两个案子，不论是西汉沛县的富家翁的女儿，还是北宋杭州富户的女儿，且不说已经出嫁，因有幼弟，都没有资格继承家产。父临终前，担心女儿、女婿为吞并家产，故意虐害幼子，故在遗嘱当中故意将全部家产或家产的大半付与女儿、女婿。按照汉代以来的继承法，有子在，女是没有继承权的。故何武说：“此实寄之耳。”[②]

郑克在这两个案件后进行了点评：

> 夫所谓严明者，谨持法理，深察人情也。悉夺与儿，此之谓法理，三分与婿，此之谓人情。武以严断者，婿不如约与儿剑也，咏之明断者，婿请如约与儿财也。虽小异而大同，是皆严明之政也。[③]

如前所言，汉代以后继承法规定，若儿在，女儿则无遗产继承权。何武将沛县富家翁所有家财判给翁之子，这完全符合法律，

① 窦仪等：《宋刑统》，薛梅卿点校，法律出版社，1998，第222页。

② 杨奉琨校释：《疑狱集　折狱龟鉴校释》，复旦大学出版社，1988，第386页。

③ 杨奉琨校释：《疑狱集　折狱龟鉴校释》，复旦大学出版社，1988，第386页。

故郑克曰“悉夺与儿，此之谓法理”；张詠判定杭州富人之女婿分得财产三分，七分归富人之子，这就照顾了人情。两个案件大同小异，为何判决结果不一样。按照郑克的解释，沛县富家翁之女与女婿不如约，没有把剑交付给其弟，故何武曰：“弊女恶婿，温饱十年，亦已幸矣。”何武判案持之以严明，没有对富家翁的女儿女婿进行惩罚，已经是照顾人情了。张詠判案深察人情，杭州富人的女婿还打算履行其岳丈的遗书给予其内弟三分财产，然按照法律，如儿在，女儿是没有继承财产的资格的，故张詠判给女婿三分财产，已经是在法律外兼顾人情了。

通过这两则案例可知，在中国传统社会的管理中，法治与教化的互动，基本参考线仍然是法治。因成文法是最公平、最公正的准绳，评判案件只能以法律为标尺，在严格参以法律的情况下，酌情用教化的手段来照顾人情，是最理想的状态。何武、张泳都是在参照继承法的基础上审理案件的，所以能够获得严明的美誉。严明来自法治，但严明如果没有照顾人情、彰显教化功能，则仍为不美。中国传统法治文化的特点是，不是单纯要一个是非的判决结果，而是在案件审理后能有一个和谐美好的局面。

2. 法崇以宽，体恤柔弱

儒家的仁恕之道在中国固有的道德体系中占有重要的地位，在法治上也有明显体现。年老、幼小、势弱者犯罪，或免其刑，或减其罪，或赦免罪过，称之为“三纵”。《大清律例·名例律》“老小废疾收赎”条规定：

> 凡年七十以上十五以下及废疾，犯流罪以下，收赎。八十以上、十岁以下及笃疾，犯杀人应死者，议拟奏闻，取自上裁。盗及伤人者，亦收赎，余皆勿论。九十以上、七岁以下，虽有死罪，不加刑。其有人教令，坐其教令

者。若有赃应偿，受赃者偿之。[①]

《刑案汇览》就记载了一则“年幼杀人例案未符究有可原”的案件，该案件的审理颇能体现教化与法治的互动。

据道光六年（1826年）刑部说帖，犯罪嫌疑人十五岁的戴七携带镰刀去地里割草，正好在野外遇到收割黄豆的二十五岁的彭柏子。因豆田里有洒落的豆粒，戴七顺手拾起一把豆粒放在粪箕里。彭柏子见状不满，辱骂并欲抢夺戴七的粪箕。戴七畏惧已成丁的彭柏子而奋力奔逃，彭柏子不依不饶，追赶扑打戴七，戴七情急之下用镰刀向身后乱砍，正好砍到彭柏子的心窝附近，彭柏子因伤及心脏而殒命。江苏巡抚援引丁乞三仔案，判定戴七拟绞。查案例，丁乞三仔年仅十四岁，与十八岁的丁狗仔一处挑土。丁狗仔欺丁乞三仔年幼，令其挑运重筐，又投掷土块打丁乞三仔。丁乞三仔拾土块回击，可能正好击中丁狗仔头部。丁狗仔因此殒命。丁乞三仔适十四岁，丁狗仔年长四岁，且丁狗仔有心欺凌丁乞三仔。凶犯在十五岁以下，且死者有理屈逞凶之情，当时由死刑减为流刑。自此案之后，刑部援以为例，凡是“十五岁以下被长（年长）欺侮殴毙人命之案，确查死者年岁长于凶犯四岁以上，而又理曲逞凶，方准援照丁乞三仔之例声请”[②]。江苏省援引丁乞三仔案，认为麦粒和豆粒狼藉散落一地，向来是允许穷困百姓捡拾的，临近田地都有捡拾豆粒的人，即彭柏子地内捡拾豆子者，也不止戴七一人。彭柏子却只禁阻戴七，并对其辱骂，欲夺其粪箕，已经不能称之为理直。年龄小的戴七不敢与彭柏子斗，即时跑走，彭柏子追赶扑殴，更属凭年龄大逞凶，有心欺侮。基于以上缘由，江苏巡抚判定戴七拟绞。刑部认为，查本案的情节，原与丁乞三仔案并不甚相符，是以刑部

① 上海大学法学院、上海市政法管理干部学院、张荣铮、刘勇强、金懋初点校：《大清律例》，天津古籍出版社，1993，第117页。

② 祝庆祺等编：《刑案汇览三编》，北京古籍出版社，2004，第112页。

对此案进行了讨论并驳回再判。该案戴七确有“可原之处”，刑部认为如果等到“秋审入矜”，各个司法部门往返驳审，年纪尚幼的戴七监禁的时间和秋审入矜减刑后流放的时间差不多。为避免戴七“久淹囹圄”，刑部建议江苏省针对这个案子对照案例进行核实，给予相应的减免。

刑部在复核此案时，既照顾了法律，又体察人情。援引案例，戴七案与丁乞三仔案不尽相同，但细按案情，十五岁的戴七的确有可原之处，因此，刑部建议江苏省灵活处理此案，不必让戴七等着秋审入矜减免罪行的惯例，先给予减免罪行。这里法治就明显地与教化人情进行了互动，更加体现出传统司法的宽厚一面。

第七章 中国传统民间社会的契约意识

契约并非与人同时出现，它是人类社会发展到一定阶段的产物。在原始社会后期，由于生产力的发展，生产上的分工出现了专业化、半专业化的现象，部落之间、家族之间，由于生产或生活的需要，以有易无的情况产生、发展，早期交易关系随之出现。随着生产力的发展，人们在买卖、租赁、抵押、典当、赠送、赔偿及遗产继承等活动中就产生了一种具有约束力的协议，来约束双方行使各自的权利和履行应尽的义务。为保证协议的落实，具有法律约束力的契约就诞生了。

有些观点认为，西方法治文明就是建立在契约精神之上的，西方社会的本质是契约型社会，而中国传统社会缺乏契约精神，是典型的权力型社会。这种观点显然是失之偏颇的。主要原因是对中国传统社会缺少微观、细致的了解。近代英国古代法学家亨利·萨姆奈·梅因下结论说："除了罗马人之外，所有其他古代社会的'契约'法要么是太少了、缺乏足够的资料，要么就是已经完全失传了；至于现代法学则是完全被罗马的观点影响了，以至于我们无法获得对比和相似的概念。”[①]尽管中国传统社会在契约法上还没有发展成罗马法那样的成文化的民事法规，但是通过流传下来的契约古文书可知，中国传统社会的契约意识已经相当浓厚。

在中国传统社会，契约最早也是口头上的约定。为了防止双方忘记协议，以一块刻有刻痕的竹木片作为落实这项协议的信物，以便提醒一方履行义务。这在古代就称之为“契”。契再往后发展，又形成了各持一片的信物“券”。券最初由双方在一片竹木片的侧面刻画出记号，然后将竹木片一剖为二，双方各持一片有相同记号的竹木片。当两片竹木片合对无误，即为“合券”，一方就应履行义务。至清代，海南岛黎族仍有此俗。袁枚在《子不语·割竹签》中说：“黎民买卖田土，无文契票约；但用竹签一片，售价若干，用刀划数目于签上，对劈为二，买者卖者各执其半为信。日久转卖，则取原主之半签合而验之。”

随着经济社会的发展，特别是文字诞生以后，用文字将双方的权利义务明确规定，书之于竹简或丝帛之上，契约遂诞生，其名曰“书契”“券书”。东汉蔡伦改进造纸术之后，竹木简契约逐渐被淘汰。对于书面契约的形式，古代法律仅规定买卖、出典田产房屋的契约必须经过官府加盖官印，其立约的程序、要件也都有明确的规定，对于其他的契约则没有什么具体的要求。但实际上，从传世及出土的古代契约文书看，同一时代的契约文书的格式基本统一，说明民间社会的契约也有一套约定俗成的程序和格式。对于这些民间契约，官府一般都予以承认。中国传统社会民间经济活动、社会活动以及宗内事务纷繁复杂，契约在其中扮演了不可或缺的作用。细梳史料，不难发现，中国传统民间社会不仅拥有大量与契约相关的史实，还有法的支撑。可以说，中国传统社会从来就不缺乏契约

① 亨利·萨姆奈·梅因：《古代法》，高敏、瞿慧虹译，中国社会科学出版社，2009，第259页。

意识。

一、经济活动中的契约意识

经济活动与契约关系的生成最为密切。从古罗马法可以看到，社会经济活动是西方早期契约产生的源头之一，因此在很多场合，罗马法把“债法”等同于契约法[①]。其实，中国传统社会的契约也是诞生在经济往来之中。《周礼·秋官·士师》云：“凡以财狱讼者，正之以傅别、约剂。”[②]据东汉郑玄注，傅别、约剂就是券书。生在东汉初年的郑众解释更贴切：“若今时市买，为券书以别之，各得其一，讼则案券以正之。”即在买卖过程中，买卖双方各持券书，当一方不履行契约时，另一方就可以拿着契约去告官。契约共分为三种，属于经济活动的借贷契约叫作傅别，买卖、抵押、典当契约叫作质剂，而如遗产的取予受入契约叫作书契。在中国传统社会，民间经济活动中已经有很强的契约意识。这在买卖、借贷、雇佃等活动中体现最为明显。

1. 买卖活动中的契约意识

买卖活动是中国传统社会最主要的经济活动之一。买卖契约也是民间经济活动中最受重视的契约种类。法律有关契约的内容几乎一大半属于买卖契约。需要指出的是，中国传统社会民间契约中的买卖往往并不是单指的所有权的转移，更多的是指收益权的转移，这些往往都称作“买卖”。

买卖活动主要分动产和不动产两大部分。自东晋初年后，官府为了增加税收，对买卖活动遂征收“契税”。官府盖了官印的契约，因契约上盖有红色官印，这样的契约被称作“红契”或“赤

① 亨利·萨姆奈·梅因：《古代法》，高敏、瞿慧虹译，中国社会科学出版社，2009，第262页。

② 郑玄注，贾公彦疏：《周礼注疏》，赵伯雄整理，北京大学出版社，2000，第1084页。

契”。未完税的契约，上无官印，叫作“白契”。按照规定，由于白契未纳税，所以法令规定不合法。对于动产的买卖，如唐律规定，买卖奴婢、马牛等大牲畜必须用官府的“市券”作为契约，否则就会受到法律的惩罚。《唐律疏议·杂律》“买奴婢牛马不立券”条规定：“诸买奴婢、马牛驼骡驴，已过价，不立市券，过三日笞三十；卖者，减一等。立券之后，有旧病者三日内听悔，无病欺者市如法，违者笞四十。”[①]据疏议可知，买卖包括奴婢在内的大牲畜（奴婢形同牲畜），政府依照律令征收契税，买卖行为必须在过价后的三日内在政府的市场管理部门——市司的监督下订立“市券”，违者买方笞三十，卖方笞二十。正是由于交了契税，所以官方在法律上保护合法交易，如果买方在购买牲畜时不知有疾病，契约签订后才发现，可以在三日内悔约。当然，三日外如果没有疾病，却以疾病为假托悔约的，违约的要笞四十。

如吐鲁番出土文书中阿斯塔那五〇九号墓出土的“唐开元二十年（732年）高昌田元瑜卖婢市券”就是一则通过官方别立市券的合法交易：

> 开元二十年八月　日，得田元瑜牒称：“今将胡婢绿珠年拾叁岁，于西州市出卖与女妇薛十五娘，得大练肆拾匹。今保见集，谨连元券如前，请改给买人市券者。”准状勘责状同，问口承贱不虚。又责得保人陈希演等五人，款保上件人婢不是寒良诠诱等色。如后虚妄，主保当罪。勘责既同，依给买人市券。用州印。
>
> 练主
>
> 婢主田元瑜

① 长孙无忌等：《唐律疏议》，刘俊文点校，中华书局，1983，第500页。

胡婢绿珠年十三

保人瀚海军别奏上柱国陈希演年卌二

保人行客赵九思年卅八

保人行客许文简年卌二

保人王义温年廿五

保人行客张义贞年卅二

史

丞上柱国玄亮 券

史康登[①]

通过这则市券可知，婢主高昌人田元瑜在开元二十年（732年）八月在西州市场将自己的奴婢胡女绿珠卖给了薛十五娘，价格是大练四十匹。在保人都在场的情况下，田元瑜将原来买胡婢绿珠的市券（上手券）呈给西州都督府相关部门，请求修改原来的契约。西州都督府两个小吏——担任史丞的玄亮和担任史的康登办理契约转让手续。这则全书虽是关于契约转让的事宜，但符合律文的规定，照样受到法律的保护。

尽管法律要求买卖双方缔结的契约需要官方别立的市券才属于合法，但民间在买卖活动中偷漏纳契税的行为屡禁不止。从出土和传世的契约文书看，不经官方手续的“私契”数量甚至超过了官方别立的市券。事实情况可能也是如此。买卖活动繁杂，按照交易的款项来说，有大有小，而民间的买卖活动，金额较小的交易占大多数。对于一般的平民百姓来讲，契税也是一笔不小的开支。过日子，能省则省。况且，向官方缴纳契税，别立市券或红契费时又费力。因此，私契在民间大行其道。如1973年吐鲁番阿斯塔那唐墓出

① 张传玺主编：《中国历代契约粹编》（上册），北京大学出版社，2014，第198~199页。

土的“唐开元二十一年（733年）西州康思礼卖马契”就是一则私契：

马一匹，骝敦，六岁。开元廿一年正月五日，西州百姓石染典交用大练十八匹，今于西州市买康思礼边上件马。其马及练即日各交相分付了。如后有人寒盗识认者，一仰主、保知（支）当，不关买人之事。恐人无信，故立私契，两共和可，画指为记。

练主

马主别将康思礼年卅四

保人兴胡罗也那年卌

保人兴胡安达汉年卌五

保人西州百姓石寒汉年五十①

根据这则私契可知，开元二十一年（733年），西州百姓石染典用大练十八匹在西州市买了康思礼一匹黑鬣黑尾的红马，牙口在六岁左右。同日，买卖双方钱货两清。在这则契约后半部分还有占有担保的话语——“如后有人寒盗识认者，一仰主、保知（支）当，不关买人之事”，即卖方向买方担保交易商品确实属于自己所有，如有人提出所有异议时，即由出卖方负责解决。“寒盗”本为“呵盗”的讹语，即所交易物为盗窃物的意思。如果卖方的交易物为盗窃赃物，一旦被人认出，卖方要负全责。民间买卖活动中的私契虽未经官方明确认可，但在民间交易活动中仍有很高信任度。这正是民间买卖双方恪守契约意识的结果。

在中国传统社会，不动产买卖是重要的交易活动，其中，土地是不动产交易的主要内容。鉴于土地的重要性，针对土地交易，

① 张传玺主编：《中国历代契约粹编》（上册），北京大学出版社，2014，第199～200页。

历代王朝在法律上都设立了严格的程序。土地之上的如房屋、邸店、碾磴等不动产则参照土地买卖的规则进行交易。在唐代，唐律规定土地买卖要遵循严格的程序。百姓买卖土地，必须向官府申请文牒。《唐律疏议·户婚律》“妄认盗卖公私田”条疏议引唐《田令》曰：“田无文牒，辄卖买者，财没不追，苗子及买地之财并入地主。”[①]这就是所谓的土地买卖“投状申牒”。此乃土地国有制的产物，当时唐朝中央政府实行均田制，国家直接授予农户土地。因此，政府也直接控制着土地的占有与流转，对于少量允许买卖的永业田，必须先向官府“投状申牒”，经批准后，才能进行交易。北宋初年，官方修订的《宋刑统》照搬唐《杂令》之文，对买卖田宅规定：“皆得本司文牒，然后听之。若不相本问，违而辄与及买者，物即还主，钱没不追。”[②]若从《宋刑统》看，宋代田宅买卖与唐代一样，都要经过投状申牒。但实际情况却非如此，宋代由于土地制度完成了私有化，国家不再限制土地的自由交易。

宋代的土地交易有一定的程序可循。一般先由居间人（牙人）介绍买主并检查标的物的范围，以及是否合法。牙人向买家索取分家析产所立的文书（又称阄书、支书或分书）和官府登记制造的各户田亩四至位置及亩数的簿册。经牙人说合，且检查无误，交易便可继续进行，待双方合意订约后，需要过割税赋和投印时，才到官府办理手续。当事人到官府投印时要缴纳“牙契钱”，即牙人说合订契的手续费。

土地所有权属于个人所有的关键证据就是契券。宋代土地所有权的争端往往发生在契券上。据郑克所言，宋代“伪券之奸，世多

---

① 长孙无忌等：《唐律疏议》，刘俊文点校，中华书局，1983，第246页。

② 窦仪等：《宋刑统》，薛梅卿点校，法律出版社，1998，第468页。

有之，巧诈百端，不可胜察”[①]。《折狱龟鉴·惩恶》记载了一则北宋的土地伪券案：

宋真宗年间，四川眉州大姓孙延世伪造契书，霸占族人田产，诉讼多年，地方官不能结案。转运使委托同路彭州九陇县知县章频审理此案。按照常理，契书上的文字写毕，然后在交割和税契时，官方才盖上红色的印。章频根据契书上的墨迹与官方契纸上的红色官印的叠压关系，指出契书上的墨迹浮在红色的官印之上，断定孙延世是先盗用印，然后才在盖了红色印章的契纸上书写契约的文字。孙延世对此供认不讳。案子尚未上报，孙延世的家人又向转运使上诉，转运使又命益州华阳知县黄梦松复审。结果，黄梦松的审理结果与章频一样。[②]

官方判定此类案子基本都是依据契约有无或契约的真假来断案。由此可知，宋代非独民间在土地买卖上重视契约，官方也通过契约来保护土地所有者的合法产权。

2. 借贷活动中的契约意识

债权与债务本身是一种信用关系。以给予信用为条件的契约关系是现代债权法的重要内容，令人叹服的是，这些在近代西方资本主义时代才开始出现并完善的信用制度，中国传统社会早在一千多年前的宋代就已出现并获得了相当的发展。

在宋代以前，借贷契约是债法的主要内容之一。借贷契约与高利贷相互依存。在宋以前的中国传统社会，高利贷甚为兴盛。政府多方限制，均不能奏效。汉律尚有“取息过律”之罪，到了唐代基本没有限制。唐代即使是官府的“公廨钱”出贷，年利率也高达100%，至唐玄宗时期才下令约束高利贷利率，降到了60%。由于宋

---

① 杨奉琨校释：《疑狱集　折狱龟鉴校释》，复旦大学出版社，1988，第287页。

② 杨奉琨校释：《疑狱集　折狱龟鉴校释》，复旦大学出版社，1988，第286页。

代商品经济的繁荣发展，不仅出现了世界上最早的纸币——交子，而且作为信用中介机构的私人质库业和官营的市易司抵当所业已出现，传统的信用借贷业获得空前发展。信用借贷不同于高利贷，前者不是简单地面向消费者放贷，而是面向商品生产和流通流域，使借贷资本向经营资本转化，从而为商品生产和流通服务。用现在的话说，就是用闲钱投资。在长期的商品交易过程中，平均利润甚至已经在宋代萌芽。袁采在其所著《袁氏世范·治家》中提出：借贷利率不可过高，“假贷取息贵得中”，“若以中制论之，质库月息自二分至四分，赊钱月息自三分至五分”。此处袁采所言“中制”即平均之意。在日常的借贷契约中，借贷利润率特别是以借贷资本经营商业的利润，一般都不高于20%。《名公书判清明集》卷九《户婚门》“库本钱”类所载的三则判词，提到以借贷资本投资经营质库业的利润一般不超过20%。其中，“质库利息与私债不同”判词中提到“每岁纳息二分”；“背主赖库本钱”判词则提到“每岁收息一分七厘半”[①]。

政府在法律上承认并保护非高利贷借贷契约。《宋刑统·杂律》“受寄财物辄费用”条规定：“诸负债违契不偿，一匹以上，违二十日笞二十，二十日加一等，罪止杖六十；三十匹，加二等，百匹，又加三等。各令备偿。”[②]据疏议可知，这里的“负债者”并非指抵押典当负债的，只要是“依令合理者”，不管是欠负官方，还是私人的借贷，“违约乖期不偿者”，一匹以上，违二十日笞二十，二十日加一等，罪止杖六十。三十匹物，违约二十日笞四十；一百日未偿还者，合计杖八十。负债百匹之物，违反契约期限满二十日，杖七十；一百日内未偿还者，徒一年。负债者受到刑

① 中国社会科学院历史研究所宋辽金元史研究室点校：《名公书判清明集》，中华书局，1987，第336、338页。

② 窦仪等：《宋刑统》，薛梅卿点校，法律出版社，1998，第467页。

事惩罚的同时，还要按期偿还财物。借贷关系中的“依令合理者”就是官方认可的非高利贷借贷契约。从律条的规定可知，违背契约期限不还者是要受到法律制裁的，科罪的等级与借贷的财物价值及违背契约偿还日期的长短成正比，如果借了价值一百匹绢的财物，违反契约期限满二十日，杖七十，在一百日内仍未偿还，前后合并惩罚，徒一年。杖七十，已是肉刑之中较重的惩罚，体力薄弱者可能在行刑的过程中当场毙命。徒一年，更属重刑。当然，宋律在惩罚违约不还者时，也有比较人性的规定。如针对借贷财物价值一匹到三十匹之间的案例，宋律规定科罪最高杖六十，不能上纲上线。

同时，宋律规定，不论公债，还是私债，债权人在追讨债务的过程中，如果不告知官府，“强牵财物过本契者”，即强迫债务人以财物抵债，财物的价值若超过了契约上的本金和利息之和，“坐赃论”[①]。以赃论罪，《宋刑统·杂律》“坐赃”条规定：“诸坐赃致罪者，一尺笞二十，一匹加一等；十匹徒一年，十匹加一等，罪止徒三年。”[②]也就是说，在不报官的情况下，债权人私自强行把债务人的财物夺走抵债，如果数额超过了契约上的本金和利息，债权人就要根据超过的具体数额坐赃论，最高可判处徒三年的重刑。该律条设置的目的是将借贷契约置于官府的监管之下，最大限度地保护处在被动地位的债务人的合法权利，从法律上防止债权人在追债过程中造成社会的不和谐、不稳定。

《名公书判清明集》记载了南宋胡颖（号石壁）的一则“质库利息与私债不同”的判词，从这则案例可以管窥南宋时人在借贷活动中的契约意识是多么强烈。

黄公才在十四年前借了百千钱与李四二开解库。解库，就是前文所言质库，即典当铺。李四二的儿子李五三、李五七坚持认为

① 窦仪等：《宋刑统》，薛梅卿点校，法律出版社，1998，第468页。
② 窦仪等：《宋刑统》，薛梅卿点校，法律出版社，1998，第461页。

当时其父只借了黄公才本金五十千。双方争执不已，诉讼遂起。据胡颖的判词可知，审理此案的知县一不据文书（契约），就轻信李五三、李五七的一面之词；二不据条法（律文），引用借贷取利，积日虽多，“不过得一倍之法以断之”，遂断定黄公才为非。深察案情，李四二当初从黄公才处借钱时，在契约上约定每年纳息二分，即2%的利息。借了十四年，利息共计二百八十贯。又据黄公才供认，其间曾从李四二处支走二十七贯，连本加息共存三百五十贯。这是积年累月将利息一直留在质库未取。与出举财物，回利为本不同。淳熙十四年（1187年）申明之敕曰：“若甲家出钱一百贯，雇倩乙家开张质库营运，所收息钱虽过于本，其雇倩人系因本营运所得利息，既系外来诸色人将衣物、金帛抵当之类，其本尚在，比之借贷取利过本者，事体不同，即不当与私债一例定断。”[①]也就是说，宋律规定，借贷钱物用于开质库盈利，所收的利息可以超过本金，但私人之间不用于盈利的借贷利息则不能超过本金。李四二所借黄公才的钱，正是质库利息。所以，胡颖判定不能按照私债处理。于是，作为州路一级的判官胡颖，重新判定此案，遂令幕僚传唤两个当事人，令黄公才出具李四二借钱时的契约，以验证李欠钱的实际数额，如果没有其他的事由，在官府监督下，李四二家应按照契约和法律还给黄公才本金和利息。

债务官司的审判，除了依据律法，最直接、最有力的证据就是借贷契约。胡颖在这则判词的篇首开门见山地点明：“大凡官厅财物勾加之讼，考察虚实，则凭文书，剖判曲直，则依条法。”回顾此案，这则官司的焦点还在于利息是质库利息，还是私债利息。法律之所以严格判明二者的区别，就是限制私债当中的高利贷盘剥。

① 中国社会科学院历史研究所宋辽金元史研究室点校：《名公书判清明集》，中华书局，1987，第336页。

如果用于营利性质的质库借贷，则允许利息较高。这在法律上最大的限度保证借贷活动的公平性、公正性。除此之外，契约就成了关键的证据。在这则判词中，胡颖批判知县审理此案的理由是，不审契约如何，不据律令的具体规定。在最终判案时，就是让黄公才拿出李四二借钱时的契约，作为关键证据结案的。只要不是强迫的借贷关系，利息又符合法律规定的契约，法律就承认并保护契约的落实。在平等、公正的前提下，法律一定会承认债权人、债务人的权利和义务。中西法律对此并无二致。

3. 雇佃活动中的契约意识

雇佃，雇佣、租佃也。因在生产或生活中缺乏人和物等生产资料，故有此需求者付人以值获得一定时期的使用权或经营权。两宋以前，雇佃的主体如奴婢、部曲、佃客等与雇主或主家相比，只有义务而谈不上什么权利，他们与主人之间的关系是纯粹的人身依附关系而非契约关系。两宋，商品经济获得空前发展。过去的奴婢、部曲、佃客等附庸阶层，基本摆脱了传统的人身依附枷锁，成为契约关系的当事人，人身依附关系大为减轻。为确保、规范雇佃双方的权利和义务，宋代的律令一般要求雇佃活动需要自愿签订契约。宋真宗时朝廷的司法主管部门大理寺规定：“自今人家佣赁，当明设要契。”[①]这与宋以前将大量依附人口强制为奴的情况判若两途。宋代政府允许官方或民间合法地雇佣童仆，在律法上严格禁止非法强雇和略卖人口的行为。至道二年（996年），宋太宗针对“江南、两浙、福建州军贫人负富人息钱无以偿，没入男女为奴婢”的不法行为，下诏规定：“限诏到，并令检勘，还其父母。敢隐匿者，治罪。”[②]《庆元条法事类》则对以债务质押人或以债务强雇人的行为，规定：“诸以债负质当人口，杖一百，人放逐便，钱物不追。

① 马端临：《文献通考》，中华书局，1986，第120页。

② 马端临：《文献通考》，中华书局，1986，第121页。

情重者奏裁。”[①]据文中注可知，以债负质当人口包括“虚立人力、女使雇契同”。《宋刑统·贼盗律》更是有“略卖良贱”罪。富家若欲广置家内服役的童仆，唯一合法途径就是在自愿的前提下雇佣，以雇佣契约确定主仆间的权利义务关系。

关于宋代的家内雇佣人力的契约流传至今的比较少见，在北宋初年属于沙洲回鹘统治的敦煌却保留了几份家内雇佣人力的契约，由此可见时人在雇佣人力方面的契约意识，如“甲戌年（约974年）敦煌窦跛蹄雇邓延受契”：

> 甲戌年正月一日立契。慈惠乡百姓窦跛蹄，伏缘家中欠少人力，龙勒乡邓讷儿钵面上雇男延受，造作一年，从正月至九月末，断作雇价每月壹驮；春衣一对，汗衫壹领，缦裆壹腰，皮鞋壹两。自雇如［已］后，便须兢兢造作，不得抛功壹月（日）。忙时抛功壹日，克物贰斗。闲时抛功壹月，克物一斗。若作儿手上使用笼具、镰刀、铧镈、錾镢、袋器什等，畔上抛扶（失）打损，裴（赔）在作儿身，不关主人之事。若收到家中，不关作儿之事。若作儿偷他瓜果菜如羊牛等，忽如足（捉）得者，仰在作儿身上。若作儿病者，算日勒价。作儿贼打将去，壹看大例。两共对面平章，准格不许番（翻）悔者已已。若先悔者，罚青麦拾驮，充入不悔人。恐人无信，故立私契，用为凭。（押）押字为定。延受（押）［后缺］[②]

这则雇佣契约虽是私契，但通过其内容大致可知其格式和要

① 谢深甫编撰：《庆元条法事类》，戴建国点校，载杨一凡、田涛主编《中国珍稀法律典籍续编》（第一册），黑龙江人民出版社，2002，第902页。

② 张传玺主编：《中国历代契约粹编》（上册），北京大学出版社，2014，第614页。

义。敦煌慈惠乡的窦跛蹄因家中人手缺少，故而雇佣龙勒乡邓讷儿钵的儿子邓延受为作儿（男性长工）。雇佣期限是一年。雇价为每月一驮粮食，并提供服装。契约还要求作儿邓延受自契约生效后，在雇主家要兢兢业业、努力工作，不能旷工。契约还详细规定了作儿在农忙、农闲时旷工扣除工资的具体数额。契约还规定，作儿在工作期间受伤，自负其责，不管主人事。如果作儿在雇佣期间有偷盗等犯罪行为，完全由作儿负责。从这则契约上看，雇佣虽不比过去依附主家如奴隶一般地位，但在主家工作许多权益已被剥夺。事实上，直至近代雇佣在主家的权益受到严重盘剥的局面也没有多大改观。中国传统社会的法律只是在大体上保障了雇佣的人格权和自由权，至于其待遇常常要受到雇主的侵蚀、盘剥。

佃农向地主租地而生，交租而获得田地耕种。宋代以前，农业生产的主体是均田制下的自耕农以及地主田庄的农奴（部曲）。王朝开国之初，往往能够吸取前朝灭亡的教训，统治者能够有意识地主动薄赋敛、与民休息，流民相对较少。然而，随着皇位世系的更替，王朝在中后期土地兼并日趋严重，赋税苛敛、徭役繁重，越来越多的自耕农开始弃家逃亡，流民流转他乡，要想存活不得不投靠地主，成为地主田庄的衣食客、浮户、隐户等，与奴婢地位相差无几。这就是所谓的豪强之家的私属。他们失去了独立的户籍，与地主形成了严密的人身依附关系，又称为“部曲”。然而，随着唐中期两税法实施后，赋役由原来的计丁口征发转变为计土地和财产数量征发，依附地主的浮客或部曲，被划入九等户内，也需要征赋役，浮客开始摆脱依附身份。到了宋代，由于土地私有制的发展，农业租佃制取代了沟渠的庄园制经营，原来沦为地主“私属”的部曲逐渐转变为佃农，其身份和法律地位也发生了重大变化。

在宋代，依附地主的浮客户完全取得了与主户平等的社会地位，不仅在原籍可以取得国家编户的资格，即使是迁移他乡，只要定居一年以上者，便可以编入当地户籍。以前的部曲不但没有自己的户籍，而且其一切经济活动都只能由主人安排，未经主人允许，不得肆意迁徙、置产，更不能与人交易，甚至婚姻都由主人安排。宋代的客户拥有的自由权利大大增加，几乎与主户无有区别。宋代的佃客有承佃和退佃的自由权，无论是地主还是官府，在出租土地时，只能根据客户资源签订契约，而不能强迫。据南宋时人李心传《建炎以来系年要录》载，南宋绍兴二十三年（1153年）六月庚午，宋高宗颁布诏书规定："民户典卖田地，毋得以佃户姓名，私为关约；随契分付得业者，亦毋得勒令耕佃。如违，许越诉，比附因有利债负虚立人力雇契敕科罪。"①客户获得了越级上诉权，以保护自己的合法权益。这一方面说明地主不得再将客户作为债的客体而随意转让，另一方面也说明客户已经能够凭自己的自由意志来参与民事司法活动。佃客与地主之间的关系是由租佃契约确定下来的暂时的经济关系，而非过去那种紧密的人身依附关系，一旦契约期满，佃户就可以解除契约，换佃他人。

宋代的佃户还享有永佃权。永佃权是在北宋官庄、屯田的租佃过程中逐渐形成的。由于这些官田本来就比较荒芜、贫瘠，客户在租种后在劳动和投入上都倾注了很大心血，故宋初官方就已经注意保护这些已经在官田上付出较大代价的佃户的租佃权。此举极大地保护了佃客经营土地的积极性。长此以往，佃客在土地上建造自己的房舍，安置坟墓，种植树木等，形同己产。租佃权与经营权相互捆绑，以至于这些官田上的佃户子孙相承佃，有的佃户已经经营百年之久，有如己业。但是，不管经营的时间有多长，只要租佃契约在，所有权就还在官方或主户手里。永久租佃权通过契约巧妙地使

① 李心传：《建炎以来系年要录》，胡坤点校，中华书局，2013，第3127页。

得土地的经营权、使用权和所有权分开，不仅满足了官方或主户依靠出租土地获得收益的需要，而且满足了佃农对土地的需求，极大地提高了佃户进行农业生产的积极性。北宋前期，佃客的长久租佃土地的现象还仅仅是一种约定成俗的习惯，到了北宋后期，佃客的永佃权逐渐法律化，具体表现在佃客可以买卖转让租佃权。如宋徽宗时，从知吉州徐常的奏言可知，当时江西官方屯田的佃客已经有相互转让租佃权的现象。徐常在奏折中说："如有移变，虽名立价交佃，其实便如典卖己物。其有得以为业者，于中悉为居室坟墓，既不可例以夺卖，又其交佃岁久，甲乙相传，皆随价得佃。"[①]也就是说，至少在宋徽宗时佃客的租佃权交易就得到了官方法律的确认。

至南宋时期，法律上对永佃权的规定更加完备。宋高宗绍兴三十一年（1161年），朝廷令户部、兵部立法，被淘汰下来的军人，拨调官田让他们租佃养身，"本人身故，许子孙接续承佃，并依人户承佃条法"[②]。从这则诏书可知，可能在北宋末年、南宋初年，一般人户承佃时已早有此法。由于时日已久，使用权长期固化，佃户的永佃权可以继承和买卖，法律对此是承认这种永佃权的继承和合法性。故南宋时人罗愿在其《鄂州到任五事札子》一折中记载，"在法，有酬价交佃之文"[③]。然而，土地佃租时间历数代而不更替，土地使用权的固化，使得部分土地渐渐变为私有。在买卖土地的过程中，所有权和永佃权混淆不清，如果所有者拿不出清晰、明了的契约，官方往往将土地判给租佃方。由此可知，一方面，宋律对佃户权益的保护力度之大；另一方面，宋代社会在土地买卖中对契约的重视。

《名公书判清明集》记载了一则"章明与袁安互诉田产"案，其

---

① 马端临：《文献通考》，中华书局，1986，第80页。

② 刘琳、刁忠民、舒大刚、尹波等校点：《宋会要辑稿》，上海古籍出版社，2014，第7724页。

③ 罗愿：《鄂州小集》，商务印书馆，1935，第56页。

案情大致如下：

南宋宁宗嘉定年间，有个叫王文的人于前一年购买了袁安的户田，购买之时就进行了投印纳税。据法官最后的判文可知，此田可能是袁安祖上租佃之田，租佃年份至少在五十年以上。近期经量田产，章明拿出了孝宗乾道八年（1172年）的契书，说此田原是他的产业，所以他要占据王文买自袁安的这份田地。诉讼遂起矣。法官仔细辨认章明的这份契约，契后并无印梢，也不知道投印纳税是何年月。依照宋律，契要不明，已更五十年以上，官为不理。故法官判定，“付见佃为主，如再有词，从杖八十科断”[①]。此案还引起了官方对这次经量田产引发争端的注意，因此通令全州各县，经量田产，要明示约束，各以现在租佃方为主，不得以经年已久（五十年以上）的契约干扰经量土地，妄行争占。

这则案例也说明，宋律规定，经年已久特别是五十年以上的土地租佃、买卖契约，随着社会变更和人事的更替，契约内容如果又不甚明确，就失去了法律效力。土地的租佃权，甚至是所有权，要以正在租佃的一方为主。袁安的这份户田，最早可能是官田，先是章明的祖上获得了这份田地的租佃权，然而章氏就将这份地的租佃权转卖给了袁安祖上。袁氏经营此田良久，历经半个世纪，后袁氏的后人袁安又将这份地的租佃权转卖给了王文。法官之所以将这份地的永佃权判给了王文，也是因为袁安与王文的交易，距诉讼时间最近，且双方有契约的过割手续，程序合规合法。

过去一般观点认为，与西方社会相比较，中国传统社会特别是经济活动中缺乏契约意识，通过上文对经济活动中买卖、借贷及雇佃等具体事例的分析，可见中国传统社会的经济活动不仅有着浓厚的契约意识，而且官方在判定经济纠纷时，最主要的参考证据就是

① 中国社会科学院历史研究所宋辽金元史研究室点校：《名公书判清明集》，中华书局，1987，第111页。

契约。所以，中国传统法治文化也有着相当浓厚的契约法底蕴。

二、社会活动中的契约意识

中国传统社会的治理主要依靠行政组织和国家律法，行政组织是机体组织，国家律法是运行规则，二者是国家权力的主要内容。在国家权力的触角无力触及或未曾涉及的广大民间社会，其运行并非杂乱无章、一盘散沙，而是有一定的组织和规则。俗语云："有人的地方就有江湖。"江湖，即指民间社会自己的运行组织和规则。

梁启超先生在其《十种德行相反相成义》一文中承认中国传统社会本身自有其组织，最普通、最常见的就是家族组织，除了家族组织，"其地方自治之发达颇早，各省中所含小群无数也。同业联盟之组织颇密，四民中所含小群无数也。然终不免一盘散沙之诮者，则以无合群之德故也"。所谓"无合群之德"，具体表现在："彼不识群义者不必论，即有号称求新之士，日日以合群呼号于天下，而甲地设一会，乙徒立一党，始也互相轻，继也互相妒，终也相残。其力薄者，旋起旋灭，等于无有；其力强者，且将酿成内讧，为世道忧。"[①]梁启超先生站在近代民族国家的立场上批评了中国民间小团体对于国家团结、统一的负面影响。他所谓的"合群之德"是指个人要服从国家意志，共同抵御外来侵略，这并非说民间社会没有自己的组织和规则。

在国家权力无法触及的民间，百姓自古就有自己的结合规则。除却家族或宗族这样天然的血缘结合体，非血缘关系的民间百姓通过结社等形式形成了自己的团体组织，这种组织之所以能够运行并在民间社会发挥作用，最重要的因素就是它们都已形成了自己的规则。这种规则用马克斯·韦伯的话说就是拥有"理性的明文规

① 梁启超：《十种德行相反相成义》，载《饮冰室合集·文集之五》，中华书局，1989，第44页。

则"[①]。其实，民间组织形成并得以维系的这种"理性的明文规则"更多地被称为"条"或"约"，即一种宽泛意义上的契约。它规定了加入组织者的权利、义务，以及触犯或违背规则的惩罚措施。从这些社条或会约的具体内容上可以看出，中国传统的民间社会在其运行过程中也有强烈的契约意识。

1. 民间结社中的契约意识

受近代史学科近年来秘密社会研究的影响，一说"结社"，大多数人脑海中立即浮现出来的就是反社会、反体制的秘密会道门，如从清初一直延续到清末的天地会、白莲教、哥老会等结社组织或会党组织。也就是说，我们很容易给所有的结社活动贴上秘密结社的标签，这显然是不符合史实的。事实上，中国传统社会结社活动比较早地出现在士大夫阶层。士大夫阶层在士农工商四阶层中最为活跃，因其有思想、有文化，且有参与政治的能力和理想，志同道合者最容易结成小圈子，如春秋战国时期，百家争鸣，各个学派争相竞艳，其中儒、墨两家最具有组织性。孔子创设儒家学派，聚徒讲学，周游列国，兜售仁恕之说，俨然是一有组织的士人团体组织。然儒家缺乏规章约束，全凭大宗师级的核心人物孔子为纽带，孔子逝去，儒分为八。

相较而言，墨家才是春秋战国时期最具有组织性的学派。其创始人墨子出身于手工业者阶层，特别注意将手工业的实践经验向组织管理经验过渡。因此，墨家最为重视规则法度，《墨子·法仪》认为："百工为方以矩，为圆为规，直以绳，正以县。……故百工从事，皆有法所度。今大者治天下，其次治大国，而无法所度，此不若百工辩也。"[②]据《吕氏春秋·去私》篇记载，墨者遵循"墨家

① 韦伯：《社会学的基本概念》，顾忠华译，广西师范大学出版社，2005，第71页。

② 孙诒让：《墨子间诂》，孙启治点校，中华书局，2001，第20～21页。

之法”，其大意为“杀人者死，伤人者刑”[①]。这可能就是墨家的规章制度之一。然而，《淮南子·泰族训》曰：“墨子服役者百八十人，皆可使赴火蹈刃，死不还踵，化之所致也。”[②]据此言可知，墨家组织之严密，行动之整齐，纪律之严明，与后世的结社或秘密会党颇为相似。这样具有严明纪律、严密制度的社会团体，大一统的君主专制是不可能容得下的，故汉武帝罢黜百家、独尊儒术之后，墨家遂不被主流意识形态所认可，逐渐销声匿迹。

儒家虽有孔子“君子矜而不争，群而不党”的遗训，然传统社会士大夫以经学为宗，门生故吏易成裙带，朝廷如有不合儒家之术者，如宦官专权之畸形权力的排闼，士人就容易以圣人之经训形成对抗之团体，故士大夫结社遂兴起矣。汉末“党锢之祸”虽为宦官之诬陷，但当时的士大夫确有意气相投之势。不过，据典籍记载，此时的“党人”不仅没有形成固有的组织，也未有成文的规约，还算不上真正的结社。受党锢之祸的影响，历代文人士大夫不敢形成具有明确政治主张的团体势力。即使表达政治意见，也附庸饮酒作诗形成结社组织。文人士大夫结社，自唐宋以后渐兴，至明代达到鼎盛。我们以明代政治色彩比较浓厚的文人士大夫结社组织——复社为例，从复社的社约来观察士大夫阶层结社过程中的契约意识。

继东林党余绪之后，复社也是在明末宦官专权、政治腐败的大环境下产生的。天启四年（1624年）应社成立，其主要成员张溥、张采、顾梦麟、杨彝、吴昌时、周锺、杨廷枢等人结社攻研“四书”“五经”的真谛和八股文的写作技巧，以谋求科举功名。崇祯二年（1629年），他们又在应社的基础上成立了复社，以登明堂以致君、长郡邑以泽民为基本宗旨，致力于匡扶君王治理天下的

① 许维遹：《吕氏春秋集释》，梁运华整理，中华书局，2009，第31页。

② 刘文典：《淮南鸿烈集解》，冯逸、乔华点校，中华书局，1989，第681页。

理想，本来他们的目的就是修身齐家治国平天下，但朝政的腐败、局势的变化，促使他们开始关注政治，并有意识地依靠结社影响政治，并逐渐形成了以张溥为核心的领导组织。所以，有学者就认为，“复社是一个文人组织，但逐渐具备了政党的社会属性”，“介于社党之间，对晚明的社会生活，产生了广泛的影响”[①]。复社的组织性已经高于一般的文人结社行为，已经形成总社以张溥为核心，地方各郡县以社长或社目为分级领导的组织系统。复社在活动鼎盛时期，曾组织过数次大规模的大会和社集，对当时的政治态势产生了巨大影响。复社之所以有别于过去文人一般的以诗文结社，很重要的因素就是因为该社已经形成了自己的社约，或者说是自己的组织章程。崇祯二年（1629年），复社主要成员以张溥、孙淳、杨廷枢等人为首纠合大批志同道合的文人在吴江尹山召开成立复社的大会。会上，张溥为复社制定了社约：

> 自世教衰，士子不通经术，但剽耳佮目，几倖弋获于有司。登明堂不能致君，长郡邑不知泽民。人材日下，吏治日偷，皆由于此。溥不度德，不量力，期与四方多士共兴复古学，将使异日者务为有用，因名曰“复社”。[②]

以上张溥阐释了复社成立的原因和宗旨，接着又宣读了复社盟书的七条准则：

> 学不殖将落，毋蹈匪彝，毋读匪圣书，毋违老成人，毋矜己长，毋形彼短，毋以辨言乱政，毋干进丧乃身。嗣

① 曹虹：《介于社党之间的文人组织》，载丁国祥《复社研究》，凤凰出版社，2011，代前言。

② 陆世仪：《复社纪略》卷一，《续修四库全书》本。

今以往，犯者小用谏，大者摈。[1]

杨彝被时人誉为“复社眉目”，他是复社的参与者、见证者，其说具有极高的可信度。从杨彝所撰的《复社事实》一文可知，张溥宣读的盟书七则基本规定了加入复社的士大夫应该遵循的基本规范。盟书虽未提出明确的政治目标和路线，但在当时阉党肆虐朝政、许多士大夫为追求利禄而屈从阉宦势力的时期，盟约从士大夫自身修养出发，廓清士大夫群体的纯洁性，明确提出从今以后凡是不遵守盟约的同仁，犯小过的进行规劝，犯大过的直接开除出复社。这则惩戒措施虽不比刑罚严厉，但对士大夫群体来说，一旦被开除出士大夫团体，就等于名誉丧失殆尽，从此无法立足士林矣。

复社盟书七则实际上就是复社的结社社约，具有契约性质。据杨彝的《复社事实》记载，张溥宣读完复社盟书后，在场的士大夫“佥曰：诺”。也就是说，在场的复社成员都对盟约进行了宣誓，都表示承认并遵守社约。复社的积极联络者孙淳在复社成立之前，“渡淮、泗，历齐、鲁以达于京师，贤士大夫必审择而定衿契，然后进之于社”[2]。孙淳从吴江向北游历，一直到京师，一路上积极联络志同道合的士大夫，经过他们共同商量，“审择而定衿契”。衿契，就是张溥宣读的盟书，已经是事实上的士大夫内部法律，具有了民间法的性质。复社的组织性和契约意识使得它超过了过去传统社会所有文人群体的组织化程度。正是由于有了如此具有约束力的规则，自尹山大会复社成立后，复社的活动形态不论多么分散，明末各地的文人结社活动都没有解散，直到南明彻底灭亡。

---

① 吴伟业：《吴梅村全集》附录二《年谱》引杨彝《复社事实》，上海古籍出版社，1990，第1432页。

② 吴伟业：《吴梅村全集》附录二《年谱》引杨彝《复社事实》，上海古籍出版社，1990，第1432页。

2. 民间里社的契约意识

古者民神杂糅，民间和官方都有通天与神沟通的权利。自颛顼绝地天通以来，按照规定，祭祀通神的权力被官方垄断，民间是不能与神沟通的。但事实情况却非如此简单，民间信仰的小火苗从来没有被扑灭过，它在官方的夹缝中以顽强的生命力一直存在着，甚至在封建王朝式微时，能够依靠着这点点星火，燃起熊熊大火。民间具有宗教性质的社的信仰和集结最具有典型性和普遍性，这种信仰之所以能够顽强扎根在民间土壤之中，很重要的就是它不仅与土地和百姓结合，而且它拥有自己的规约，即有浓厚的契约意识。

社，本意是土地神，其信仰起源甚早，可追溯到原始社会穴居时代。官方、民间对作为土地神的社，皆有信仰。祭社的主要目的是感谢神给予了丰收并祈福明年再获丰收，同时，也通过祭社禳除水旱灾害对农业的影响。在民间的模糊、混沌信仰中，社神还兼有保民平安、康健的功能。总而言之，社神在民间百姓心目中就是保一方平安的无所不能的综合神。既然社祀在民间如此重要，与百姓生活息息相关，作为祭祀场所的社就成了百姓的聚会、会餐及娱乐的场所。如《史记·陈丞相世家》记载：秦末陈平所在的里举行社祭，陈平作为社祭的负责人，主持分配祭祀社神后的肉，因其分配祭肉甚均而得到父老的夸奖。祭祀社神之后，里中的父老吃肉饮酒大聚餐，之后又将剩余的祭肉平均分配给每户。从这种风俗可以看出，社祭场合具有聚集百姓的功能。我们还可以从鲁迅先生的《社戏》一文看出，直至近代，民间搭台唱戏仍以社的名义开展。作为聚会百姓的场所，社不但是精神纽带，还提供了客观场所。因此，顾炎武说，“古者春、秋祭社，一乡之人无不会集”①。

社中供奉的土地神是在里一级最基层的行政单位中最有普遍影

① 顾炎武著，黄汝成集释：《日知录集释》，栾保群、吕宗力校点，上海古籍出版社，2013，第1260页。

响力的神。社不仅是祭祀的场所和里中百姓的聚会场所，还是惩罚不遵守习俗、国法行为的场所。《尚书·甘誓》记载夏启在讨伐有扈氏前夕，面对自己的军队，发出了“用命，赏于祖；不用命，戮于社”的誓言。这里的社虽是国家祭祀的国社，但也能说明在土地神面前，人们认为惩罚不法之徒是最合适不过的。

社同时也是听讼之所。《周礼·地官·媒氏》曰：“男女之阴讼，听之于胜国之社。其附于刑者，归之于士。”[①]氏族内部男女之间因奸媾造成的诉讼，地官司徒之下的媒氏将在亡国之社上听其讼，因为毕竟是氏族内部的丑事，不便让本国之社神听闻。听讼已经涉及法律的裁判了，这说明社也是法律裁判的场所。俗语云：“举头三尺有神明。”在神明的见证下，诉讼才更具有公正性。

社不仅是听讼之所，也是盟诅之处。《墨子·明鬼》曰：“昔者，齐庄君之臣，有所谓王里国、中里徼者。此二子者，讼三年而狱不断。齐君由谦杀之，恐不辜，犹谦释之，恐失有罪。乃使之人共一羊，盟齐之神社，二子许诺。”[②]《墨子》记载的这则传说，证明了社还是见证盟诅的场所。有盟诅就有盟约，在土地神的见证下，盟诅更有了神圣性，背叛盟约的人等于背叛了神，人神共怒，受到惩罚也就顺理成章了。

在中国传统社会，里是基层最基本的行政单位，相当于现代的村。里中私祭本是民间自发行为，但祭祀要汇聚大众焚香拜神，易蛊惑人心，所以历代王朝对民间社祭的态度并不甚欢迎。然而，土地神信仰由来已久，在民间和官府都有很强的根基，强行禁止，一是容易引起百姓不满；二是更易引起反弹，节外生枝。如唐政府对

① 郑玄注，贾公彦疏：《周礼注疏》，赵伯雄整理，北京大学出版社，1999，第431页。

② 孙诒让：《墨子间诂》，孙启治点校，中华书局，2001，第232～233页。

待民间私社有一个从禁止到默许的过程。[①]百姓依托社祭逐渐将里中的大小公共事务纳入其中，就形成了民间结社行为。百姓在祭祀结社的过程中自愿组成社邑，共同推举社官，共同商议公共事务，制定一致遵守的规约，在当时即命名为社条，又简称“条”或“条件”。由于是平等入社，违约虽然也会受到惩戒，但是社条规约主要依靠自觉遵守，并无严厉的惩罚措施。但很明显，这些社邑中形成的社条或规约具有明显的契约意识。

在唐朝后期至五代、宋初敦煌地区的民间结社中就有不少社邑规约。其内容包括结社的宗旨、组织构成活动规则及处罚措施等规定，这里列举敦煌结社的社条“伯三五四四号”名曰“唐大中九年九月廿九日社长王武等再立条件”：

社长王武、社官索顺润、录事唐神奴等，为城（煌）［隍］贼乱，破散田苗，社邑难营，不能行下。今大中九年九月廿九日，就张录子家，再立条件为凭。敦煌一（群）［郡］，礼义之乡，一为圣主皇帝，二为建窟之因，三为先亡父母追凶就吉，共结（量）［良］缘，用为后验。

一、社内每年三斋二社。每斋，人各助麦一斗；每社各麦一斗，粟一斗。其社官录［事］行下文帖。其物违时，罚酒一角。其斋，正月、五月、九月；其社，二月、八月。其斋社违月，罚麦壹硕，决杖卅；行香不到，罚麦一斗。

一、社内三大驮者，有死亡，赠肆尺祭盘一，布贰丈，藉色布两匹半。其赠物及欠少一色，罚酒半瓮。

① 孟宪实：《唐朝政府的民间结社政策研究》，《北京理工大学学报》（社会科学版）2001年第1期。

［后缺］[①]

从这则敦煌民间结社规约（条件）的内容可知，敦煌王武、索顺润所在的里因遭受贼乱，城隍破败不堪，社邑难以为继。因此，社长王武、社官索顺润、录事唐神奴等聚集里中父老再立新的社邑规约。这里的贼乱很可能是指安史之乱后吐蕃占据河西时期。唐宣宗大中二年（848年）张议潮在沙州（敦煌）发动起义反抗吐蕃的侵略，并肃清了河西诸郡的吐蕃势力。大中五年（851年），张议潮遣使归顺唐朝，唐在河西设归义军。这则社邑规约讲的城隍贼乱，应该是指吐蕃占领敦煌期间对原来敦煌社或城隍的破坏，原来的结社活动也随之寝息。故大中九年（855年）该里百姓重新结社，再立新的社邑规约（条件）。

虽然这则社邑规约并不完整，但仍能看出民间结社规约的大致轮廓。规约先是谈到重新结社立约的原因（贼乱城隍），又交代了目的：一为圣主皇帝（表忠心），二为建窟之因（百姓参与建佛教石窟），三为先亡父母追凶就吉（为失去的父母祈福）。第一点和第三点可能是过去民间结社立约的常规格式，毕竟忠孝是官府认可并提倡的意识形态，第二点可能是重新结社的直接原因。

再下面的内容是结社规约的具体规定，虽仅有两条，但足以体会到民间结社规约的强烈契约意识。该结社规约规定，社内每年三斋两社的时间和成员的义务，并规定了斋社违时和行香不到的惩罚措施。从文字上看，斋社违时惩罚最严厉，不仅有经济处罚（罚麦一硕），还有肉体惩罚（决杖卅）。惩罚的对象大概是斋社的具体负责人，如社长、社官等。同时，结社规约还规定，如果社内三大驮（骆驼、马骡之类的牲口）死亡，社员需要捐赠一定价值的物品

① 杨一凡、刘笃才：《中国古代民间规约》（第一册），社会科学文献出版社，2017，第3页。

以接济损失户。毕竟，牲口在中国传统社会是重要的农业生产资料和交通助力工具，特别是在环境恶劣的河西地区。大牲畜的死亡对农户来说是一大损失，故社邑规约规定，当社内成员的牲口死亡，其他成员有接济捐赠的义务。如果接济捐赠的物品数量不够，成色不好，就要罚酒半瓮。

从以上内容看，里是中国传统社会平民百姓生活的最基本单位。里中父老世代生于斯，长于斯，他们在社祭活动中有着共同的精神追求，故对每年的斋社祭祀特别重视，在社邑规约中明确了祭祀时间和成员应尽的义务，并规定了惩罚措施，以保证斋社活动按时、按规完成。同时，里中父老头顶一片天，共祭一尊神，世代守望相助，在土地神的面前，立约扶弱济困，不尽义务者，也要受到惩罚。民间里中父老结社规约虽不是国家颁布的法律，但它在乡土社会中却因契约意识有较强的约束力。它用自己的法则规范着民间基层社会运行，孕育、维系着千百年中国传统社会的民间生态。

3. 民间帮会规约的契约意识

帮会又称为社会，从子义上看，与社相关。上文已述，民间里中父老的自发结社是从氏族社会沿袭下来的土地神崇拜古老习俗，它是民间正常的生态。但民间结社依托神灵和聚集大众的二元因素，又往往使得结社活动容易溢出固定的地域如某里、某乡，在民间完全打破地域的限制，分化成等级分明的组织关系，通过盟约的形式形成一定的目标、宗旨和纲领，并规定了会员的权利、义务和奖惩措施。这种结社就是社会或帮会，简称“会”。如顾炎武在《日知录》“社”条中归纳的，宋代耀州的豪姓李甲结客数十人，号“没命社”，章丘民聚党村落间，有号称“霸王社”者，扬州群不逞为侠于闾里，号“亡命社”者。

这些所谓的有名号的“社”已经不是普通百姓自发结社的行为，而是致力于纠集强人，以武力横行民间的组织，是后世的帮会的滥觞。这样的结社组织很难为官府所容纳，国家在律法上是坚决禁止的。《宋刑统·贼盗律》“造袄书袄言”条引唐开元二十八年（740年）三月二十一日敕曰：“蠹政之深，左道为甚，所以先王设教，犯者必诛，去其害群，盖非获已。自今以后，辄有托称佛法，因肆袄言，妄谈休咎，专行诳惑，诸如此类，法实难容。宜令所在长官，严加捉搦，仍委御史台及本道采访使纠察。如有此色，推勘得实，必无冤滥者，其头首宜令集众，先决一百，自余徒侣等，各决六十，然后录奏。”又引后唐天成二年（927年）六月七日敕节文：“或僧俗不辩，或男女混居，合党连群，夜聚明散，托宣传于法会，潜恣纵于淫风，若不去除，实为弊恶。此后委所在州、府、县、镇及地界所由巡司，节级严加壁刺，有此色之人，便仰收捉勘寻，据关连徒党，并决重杖处死。”[①]唐、五代及宋政府对以左道聚众结社的罪犯处罚甚严，轻者重杖，重者处决。处决为首者要先决一日，目的就是在同伙一干人等面前提前处决，起到以儆效尤的目的。

《大清律例·刑律》将聚众结社、组织帮会列为“谋叛”的大罪，条例直接规定：“闽、粤等省，不法匪徒潜谋纠结，复兴天地会名目，抢劫拒捕者，首犯与曾经纠人及情愿入伙希图抢劫之犯，俱拟斩立决。其并未转纠党羽，或听诱被胁、素非良善者，俱拟绞立决。如平日并无为匪，仅止一时随同入会者，俱发遣新疆，酌拨种地、当差。俟数年后此风渐息，仍照旧例办理。”条例又规定：“凡异姓人，但有歃血订盟，焚表结拜弟兄者，照谋叛未行律，为首者，拟绞监候；为从，减一等。若聚众至二十人以上，为首者，拟绞立决；为从者，发云、贵、两广极边烟瘴充军。其无歃血盟誓、焚表情事，止序齿结拜弟兄，聚众至四十人以上，为首者，拟绞监候；四十人以下，二十人以上，为首者，杖一百，流三千里；不及二十人，为首者，杖一百，枷号两个月；为从各减一等。若年

① 窦仪等：《宋刑统》，薛梅卿点校，法律出版社，1998，第329~330页。

少居首，并非依齿序列，即属匪党渠魁，聚众至四十人以上者，首犯，拟绞立决；为从，发云、贵、两广极边烟瘴充军。未及四十人者，为首，拟绞监候；为从，杖一百，流三千里。”[①]到了清代，政府对天地会进行严厉打击，不仅首领，只要是主动入伙几乎都要被判处死刑。甚至是异姓之间歃血订盟都要判处拟监候的重罪。不管是天地会还是异姓之间歃血为盟，清律科罪的重要证据就是是否有以反清为目的的盟誓。

帮会结社的历史与游侠大概有一定的关联性，但成为帮或会这样具有一定组织的团体，大致上可追溯到墨家。但有学者认为，帮会大发展、大繁荣时期可能晚于两宋，“真正有组织纪律约束的帮会大概出现在明清易代之际”[②]。历代政府对帮会都相当敏感，有时甚至是敌视的态度。官府打压、法律的禁止，使得大多数帮会只能转入秘密状态。帮会是在国家权力不能染指或无法涉足的领域开展活动，有些帮会一经诞生就是反对王朝政权的。在如此险恶的环境中逆势成长，帮会没有严密的组织性、纪律性，是很难存活下来的。因此，帮会要想在民间社会发展、存续，必然要有规范性、制度性的规约对会员进行约束。衡量一个帮会的组织化程度高低，最重要的指标之一是是否拥有严密的规约。这些帮派规约有些是有文本的，有些是口耳相传的。后者不在少数，因为帮会的成员大多出自底层，多数人是文盲，朗朗上口的格言式规约的念唱，反而比依靠文本传播更加有效。传说丐帮弟子要遵守“四不准”：不准偷盗绺窃，不准讹诈耍赖，不准打架斗殴，不准流氓鬼混，违反者当众

① 上海大学法学院、上海市政法管理干部学院、张荣铮、刘勇强、金懋初点校：《大清律例》，天津古籍出版社，1993，第360～361页。

② 刘笃才等：《民间规约与中国古代法律秩序》，社会科学文献出版社，2014，第231页。

惩罚。[1]丐帮的帮会规约更多的是口耳相传，并未形成严格的文本规约。天地会在清代民间帮会中影响最大，会众内部自称“洪门”，它一经成立就打上了强烈的政治目的——反清复明。天地会的成文规约相当详细。它有“洪家七十二条律正”“天地会二十一条例”“洪顺堂开炉十禁”一百多条规矩，规矩和纪律之完善，帮会之中少有出其右者。

虽然帮会的规约与契约大相径庭，但我们还是能够从中看出一定的契约意识来。从这些入会规约上看，他们吸纳保护官方暴力迫害的人士，保证他们在会中的权利，同时也规定了他们在会中的义务。入会还要有举荐人，如所举荐的人非正派人，或为敌人间隙，举荐人要受到追责。从种种迹象看，民间帮会的规约也有一定程度的契约意识。正是由于帮会规约拥有一定的契约意识，帮会广大成员才能够服从这些具有民间法性质的规约，强化其组织性，提高帮会的凝聚力，从而在民间沃土之上屹立不倒。

三、宗内事务中的契约意识

宗族是由父系氏族社会发展而来，由共同的男性祖先所出的男性世袭及其家属所构成的同姓血缘亲族，即为宗族。宗族运行依靠一定的成文契约来规范其活动，范围涉及族内生活的方方面面，包括继承、婚姻以及遗嘱等各个方面。据梅因的《古代法》研究，罗马法中的“契约”最早就是从财产所有权的“让与”一词中分化而来，其中，家庭遗嘱中所涉及的财产转移方面也是从中分化而出。[2]这也说明，契约意识最早源自家庭、家族内部事务的所有权变更。中国传统社会历来重视“名分”，名分的实质是身份和关系，而

① 刘平：《中国民俗通志·江湖志》，山东教育出版社，2005，第303页。

② 亨利·萨姆奈·梅因：《古代法》，高敏、瞿慧虹译，中国社会科学出版社，2009，第244页。

身份和关系决定所有权的归属。同罗马法相同的是，在宗族事务内部，中国传统社会的契约意识仍然相当浓厚。这种浓厚的契约意识就是为了强化、区分名分和关系的有无。下面我们将从宗内继承、婚姻以及遗嘱三个方面来体会观察中国传统社会宗内事务中的契约意识。

1. 继承中的契约意识

在中国传统社会宗法制的影响下，财产继承以宗祧继承为先决条件。财产所有权的确立是以宗子身份的确立为前提的。一家乃一分支世系，属于相对独立的一宗，一宗只能有一人继承宗子之位。在民间，宗子不仅要继承财产，还拥有祭祀特权和管理族内事务的特权。一般意义上的族长就是宗子。从周公创立嫡长子继承制后，历代基本确立了宗子的继承法则。

宗法制下，父死子继，财产与大宗的地位一起由嫡长子继承，别子所得财产在法律上只有使用权而没有所有权，即所谓“异居而同财”。至战国秦商鞅变法后，国家强制民有二男以上的家庭分家别居，加速了财产继承上的诸子均分制。财产的诸子均分制是指不论嫡长子还是庶子，都有平均分配家产的权利。秦汉以后，嫡长子虽然在继承财产方面已经没有了特权，但嫡长子仍是宗子，家族祭祀、爵位继承等身份继承仍然以各种形式存在着，特别是贵族、官宦和缙绅世家，嫡长子一般意义上就是宗子。由于年龄的关系，嫡长子在一般在家庭经济中的作用要比诸弟重要，这样就使得嫡长子在继承关系中比诸弟处在更有利的位置。据《唐六典》卷三“凡食封皆传于子孙”条的注，唐代食封贵族去世以后，所封之物根据诸子均分的原则进行分配，但嫡长子要多分一份。

延续宗祧和养儿防老是中国传统社会生育儿女的主要目的。无法生育或子嗣早亡导致后继无人，被认为是一件极其严重的事情。为了延续宗祧和养儿防老，没有亲子，就要立继养子。养子分同宗和异姓两大类。立继同宗养子，主要是为了继嗣，延续这一脉的香火，能够让祖先享有祭祀。立异姓养子的目的比较简单，就是为了养儿防老。继嗣只能在被继承人死亡后实施，异姓养子只能在继承人生前立，最好是在襁褓之中就抱养过来，这样一方面可以培养亲情，另一方面孩子养得熟，对同姓同宗的认同感也强。当然，最佳的办法就是从同宗中立嗣子，又称为“过房子”“过继子”“立继子”；异姓养子又称为“假子”“螟蛉子”“义子”。

不管是在同宗中立养子，还是在异姓中立养子，二者都非亲生，并且这种身份的转换不仅是两个家庭之间的重要事情，还是宗族的大事。为了确保养子能够履行子嗣的义务，同时也为了确定养子的应得的权益，如分得财产。因此，收养子需要立下文书，如“清嘉庆九年（1804年）山阴县张王氏立继子书”：

> 立继书亲赵铭彝、族张圣吉、允乾等，缘克昌身故无子，于今二十余载，尚未定继。先是克昌出仕黔南，于乾隆四十三年告病回家，旋于次年身故，时伊弟建勋、在闲二人俱未生子，无可承继。克昌之父求仲、母傅氏痛子情深，望孙更切，随于克昌木内空立来培之名，盖取急来培植之意。及至乾隆五十三年，建勋始生一子，即取名来培。五十四年，在闲生一子名来墉。俱系一子，不能承继，故傅氏于五十五年逝世，其主内另立来圻之名，承重求仲之意，以建勋、在闲二人内续生之子，即为克昌继子。后在闲生次子，求仲即以来圻命名，并令克昌妻王氏当时即为领养。王氏以来圻方在襁褓，抚育为难，是以不即领养，而求仲旋即病故。此后因循至今，又隔十载，此克昌身故，继未定立之始末原由也。今建勋亦已去世，仅遗来培独子。王氏视来圻年已长成，意中欢爱，特邀铭彝等代为议继。查来圻既为王氏钟爱择定，又有祖命在先，在闲岂议所当辞？其为来圻应继，更无别议。自继之后，

母子相为倚依。所有克昌名下一切田房产业，除彤山羽字四百三十六、七号田七亩零，给已出嫁女俞张氏外，其余尽归来圻承受。立此合同继书二纸，付各执一纸，以垂永久，生生世世矣。

嘉庆九年三月　日立继书亲族　赵铭彝（押）韩謦盘（押）张圣吉（押）张允乾（押）

张魁成（押）张舜贤（押）张雨仓（押）

张国祥（押）张达夫（押）张可均（押）

择继 张王氏（押）

允继 张在闲（押）

执笔 赵铭彝（押）[①]

从这则过继文书内容可知，山西山阴县张克昌与其妻张王氏婚配后多年无子，张克昌赴黔南当官，在乾隆四十三年（1778年）告病回家，第二年就去世了。当时，张克昌的两个弟弟张建勋、张在闲都没有孩子，张克昌的父亲张求仲和母亲傅氏对长子的去世悲痛万分，特别想给克昌过继一个儿子，延续香火，无奈两个幼子都还没有孩子，就在克昌墓碑（木质）上先提前写上“来培”的名字，作为将来克昌继子的名字。乾隆五十三年（1788年），克昌的弟弟建勋生了一个儿子，就取名“来培”，希望以后过继到其伯父克昌名下。次年，在闲也生下一个儿子，取名来墉。两个弟弟都是一个儿子，不能过继给哥哥克昌。傅氏在乾隆五十五年（1790年）去世，求仲就在其妻子傅氏的墓碑上又预先写上了“来圻”的名字，宣布不管是建勋，还是在闲，再生一子就叫这个名字，作为克昌的继子。后来在闲真又生了一子，作为祖父的张求仲即名其“来

① 张传玺主编：《中国历代契约粹编》（下册），北京大学出版社，2014，第1791页。

圻”，并命长媳王氏当即抱过去抚养。王氏因来圻尚在襁褓，年幼不好抚养，所以没有马上抱过去亲自抚养。不久，作为大家长的张求仲去世。一直到写过继文书时，一晃十年又过去了。克昌的二弟建勋也已去世，名下仅有来培这么一个独子。来培是不能过继给大伯克昌了。这十年中，张王氏虽没有把来圻抱过来亲自抚养，但对这个未来的继子特别疼爱。来圻已经十岁，离开生母怀抱已可，故张王氏央求亲戚中有名望的赵铭彝和部分族人来主持过继。通过过继文书可以看出，在闲夫妇将次子来圻养至十岁，亲情已厚，有点不舍得过继给长兄克昌。但是，有其父张求仲的遗命在前，张王氏又对来圻疼爱有加，赵铭彝与张氏族人一致认为，来圻是时候过继给张王氏了。过继文书最后规定，自过继手续之后，张王氏和来圻就是母子关系了，当“相为倚依”，也就是相依为命的意思，和生父张在闲一家即脱离父子关系。同时，文书规定，除了已经给女儿俞张氏的“彤山羽字四百三十六、七号田七亩零”的田产以外，张克昌的一切财产都归来圻所有。最后，文书规定，此继书一式两份，张王氏一份，张在闲一份，“以垂永久，生生世世矣”。意思是指，继书生效后，不得反悔，永久保留，世世代代不能更改。最后落款是，主持人兼亲戚赵铭彝、韩警盘，张氏族人七人，择继人张王氏，允继人张在闲，执笔人赵铭彝。画押生效。

综上所述，在中国传统社会，民间在履行继承活动中，特别是在过继中，有较强的契约意识。过继文书具备一般契约的功能，即规定了当时双方的权利义务，并通过宗族和习俗的力量对继书的执行进行监督。它虽然不像一般的契约那样，规定了惩罚措施，但违背继书者势必要受到宗族和社会的制约和谴责。

2. 分家活动中的契约意识

宗法制下继承可分为“继嗣”和“继统”。继嗣的特点是必须在被继承人死后成立，继统却可以在被继承人生前实施。继统首先是继承宗子职权，其次继承财产权也是重要的组成部分。但是，继统特别是对宗子身份的继承，在上层社会比较通行，在无爵位、无食封的下层社会继统与继嗣同时成立，民间更重视财产的继承与分配。身份附带的利益和影响远没有物质重要。所以，继承关涉到身份的转化和财产的分配。分家则主要是财产的分配，而非身份的变化。严格来讲，分家是家庭事务而非宗内事务，但分家又事关宗族的兴衰。分配家产若不公正，极易引起兄弟阋墙。所以，为了公正分配家产，同时也为了消弭日后因家产分配引起的矛盾，分家时就有分家文书，敦煌文书“九世纪敦煌分家文书格式”就记载了唐代敦煌地区民间分家文书的大致：

兄某告弟某甲□□□忠孝，千代同居。今时浅狭，难立始终。□□子孙乖角，不守父条；或有兄弟参商，不□大体。既欲分荆截树，难制颓波；□领分原，任从来意。家资产业，对面分张；地舍园林，人收半分。分枝各别，具执文凭，不许他年更相斗讼。乡原体例，今亦同尘；反目憎嫌，仍须禁制。骨肉情分，汝勿违之。兄友悌（弟）恭，尤须转厚。今对六亲，商量底定。始立分书，既无偏坡（颇），将为后验。人各一本，不许重论。

某物 某物 某物 某物 某物

车 牛 羊 驼 马 驰畜 奴 婢

庄园 舍宅 田地乡管渠道四至

右件家产并以平量，更无偏党丝发

差殊。如立分书之后，再有喧悖，请科重罪，名目入官，虚者伏法。年月日

亲见

亲见

兄

□

姊
妹[①]

从这则敦煌分家文书格式上可知，唐代民间分家立契，已成常态。宗法制下，维持世代共居、不分家财尚可。但战国以后，宗法制削弱，即使父母在，秦法也强制分异，不分家则征收两倍的赋税。有着法律的强力推动，民间分家趋势已势不可挡。汉武帝罢黜百家、独尊儒术后，儒家思想虽然抬头，部分儒生或读经出身的循吏，试图用行政力量改变秦以来的分家风俗，但仍阻挡不了陷入“察孝廉父别居”的窘境。

民间家产的分配大多采取诸子均分的原则。在唐代，诸子均分已经实现了完全的法制化。《宋刑统·户婚律》“卑幼私用财”条引唐《户令》明确规定：“诸应分田宅者，及财物，兄弟均分。”原则上的兄弟均分家产已立为法律，因此，为了落实分家的公平性，同时也为了消弭因分家产而造成的兄弟不和，立分家文书就显得极其必要。宋律规定，父母生前，如得到父母允许，是可以分配家产的。父母死后，除服丧期间，便可以分家。分家之时，需要有亲族到场，以示公正。对于包括土地在内的所有财产，不论年幼，诸子一律均分。诸兄弟在亲友的见证下，如一致同意家产分配方案，则签下文书。文书上要详细写上分到的田宅物业等名目，文书被称为“阄书”“支书”“分书”“关书”。另外，“如立分书之后，再有喧悖，请科重罪，名目入官，虚者伏法。”家长和家人同意签署，受分人各执一本，作为分家产的见证。签订后，分析家产的文书还要经过官府印押，具有法律效应。没有经官府印押的析产文书易产生种种弊端。因此，宋代《袁氏世范》卷三“析产宜早印

① 张传玺主编：《中国历代契约粹编》（上册），北京大学出版社，2014，第395~396页。

阄书”条，就劝告家人分家之后应早印阄书，虽然官府在百姓办理析产印押时，趁机收受费用和好处，很多百姓不愿破费，大多匿而不印，私自割析。分家之后，如果兄弟经年日久，家产代传，贫富已然不同，亲情恩义疏远，就容易引起争讼。《名公书判清明集》卷八有一则“已有亲子不应命继”的判词，记载的就是审理家产分析而引起的诉讼：

南宋时期，有一人名方森，二十岁娶阿黄为妻，时年阿黄十六岁。阿黄先是生一女，名方柳姑；越两年，阿黄又生一男，名方洽。当方柳姑五岁、方洽三岁那年，方森不幸早逝。十年后，有一名方龟者，拿着分家文书（支书），声称是方森的养子，要求按照分家文书分析方森的家产。这个方龟事实上是方森的伯父方凯的儿子。方龟声称方森在他八岁那年将其抱养过去，作为养子。法官根据方森妻儿的供词推算出方森结婚的真实年龄，而根据方龟的供述，方森不可能十八岁未婚而过继侄子，方龟的长相也不像二十八岁，应该和方森年纪相差不大。因此断定方龟诈称方森养子，趁其去世，欲以有分家文书为由，争夺其家产。当法官要求方龟提供分家文书（支书）时，“取索支书，日复一日，迁延不到，迫之稍急，乃以白纸来上，并不经官印押”。法官屡次索要支书，方龟推辞迁延，最后迫不得已，提供了一具没有经官府印押的私契（白纸）。法官在判词中写道：“争分全凭支书，有印押者尚多假伪，不足凭据，而况不印押者乎？”①

关于家产分析的诉讼，关键证据就是支书，经官府印押的尚且多伪造，不能作为证据，何况是没有经过官府印押的私契呢？由此可见，不论百姓，还是官方，在民间分家活动中特别重视立分家文书，尤其重视经官府印押的环节。这也是民间家庭生活中具有契约

① 中国社会科学院历史研究所宋辽金元史研究室点校：《名公书判清明集》，中华书局，1987，第250页。

意识的又一表现。

3. 婚姻关系中的契约意识

在中国传统社会，特别是在宗族内部，婚姻关系就像《礼记·昏义》所说的："合二姓之好，上以事宗庙，而下以继后世也。"婚姻关系的成立是通过两个家族的联姻来实现的，其终极目的是延续宗族血脉。所以，作为婚姻关系的主体——新郎与新娘他们的感情在传统婚姻中是微不足道的。婚姻对于新郎来讲，个人娶妻并非为了寻得心爱的女性，而是为家族娶妇延嗣；对于新娘而言，嫁给丈夫也不是为了感情的相悦，而是与另一家族缔结了姻亲关系。从这个角度看，传统的婚姻没有男欢女爱，只有家族利益。这是时代的局限性。既然婚姻的缔结事关两个家族的利益，那么婚姻就必须遵循严格的礼法程序。其中，报婚书或聘财礼是衡量婚姻关系是否成立的前提条件。如《唐律疏议·户婚》规定："诸许嫁女，已报婚书及有私约，而辄悔者，杖六十。"报婚书是婚约成立的书面形式，具有法律上的约束力。私约，是正式报婚书以外对特别事项的约定，作为婚书的重要补充，也被法律所认可。因为私约的内容往往不宜明载于婚书之上，如男女年龄差距太大、肢体有残疾、非嫡子等内容。只要在私约中言明，也是法律保护的婚姻。婚书虽无需官府登记，但同样受法律保护。

日本学者仁井田陞在其《中国身份法史》一书中收集了敦煌出土的两件唐代婚书样文：

通婚书

某顿首顿首。触叙既久，倾瞩良深（如未相识即云：久藉徽猷，未由展觌，倾慕之至，难以名言）。时候伏惟某位动止万福，原馆舍清休，（如前人无妻即不用此语）即此某蒙稚免，展拜未由，但埤翘轸重（原文如此，恐有误）。谨奉状。不宣。某郡姓名顿首顿首。（别纸）某自第几男（或弟、或侄某某），年已成立，未有婚媾。承贤第某女（或妹、侄女），令淑有闻，四德兼备，愿法高援。谨同媒人某氏某乙，敢以礼请月正。若不遗，伫听嘉命。某自

答婚书

某顿首顿首，久仰德风，意阙披展（如先相识即云：求展既久，倾慕良深），忽辱荣问，慰沃逾增。时候伏惟某动止万福。原馆舍清休（前人无妻不要此语），即此某蒙稚免。言叙未由，但增企除，谨奉状不宣。某郡姓名顿首顿首。（别纸）某自第几女（或妹、侄、孙女）年尚初笄，未闲礼，则承贤第某男（或弟、侄、孙）未有伉俪，顾存姻好，愿托高援。请回媒人某氏，不敢，从某自。[①]

通婚书与答婚书有一定固定格式，由正书和别纸组成。正书系客套语，表达礼节上的尊重，具体的内容则载于别纸，主要内容是：主婚人与未婚男女个人的身份关系；男女姓名、年龄、婚否状况；表达求婚与许婚的话语；媒人姓名。这两件文书没有涉及聘财、迎娶婚嫁等事项，其作用仅在于将双方愿意婚嫁的意思用成文固定下来。尽管婚书有偏重形式的特点，但唐律照常赋予了婚书法律上的效力。另外，《唐律疏议·户婚》规定，即使没有婚书，只要男女两家经过聘礼环节，法律一样承认婚姻关系成立。婚约或聘礼环节一旦成立，便有了强制履行的效力。不论是法律，还是民间的习俗，两股力量都要求双方在没有特殊的情况下，只能朝着既定的成婚方向准备，任何一方不得反悔。男方违约，将失去聘礼，但不构成犯罪；女方违约则视为犯罪，被科以刑罚。唐代对女方悔婚

① 叶孝信主编：《中国民法史》，上海人民出版社，1993，第290~291页。

的处罚，将视不同情形和严重程度分三类：仅悔约而无别许情形，杖六十，婚约仍然有效；婚约未解除又许他人，杖一百；别许他人已成婚，给男方造成的影响最大，罚女方徒一年半。第三种情况，显然已属于重罪。唐律严格规定，即使惩罚了女方家长徒一年半，女未别嫁的情况下，仍归前夫。前夫若不愿意再娶女方，还聘礼，后夫也要按照法律规定迎娶。可见这看似仅具形式的婚书有着强烈的契约作用，它在法律上是保证婚约关系成立的基石。

第八章 中国传统行规、村规与民约的规则意识

在中国传统社会，法与礼是维系社会秩序正常运转的两个车轮。法源自军事，礼来自习俗。二者皆是维系秩序的要素。本质上，法和礼都是一种广义的规则。法依国家权力强力执行，礼靠道德习俗实现感召影响。法与礼虽皆自上而下、从贵族到平民贯通到各个阶层，但法与礼之外，仍有一些规则在广大民间社会的隐性角落维系秩序。这就是民间规约。在中国传统法治文化研究领域，最早提出"规约"一词的是日本学者仁井田陞。国内学者最早引用这一概念的是刘笃才。[①]据刘笃才后来考证，事实上，"规约"一词的最早发明者乃中国古人。翻阅典籍，早在宋代以后就有以规约指称社会规范的习惯，如在宗族所立的义庄、民间社仓、书院等领域都有将其管理规则称为"规约"的大量事例。[②]事实上，民间规约远不止这些领域，它在各行业领域、村落以及家族内部都存在。这些规约没有法和礼那么幸运，登堂入室，成为统治者青睐的治国之术。

---

① 刘笃才：《中国古代民间规约引论》，《法学研究》2006年第1期，第135～147页。

② 刘笃才等：《民间规约与中国古代法律秩序》，社会科学文献出版社，2014，第27～33页。

形形色色的规约源自民间社会，扎根民间社会，并在法和礼不能涉足的民间社会犄角旮旯，发挥着维持秩序的功能。

广义上，民间规约与礼、法一样，都是规则，然三者既有联系，又有区别。礼、法和民间规约同根同源，都属于早期氏族社会的规则，都属于维系秩序的要素。有所区别的是，礼主要依赖道德感化来维系社会秩序，法律是依靠国家强制力来维系社会秩序，规约是主要依靠民间自为的力量来维系社会秩序。法与礼的意志贯穿从贵族到民间普通平民，规约的制约力似乎只在民间发挥作用。另外，民间规约还不同于一般的契约，契约主要调整的是私人之间的经济关系、人际关系。规约调整的是一般性的公共事务。鉴于民间规约与法律都有规则和秩序特征，有学者便将其统称为“民间法”。虽然笼统地将民间规约视为民间法似乎也无不妥，但严格来讲，民间规约并非法律。民间规约的这种似法非法的模糊、弥散特征，并不影响它在民间社会发挥维持秩序的功能。可能也正是这种模糊性、弥散性，使得民间规约才在民间社会发挥了与礼和法不一样的功能和作用。从远古到传统社会，甚至在现代社会，民间规约在民间社会的土壤中仍然发挥着作用，它的生命力就在于规则意识。从形形色色的行规到乡里村落中的村规，再到家族中的家法族规，无不彰显着这一特征。

一、形形色色的行规与规则意识

俗语云：“三百六十行，行行出状元。”行，属于职业的范畴。自原始社会后期，社会经历了三次大分工：游牧业的诞生、手工业和农业的分离，以及商人阶级的出现。[①]在这三次社会大

① 恩格斯：《家庭、私有制和国家的起源》，载中共中央马克思恩格斯列宁斯大林著作编译局编译《马克思恩格斯选集》（第四卷），人民出版社，2012，第158～168页。

分工的基础上，随着生产力的日益发展，人们所从事的行业越分越细，行会便应运而生。所谓的行会，是指某一特定的地方中从事某一行业的人形成的行业组织。行会不同于建立在宗法血缘关系之上的宗族组织，也不同于建立在共同地缘之上的村社组织。行会是完全以职业或行业为基础建立的组织，这种组织是社会分工精细化的必然产物。行规是某一地域中从事共同职业的人制定并得到全行业人认可的章程。行规是行会赖以存在并得以正常运行的规则。没有行会就没有行规，没有行规也没有长久运行的行会。需要指出的是，这里我们所谓的“行规”不是泛指某一行业所特有的职业习惯和禁忌，如打鱼、打猎及挖矿等高危行业，特别忌讳说不吉利的话。这种行业习惯和禁忌有时也被称为行规，但本文所指的“行规”却并非如此，而是指经过同行人共同制定、共同遵守的行为规范。行会制定行规的目的是统一产品的规格质量，防止同行之间出现无序竞争，裁判同行间的矛盾和分歧，接济、帮扶会员中的弱势群体，共同承担官府责成的义务，协调同其他地域同行间的竞争，筹集经费举办祭祀行业祖师、请戏班子唱戏等公共活动。与以习惯和禁忌为主要内容的行规不同，这样经过全行业共同制定的行规具有理性色彩，而以习惯和禁忌为主要内容的行规一般为非理性的产物。另外，经过全行业共同制定、共同遵守的行规一般都是成文性的，而以习惯和禁忌为主要内容的行规很多都是口头性的。

由于行规形成的时代和地域不尽相同，“隔行如隔山”，各个行业、职业又自有其特点，因此在民间形成了形形色色的行规。根据刘笃才先生的观点，以行规形成的地域性为标准，行规大致可分为会馆规约和公所规约；以行规形成的行业或职业性特点为标准，行规又可以分为单一性行会规约和综合性行会规约。[①]

1. 会馆规约中的规则意识

在中国传统社会，会馆出现的时间较晚。大约在明代，在城市当中同乡或同业性质的会馆才开始出现。从起源上看，早期会馆并非行会性质的同业组织，而是由同一地域的官僚在身处的都市，联合同乡中的商人或有资产名望的缙绅，集资兴建的具有同乡联谊会性质的馆舍。这一点在作为京师的北京最为明显。在北京建立的会馆为来京的士绅、商人、举子提供食宿，甚至对经济困难的进行经济资助。会馆的功能主要是联络乡谊，特别是对于身在异乡的同乡，可以起到抱团取暖的作用。北京作为明清时期的京城，最早出现了会馆。其后，会馆开始逐步在各大省会城市或以工商业闻名的城市出现。会馆的参与主体也逐渐以商人为主了，会馆也成了具有行会性质的团体。由此，会馆成了出自同一地域的商人聚会之所，它的同乡会性质仍有很强的印记。随着工商业的发展，会馆日益发展成以某一行业为主的商人行会组织。这种按照行业形成的会馆越往后发展越明显。如清代北京晋商建立的河东会馆，它实际上是在烟行的基础上形成的；闽商建立的延邵会馆，则以纸行为基础形成；宁商（南京商人）建立的东元宁会馆，是以丝绸行为基础形成的；浙商建立的浙慈会馆，是以成衣行为基础形成的；等等。这些会馆虽然仍以地域冠名，但实际上已经蜕变为以某一行业为纽带的行会组织。有些会馆一诞生就是以某一地域为主体的商人建立的行会组织，如北京康熙年间建立的正乙祠。

这些行会性质的会馆之所以能够长久运行，离不开会馆规约。这些会馆规约还带有一定的时代烙印。它们大多规定了该行业所共同尊奉的神（一般是行业祖师或财神），在敬神的前提下，规定同

① 刘笃才等：《民间规约与中国古代法律秩序》，社会科学文献出版社，2014，第207～208页。

行也是同乡要相互扶助，济贫救难。最重要的是，这些会馆规约规定了会管的组织管理机构及日常管理规章，对违反禁止章程的同乡，明文规定了相应的惩罚措施。下面我们以清代康熙年间成立的北京正乙祠的规约为例，简要了解一下会馆规约中的规则意识。

正乙祠，顾名思义，乃是祭祀正一元帅赵公明（财神）的场所。它最初又称银号会馆、浙江商业会馆，它是浙江银业商人集资修建的定期聚会之所。浙江银业会馆制定的《正乙祠公议条规》形成于康熙六十年（1721年）。规约在这里又称为“公议”，言下之意，是经过全行业商人共同制定的规章制度。

其“公议”开篇就说，“盖闻官有议，乡有约，家有训，虽大小不同，其义一也”。“官议”“乡约”“家训”与会馆“公议”其本质都相同：一为团结，即所谓“心一”；一为相互救助。所以，《正乙祠公议条规》接着说：“吾党诸贤，贸易辇下，棋布星分。桑梓之好，不得岁时聚会，情何以能通，心何以能一？倘一旦变生不测，众何以相救？”商人为了商业利益，背井离乡，身在异乡，同一地域、同一行业的商人也就有了团结、联合的必要。因此，“此正乙祠之设，所以报神庥，亦所以固同盟也”。在正一元帅赵公明的神位之下，浙江银业会馆成立了。规约规定了对财神赵公明元帅的具体拜神仪式和规章，年度轮值会首带领行业同仁一同拜神，礼毕分立两旁，然后就座。《正乙祠公议条规》还点明了会馆设立的主旨 “敬神以聚桑梓，有联络异姓以为同气之义”，以便在同仁患难之时给予扶持和体恤。

会馆作为一行业组织，其管理机构、活动规则的设置相当重要。《正乙祠公议条规》对此有明确的规定。据规定可知，浙江银业每年选出轮值会首作为会馆负责人。“现年会首，一岁之内，大小事件，务要相闻。殿宇墙垣，应修应补，不时巡察。及守祠之人，若容留匪类，甚至酗酒呼卢，或罚或黜，俱要当年裁夺。其公中公务，应用等物，公首预为查点，费之为盈为歉，多则公捐，少则自派，将一年所办出入银钱，登记簿籍，并祠中红契三纸，验明交递新年会首存放。”[①]如同行中有遇到“事关重大”之事，或“不公不法”之事，轮值会首派人持“知单”到各会员商铺或住处，请会员到正乙祠商讨。会事商讨，要对会员一视同仁，处理矛盾要公道、无党无私，违反者要“罚戏敬神”，即自己花钱请戏班子唱戏敬神。

另外，《正乙祠公议条规》要求同行之人合法经营，对“非义图利，不循本分营谋，身干法纪”者，务必要留心查访，一旦查出有此举者，会馆会同本行，要“鸣鼓立逐”。切勿容隐，以坏行中颜面也[②]。会馆有自行纠察不法经营的义务，并将不法经营者逐出行业组织，目的是维持“行中颜面”，实为维护行业诚信经营的信誉。事实上，这一条规定具有很强的约束性。如果行中不法经营者一旦被行业组织逐出，其诚信合法经营的信誉也就如同扫地了，从此再也无法在本行乃至商界立足了。

2. 公所规约中的规则意识

“公所”之名源自官方衙门。清代有八旗公所，乃八旗驻防官员的办公之地。近代，乡、区一级行政单位办公场所亦称公所。至清代中后期，工商业行会组织亦将聚会、办公之地称为“公所”。在名称上，公所与会馆有时混用。如彭泽益选编的《清代工商行业碑文集粹》一书收录了《泉漳会馆兴修碑记》一文，其中就有 “会馆者，集邑人而立公所者”之说。

公所乃同行业同仁议事之处。故同治七年（1868年）上海《油麻业同业抽厘建造公所碑》载：“窃惟我业油麻，向来公事曾无会

---

① 彭泽益选编：《清代工商行业碑文集粹》，中州古籍出版社，1997，第36页。

② 彭泽益选编：《清代工商行业碑文集粹》，中州古籍出版社，1997，第36页。

议之处。至同治三年正月，齐集同业公议，为创立公所一事。”[①]公所与会馆在功能上区别不大，稍有不同之处，会馆一般以商贸银业为主，资本规模较大，主导会馆的人物一般都是某一地域的富商大贾，而公所虽冠以衙门之号，但其实多以规模不大的手工业、服务业为主，资本中等规模的商贩主导其间，出入公所的大多是小本经营的商贩。

公所规模虽小，但“五脏俱全”，其中的办公设施虽不能和会馆相埒，但会馆该有的，公所亦有之。如会馆供奉有祭祀的行业祖师或财神等神像，公所也不例外。如同治九年（1870年）十月上海《重建小木公所同业捐款款目碑记》中的“重建小木公所序”载：“吾行合城内外椐木、杂木、床作、机子作共合通行小木一业。依先在苏营生，吾先司祖请同业公议，是于嘉庆初年，各姓捐资银两，设立公所，供奉关圣帝君、鲁国先师神象，坐落吴治慧桥巷内，公立各项规条，不准私心隐匿，历久无异。”[②]上海小木公所所立神像乃武财神关圣帝君（关羽）、鲁国先师神像。这里的鲁国先师神像应该不是指孔子，而是指木匠行业的祖师鲁班。

同业的章程，乃行会汇集同业的灵魂，公所亦有之。从同治九年十月上海《重建小木公所同业捐款款目碑记》可知，小木公所也有公所的规约或章程，即所谓“公立各项规条”，但由于碑文未抄录规条，因此不得其详。光绪十九年（1893年）七月，《长元吴三县梳妆公所议定章程碑》记载了清末苏州府元和、长洲、吴县三县红木梳妆制作业公所章程。据碑文可知，苏州府元和、长洲、吴县三县红木梳妆制作业本有公所，因太平天国运动波及苏州，公所旋即因兵燹而遭到破坏。光绪十九年，三县红木梳妆制作业在官方衙

① 彭泽益选编：《清代工商行业碑文集粹》，中州古籍出版社，1997，第74页。

② 彭泽益选编：《清代工商行业碑文集粹》，中州古籍出版社，1997，第121页。

门的支持下重新复立公所，恢复公所章程，故勒石立记。现将章程抄录如下：

一议同业公议，遵照旧章，无论开店开作，每日照人数，归店主愿出一文善愿。

一议同业公议，现以每年所捐一文善愿，积资置买公所基地一处，即欲起造。

一议年迈孤苦伙友，残疾无依，不能做工，由公所每月酌给膳金若干。

一议如有伙友疾病，延医至公所诊治，并给汤药。

一议如有伙友身后无着，发给衣衾棺木灰炭等件。

一议如有伙友病故而无坟墓，由公所暂葬义冢，立碑为记，且俟家属领回。

一议祖师坟墓与义冢毗连，每年七月中旬，同业齐集祭扫一次。

一议如果公所起造工竣，由同业中公举诚实之人，司年司月。

一议外方之人来苏开店，遵守旧规入行，出七折大钱二十两。

一议外方之人来苏开作，遵照旧规入行，出七折大钱十两。

一议本地之人开店，遵守旧规入行，出七折大钱二十两。

一议本地之人开作，遵守旧规入行，出七折大钱十两。

一议无乱开店开作，欲收学徒，遵守旧规入行，由店主出七折大钱三两二钱。

一议如果学徒满师，已成伙友，遵守旧规入行……出七折大钱六两四钱。[1]

具体来看，这则规约共有14条。经公议之后，遵照行规，苏州三县红木梳妆行不论是开店，还是制作，店主每日按照人数出一文作为公所之资。公所还向外地或本地在红木梳妆行中开店或制作并愿意加入工作的商人或手工作坊主，征收相应的入行费。另外，招学徒的入会店主或作坊主，或者出师的学徒，也要缴纳一定的入行费。这些会费的花费之处：一是用来重建公所；二是用来救济有困难的会员；三是用来祭祀财神或行业祖师。

规约并未明确规定行业的生产规范和销售注意事项，但这则公所规约与一般行规的不同之处在于，这是三县官方支持认可的。规约具有一定的法律效力。凡是“外来无赖棍徒，从中阻扰滋事，有碍善举，紊乱行规，禀乞给示遵行等情到府”。凡是在行业当中欺行霸市，扰乱市场、紊乱行规的恶徒，公所可直接报告官府捉拿。这就使得规约具有了较强的约束力。

3. 单一性行规的规则意识

根据行会规约的内容，又可分两种：单一性规约和综合性规约。单一性行会规约是指某一行业根据该行的特点，出于一种目的而制定的专门性行规。在中国传统社会，传统的技艺一般是靠经验的积累而获得的，很多手工业技艺都是世代相传，这种狭窄的传承路子使得一些行业逐渐形成技术上的垄断。久而久之，某一行业的行会形成之后，为了维护会员的整体利益，也在行规上制定了以维护行业垄断为目的的行会规约。如贵州城东阳明祠发现的嘉庆年间的《黑漆行规碑》就记载了清代贵州省城贵阳黑漆作户与铺户抵制大定红漆的行业规约。

---

① 彭泽益选编：《清代工商行业碑文集粹》，中州古籍出版社，1997，第123～124页。

《黑漆行规碑》开篇即以“公议黑漆行规小引”为题，详细阐明了此规约产生的前因后果。据碑文行规小引可知，行业历来限制“新来之党”，其目的是依据行规限制奸商分利，以维护本土行业的利益。黑漆行业更是如此。黑漆行业的特点是，制作户（生产商）将黑漆器成品卖与当地铺家（经销商）。制作户与铺家各求所需，各有所得。偶尔，贵阳黑漆行也从安顺进一些黑漆器，从来没有进过大定的红漆器。百余年里，贵阳的黑漆行“铺家货家衣之、食之、子之、孙之，彰彰有考”。黑漆行的制作户与铺家衣食来源于此，子孙生业赖此，完全依靠行业的垄断。然而，不久前，大定的商家凭借着红漆器的价格优势，“贩入省城，廉其值，射利而去”。贵阳原来销售黑漆器的铺家（经销商）因其进价低，纷纷代理其产品，致使贵阳当地的黑漆器制作户“数千家俱有货无售，以致手艺空闲，谋生无策”。为了扭转这种被动趋势，黑漆行会邀请贵阳当地黑漆器制作户与铺户会商，生产商与销售商达成一致，贵阳“铺家只用安顺、省城二处黑货”，不进售大定的红漆器，以安抚黑漆器制作户；黑漆器制作户也要“竭力尽心，不得做难”，大概是指黑漆器生产商要努力生产为本地铺户供足货源，不能在货源上为难商家，这主要是为了稳定、宽慰贵阳漆器经销商。最后，在嘉庆十三年（1808年）四月二十八日，贵阳当地的黑漆器制作户可能在地方乡里机构的支持下，在皇经阁（可能是黑漆行会的公所），与以尹廷琼、舒廷杰等为代表的在贵阳倾销红漆器的大定客商及当地铺户，约定行规：

一、议……大定货物永不来省，如再私来，任凭众人将货物拦至皇经阁发卖，修铺庙宇。嗣后再有贩货来省者，即照二人之例。

一、议铺家不买大定货，发银与做户定货。其银至数十两者，先开明货单、银期，限定日期，按期交纳。倘任意延搁，或将所定之货转卖与别家者。罚戏一本，酒席数桌。其有寒热阴晴实在赶不及者，再限日期，速及完纳，如延照罚。

一、议做户上铺货物，俱有口材齐整，平正端方。不然，罚其再做，倘不依允照罚。至做户不遵行规，私通货物，将货入庙，永革不入行。

一、议做户领银不得脱空。如有脱空，将伊家所有之货尽行上铺。其余如有不敷，令值年头人与众做户摊赔，不得短少。

……

一、议铺家业已允从不买大定货。倘日久有私买者除照罚外，省城、安顺做户公同酌议，俱不与之做货。

一、议无论铺户、做户，该罚而不受罚者，凭众言明，加倍罚之。①

这次大定红漆器倾销贵阳，导致贵阳本地黑漆器制作户与安顺黑漆制作户损失最大，故行规首先以极其强烈的口吻要求大定红漆器的贩卖商不得将商品倾销到省城，一旦发现，黑漆行会将没收货物，并将其卖掉，所得的银两将用来修庙。这次公议行规主要目的是保护本地黑漆器制作户的利益。黑漆器制作户在获得行会保护的前提下，也要尽到应尽的义务。不能像过去一样，任意延搁，拖延交货，或者毁约将货转卖他家，一旦发现制作户为难铺家的现象，要罚请戏班子唱戏，并置办酒席赔罪。要求制作户保证黑漆器的质量，如质量不合格，要求重做，如果违反行规将其开除，永远不得重新加入行会。制作户要按照约定如数就将货物提供给铺户，如有

① 倪腊松：《研究清代贵州经济史的宝贵资料——黑漆行规碑》，《贵州文史丛刊》1996年第4期。

违约，行会值年头领与所有制作户摊赔。另外，作为经销商的铺户已经允诺不再进大定货，如有违反，除了照罚，省城、安顺两地的黑漆制作户也不再给其提供货源。

从这则行规可以看出，单一性的行规因其目的性明确，规则就成了实现目的的主要法则。这种单一性的行规往往以神的名义对违反者加以惩罚，更增加了其规约的神圣性与合法性。惩罚措施最严厉的不在于变相的经济处罚如请戏班或延请同行，而是被开除或被行会组织孤立（如全行不再供货）。因中国传统社会，特别重视人际关系，行业是手工业者、商户安身立命的团体组织，一旦被开除或孤立，几乎无法在商界立足。这样的惩罚，在今天来看也是相当严厉。这种严厉的惩罚措施，反过来强化了行会规约的规则意识。

4. 综合性行规中的规则意识

相对于单一性行规，综合性行规是指对行会的组织、运行以及日常管理等各方面进行综合规定的行会规约。综合性行规一般有一定的格式，由序言、立约宗旨、规约的具体条文及结尾（订约人与订约时间）组成。其中，规约的具体条文是行规的主要内容。

行规的规则意识往往在规约条文中有所体现。综合性行规的规则条文内容大致包括祭拜行业祖师或财神所需经费的征集与管理，行会会首的产生，行会组织机构的运转与管理，对本行业产品和服务的质量规定，学徒制度的规定，以及行业内部关系的规范与调整，等等。清末湖南省调查统计的《湖南商事习惯报告书》保存了大量的传统社会乃至近代的行规，这些行规主要是根据某一行业经营的商业习惯制定的，着重于商品的生产和买卖，规则意识是这批行规的突出特点。制定于1907年的湖南长沙《茶叶规条》就比较有代表性，具体如下：

> 一茶厘照章完纳外、凡地方要公应输捐者，公同酌议，照箱额包额摊派，不得隐徇推诿，紊乱商规，违即

议罚。

一陋规禁革后，同业人不许钻营，假通声气，私出陋规。至有觊觎茶业，藉公苛勒者，务须向茶业公所鸣论斟酌，亦不许徇隐，私行授受，衅起事端、违即议罚。

一雇经纪无论在大号、仔庄，不许浮称抬盘，戕货收潮湿毛茶。亦不许勾通帮伙，预支用钱，希图脱卸认赔号中欠称等弊，违即公同斥革。

一收买山户负贩茶叶，兑钱与称码仍照向章，不得增减。其钱亦须过手足数，免致竞争滋事，违即议罚。

一各号帮伙、经纪，百工，如查实舞弊确迹，虽斥退不用，亦须告知公董，倘同业徇私，或存别见雇请者，公同加倍议罚。

一拣茶工人，应遵号规，拣选尽净，不得怠玩作弊，尤不得恃众喧闹、不服稽查。其拣价发茶多少，均照向章，违即公同送惩。

一船户装运茶箱，不得疏虞，破损沾潮，以重工本。至装茶包、花香，更不得踩烂、偷漏，希图渔利其运价均照向章，违即公同禀究。①

茶叶行会是一个整体，福祸共同承担。行规规定，在照例完纳茶厘之后，如地方再额外向茶行征收捐税，茶行经过入行的会员共同商议，根据“箱额包额”摊派，不得隐徇推诿。买卖大的多缴税，买卖小的少缴税，这一条最大限度地保护了茶行小商小贩的利益。茶行行规规定，革除陋规之后，同行人务必相互照应，不得再行私设陋规，对借公苛勒同仁者，要告知茶叶公所，行会将对其进行惩罚。不准在收购茶叶时在秤上做手脚、不准收购受潮的毛茶，

① 彭泽益：《中国工商行会史料集》，中华书局，1995，第201～202页。

这是对行业经营环境和质量的把关。茶商所雇佣的伙计、经济及工人不得舞弊，一经查实，不仅辞退，还要求同行不得雇佣，清除出茶行队伍。如有包庇收留者，茶行公同加倍议罚。对于装运茶香的过程，行规也进行了严格规定。这些严格的规定，维护了茶叶市场的正常运行，保证了茶行同行的利益。

由于工商业的独特性和专业性，法律在此领域很难彰显作用。行会尽管有各种陋习，但行会制定的规约却在一定程度上起到了“法”的作用。这种规则意识维护了行业的稳定，保证了产品的质量，也起到了保护中小工商业者利益的作用。

二、村规民约的规则意识

村规民约是乡村社会农民实现自治的规约。事实上，在中国传统社会，村规民约一直是一个笼统的整体概念。不能从字面上将村规和民约分为两部分。广义上，乡约也属于村规民约的范畴。“村”的概念及其组织形式在东汉中期已经出现。到了魏晋南北朝时期，“村”成为比较普遍的聚落名称。到唐代，村不但成为城市以外所有聚落的统称，而且成了一级行政单位。村规民约的制定者乃传统的乡村农民，没有固定的文本格式，其内容的设定基本是根据乡村的实际情况而制定的，因而村规民约大都具有特殊性。普遍性寓于特殊性之中。中国传统社会的村规民约具有一个共同的特征——规则意识。无规矩不成方圆，村作为传统社会自治的基本单位，在宋代以后逐渐形成了成文的村规民约。村规民约是一套规范体系。它不仅包括约束乡村居民个体的行为规范，还规定了乡村居民的社会交往方式和集体活动模式。到了明清时期，村规民约逐渐演变为宣讲圣谕为中心的国家制度。这里我们要介绍的是对乡村居民的个体行为和公共交往方式的规范。村规民约可视为民间法的范畴，以规约治理乡村是传统社会乡村社会治理的重要方略。乡村社会的和谐稳定很大程度上要依赖村规民约的约束。

在中华民族发展演变的过程中，在依规约治理乡村方面，汉族与少数民族有很大的不同。特别是在明清时期，汉族的村规民约打上了深深的儒家道德教化的烙印，而少数民族更重视赏罚。

1. 汉族村规民约的规则意识

汉族是典型的农耕民族，基层乡村社会的人际关系多是打断骨头连着筋的父老乡亲，非亲即故，很容易自动结成亲睦团结、守望相助的邻里关系。在秦汉乃至战国，乡里是政府管理编户齐民的基层行政制度。到了唐代，乡里制度名存实亡。及至宋代，乡作为基层行政机构正式被废除，王安石变法以保甲制取而代之。北宋大儒张载的学生——吕大钧，以习经而著称，相当重视礼的教化作用。他反对王安石推行的有法家强制色彩的保甲法，推崇以礼教化乡村百姓。因此，吕大钧撰写了《吕氏乡约》，并在他的家乡陕西蓝田推行。《吕氏乡约》虽名为“乡约”，但本质上就是村规民约。《吕氏乡约》的内容大致分五部分：

一是村民互助事项。村民互助部分是《吕氏乡约》的主体部分，又分德业相劝、过失相规、礼俗相交、患难相恤四项内容：

（1）德业相劝。德，即修身，“见善必行，闻过必改”。业则指“居家则事父兄、教子弟、待妻妾；在外则事长上、接朋友、教后生、御僮仆。至于读书治田，营家济物，好礼乐射御书数之类，皆可为之”。儒家修身齐家的理念贯彻到《吕氏乡约》之中，乡村的读书人要起到模范带头的作用，用自身的德行和行动来感化乡里父老。

（2）过失相规。这里的“过失”由“犯义之过六，犯约之过四，不修之过五”组成。犯义之过大体指违犯了乡村社会的基本道德规范，具体指：一曰酗博斗讼，二曰行止逾违，三曰行不恭孙，四曰言不忠信，五曰造言诬毁，六曰营私太甚。犯约之过，指违犯乡约，具体内容是：一曰德业不相劝，二曰过失不相规，三曰礼俗不相成，四曰患难不相恤。不修之过，具体指：一曰交非其人，二曰游戏怠惰，三曰动作无仪，四曰临事不恪，五曰用度不节。[1]如违犯“不修之过”，每犯一次就记录在册一次，犯三次就要受到惩罚。

（3）礼俗相交。村民的婚丧嫁娶祭祀都要遵循《礼经》，就是儒家十三经中的《仪礼》十七篇。《仪礼》在十三经中号称难读，士人尚且不易读懂，何况普通百姓，所以《吕氏乡约》规定：如“未能遽行，且从家传旧仪”。所谓的“家传旧仪”乃家训族规中的家仪。《吕氏乡约》对婚礼、丧礼都有具体的规范。这些规范的精神大致依据《仪礼》，但又比《仪礼》简单易懂，可操作性强。

（4）患难相恤。《吕氏乡约》总结了基层村民所遇患难之事七类，分别是水火、盗贼、疾病、死丧、孤弱、诬枉、贫乏。凡是加入《乡约》的村民，遇到以上有困难的同约，财物、器用、车马、人仆都要相互借用。对于“可借而不借，及逾期不还，及损坏借物者”都要受到惩罚。即使是没有加入乡约的人遇到困难，也要帮助救恤，遇到比较大难处，就率领同约一起救助。这一点已经超脱了农民阶级的狭隘性和局限性。

二是关于处罚方式。《吕氏乡约》规定，犯义之过，重者罚五百钱，轻者罚四百、三百钱不等。不修之过与犯约之过，重者罚二百、三百钱不等，轻者罚一百钱。犯了小过失的同约，如能听从规劝，及时修正，仅记录在册，不用处罚；如果再次违犯就不能免除处罚。如果规劝不听，或者听了又违犯，以及犯了大过错的，都要受到处罚。那种严重犯了大义且不被士林言论所容的，以及屡次受到重罚而不悔改的，就此事集聚众约，如果同约一致认为不能再允许其留在约内，就坚决将其开除。

三是关于聚会的要求。凡是加入乡约的，每月聚餐一次，每季

① 杨一凡、刘笃才编：《中国古代民间规约》（第一册），社会科学文献出版社，2017，第21～22页。

度会酒一次。聚餐饮酒所费，或集钱，或由犯过之人出资，全由主事者说了算。聚餐饮酒非为娱乐，而是在这样的场合，将同约中所犯之过与所行之善记录在册，并按照所作所为进行赏罚。

四是设置主事。推举正直不阿的同约为约正，约正一般1—2人，主要主持公平决断约中的赏罚。值月（直月）设1人，在同约中遴选，不以才能高下为标准，而是依据年龄大小依次轮流，一月一更换，主要在约中负责差遣杂事。

吕大钧在关中蓝田推行乡约取得了良好的社会效果，关中风俗为之一变。他创建的乡约，也就是村规民约，没有官府参与主导，完全是村民自愿加入。乡约中的所有事项、约正的推举、违反约条的处罚都是由村民自行议定，真正做到了村民自治。当然，受儒家思想影响的乡村知识分子在其中也起到重要的引导作用。《吕氏乡约》中的奖惩措施和运行方式蕴含了很强的规则意识。如果没有这些规则的约束，单纯依靠道德教化是很难改易乡村风俗的。《吕氏乡约》对现代社会村规民约的制定和实施都有重要的参考意义。

2. 少数民族地区的村规民约

明清时期，少数民族地区特别是西南少数民族地区的村寨也形成了具有其民族特色的村规民约。这些地区大部分时间处在中央王朝的羁縻政策之下，有很大的自治空间。这些少数民族较之中原地区，经济文化发展水平相对落后，民风彪悍，其基层村寨的管理至为重要。成文的村寨规约在其中发挥了重要作用。在中国法律史学界，学者一般将传统社会西南少数民族的村寨规约视为少数民族习惯法。我们这里介绍的西南少数民族地区的村寨规约主要指具有成文性的村规民约。村规民约从口头到成文经历了质的飞跃。在传统社会的西南少数民族地区，以书面的形式将村寨规约明确下来，体现了制度的稳定性与正规性，是村规民约走向理性化的重要标志。由于少数民族地区相对闭塞，土俗浸染已久，民鲜沐德化，乖张难治，故村寨治理须用强力规则方能收效。

《从江侗族高增款碑》记录了康熙十一年（1672年）贵州从江县侗族村寨的村规民约，文中称其为“乡约”。规约前有序言曰：“为尝闻思事以靖地方，朝廷有律法，乡党有禁条，所以端土俗。”①时人将朝廷颁布的法律与村民制定的村规民约相提并论，是因为在他们的印象中，村民自己制定的这些“禁条”一样有法律效力。从江侗族的村规民约，其内容大致如下：

（1）偷盗。偷盗、破坏他人财物，罚钱二千文整。不论是偷盗大牲畜如牛马，抑或偷盗禾谷、鱼等，皆罚钱二千文。偷棉花、茶子罚钱六千文，偷柴、瓜果、割蒿草、火烧山，罚钱一千二百文。

（2）婚姻。订婚后，男方或女方悔婚，出纹钱八两，钱一千七百五十文、禾十二把整。女若出嫁，陪嫁之资不得瞒算。妻子身怀六甲或坐月子期间，丈夫强奸妇女，妻子改嫁，丈夫共出钱三千三百文赔理（礼）。在女方父母不同意的情况下，诱惑拐带其女，男方须“赔理（礼）十千［文］，肉一盘洗面（赔礼）”。

（3）田地。山场杉树都有界限，如有争端，用“捞油锅”的神判法来裁决，手入油锅而不被烫伤的是无辜的，反之则是嫌疑人。卖掉的田地不得反悔，粮税随田，不能有田无税，也不能有税无田，如有欺骗，“进油锅为止”，仍采用“捞油锅”的神权裁判法。

（4）止讼。村寨百姓不管大事、小事，不能遇到事就采取打官司诉讼的方法，如果累讼不止，罚银五十二两。

（5）失火。失火烧房屋，烧了自家财物，需要敬火神或用洗寨的办法禳除火灾，祛除晦气。祭祀火神或洗寨需要用两头猪供奉。寨老负责督查四十五家或十余家不等，若其中一家发生火灾，罚出两头猪请众寨乡亲聚餐，同时再罚三百三十文钱。失火烧了人家坟

① 杨一凡、刘笃才编：《中国古代民间规约》（第三册），社会科学文献出版社，2017，第3页。

墓的，与此处罚相同。[①]

在传统社会，南方少数民族向来服膺土司管制，中原王朝的法制和德化影响相对较小。为了管理百姓，治理基层社会，村寨规约就起到了法律的作用。这种村寨规约或者说村规民约尽管还存在着一些不足，如偷盗像牛马之类的大牲畜才罚二千钱，而偷棉花、茶子等散货却要罚六千钱，但是它涉及了村寨生活的方方面面。这种村规民约既带有约束性、规则性，又有很强的传统性，如田地、山场的争端竟然用"捞油锅"等神权裁判法来裁决。这与中原传统王朝的法治迥然不同。

无论是汉族传统社会的村规民约，还是少数民族地区村寨规约，都是治理基层社会的重要方式，都有规则意识。但汉族传统社会的村规民约与少数民族地区大不相同。因其制定者就是受儒家思想教育的地方知识分子，所以汉族传统社会的村规民约有较强的德治色彩。相比而言，少数民族的村寨规约却有强烈的习惯法的印记。某种程度上，少数民族的村寨民约就是少数民族基层单位的法律，它的处罚措施相对比较粗暴和原始。不管是汉族传统社会的村规民约，抑或是少数民族地区的村寨规约，都是中国传统法治文化的重要组成部分。它们对今天各民族基层治理仍有重要的参考价值。

三、 家法、族规与宗法秩序的规则意识

俗语有云："国有国法，家有家规。没有规矩，不成方圆。"国家治理离不开法治，家庭、家族管理也离不开家法、族规。这在中国传统社会有其深刻的社会根源。正如梁启超先生在《新大陆游记》一文中说："吾中国社会之组织，以家族为单位，不以个人为单位，所谓家齐而后国治是也。周代宗法之制，在今日形式虽废，

① 杨一凡、刘笃才编：《中国古代民间规约》（第三册），社会科学文献出版社，2017，第3～4页。

其精神犹存也。”宗法制形式虽已不复存在，但家族团结、教育成员的精神内核仍发挥作用。这种精神内核依赖的载体就是家法、族规。中国传统社会有重视家法、族规的传统，如北齐颜之推撰写的《颜氏家训》，一经问世，便成为历代家法、族规的圭臬，辗转流布，争相梓刻，历千余年而不衰。在此影响下，历代各种形式的家法、族规、家训之类的著作层出不穷。通过家法、家训或族规，家族得以维系、和睦乃至兴旺发达。

家法、族规虽重在影响和教育，但不能忽视的是，它仍有强烈的规则意识。这种规则意识的体现，从广义上讲即是家族法的范畴。仅有温情脉脉的道德教化，没有规矩的约束，家庭、家族秩序难以维系。古人常说，“爱子，教之以义方”，“爱之不以道，适所以害之也”。此语可谓一语中的。故家法、族规在发展过程中不仅有教化引导的规则条文，更有惩罚违反家法、族规的具体办法。尤其是唐后期以后，家法、族规惩罚方式逐渐细化、规范化。到了明清时期，家法、族规不再局限于传统的谱牒除名、不准入祠及笞责等几种形式，而是广泛涉及财产处罚，如罚钱、罚戏、罚祭等具体形式，同时对违反家法、族规的成员，情节重的，施以重罚，直至处死。今天来看，传统社会的家法、族规虽然有不少糟粕，但它对维护宗族秩序，乃至社会稳定起到了重要推动作用。我们应该对传统的家法、族规辩证地进行“扬弃”，取其精华，去其糟粕。这样的做法，相信对今天家庭教育和社会稳定有一定的借鉴意义。

1. 家法在维护家庭稳定、和谐中的规则意识

自魏晋南北朝以后，在频繁的战乱中，家法、族规日益走向规范化。当时的大环境要求家庭、家族的组织与运行必须超脱过去自然发展的状态。家人、族人要想在险恶的乱世环境中生存下来，唯有引导、约束方可家兴人旺。一些世家大族的家长将积累下的人生经验和感悟书写下来，作为引导、教化子孙立身处世的教材，诸葛亮的《诫子书》、颜之推的《颜氏家训》就是其中的典型代表。特

别是后者，几乎成为后世家训的模板。然而，与后世成熟的家法、族规相比较，家训对家人、族人注重“训导”缺乏“约束”，没有“法”和“规”的刚性约束。同样，在同一时期的家训当中，我们很难在文本中找到具体的惩罚性质的强制执行规定。严格来说，家训是正在形成中的家法、族规。

从具有训导性质的家训到“训”与“罚”综合的家法，其间经历了一个演变过程。“家法”一词最早在汉代本指儒家经师治学的师承、师法。在造纸术未普及、印刷术未发明之前，儒家五经的传承主要依靠师徒口耳相传，是为“师法”。五经博士各有传承体系，经学大师传承经典的内容、方式与方法，各有差异，每一系自有其法，又称为“家法”。家法出自经学传承。然而，到了南北朝时期，“家法”一词又被赋予了新的含义，它成了“礼法”的同义词，专指调整家庭内部关系的规范，近似后世的家规。如《宋书·王弘传》记载了南朝刘宋时期曾担任太保等职的王弘，“既以民望所宗，造次必存礼法，凡动止施为，及书翰仪体，后人皆依仿之，谓为‘王太保家法’”。这种将言行举止与读书治学规范化的举动称为“礼法”或“家法”。“法”与“仪”与规劝性质的“训”有本质性的区别，已经具有约束性规则的味道。事实上，父系制社会，家长历来有惩戒子孙的权力。《管子·形势篇》：“弱子下瓦，慈母操箠。”子孙顽劣，即使是慈母也会操箠惩戒。即便是颜之推，其著作《颜氏家训》虽以训导为治家的主要方式，也承认惩戒子孙在治家中的重要作用。故《颜氏家训·治家》就说：“笞怒废于家，则庶子之过立见。”

家法诞生的社会土壤源自世代共爨的“义门”。所谓“义门”，就是指兄弟同居不分家，数代共爨的大家庭。生活是具体的，亲人之间免不了油盐酱醋茶。些许利益的纠葛就能引起矛盾冲突。亲如父子、兄弟，尚有隔阂时，何况婆媳、妯娌之间？世代共居的大家庭要想维持长久，谈何容易！如唐初，唐高宗曾亲自造访九世同居的郓州张氏家族，询问大家长张公艺一门九世共居的奥秘。张默而不应，拿出纸笔，连写一百余个“忍”字，高宗李治为之流涕。用相互忍让来成全大家庭的和睦一体，这可能就是“义门”之“义”的最生动写照。家庭关系主要有三种：父子、兄弟、夫妇。儒家倡导父慈子孝、兄友弟恭、夫义妇顺，理顺这三层关系都离不开“忍让”二字。

然而，小家庭依赖儒家的价值观维系尚且不易，何况四世以上共居的大家庭？随着家庭人口的繁衍，世代更迭，世代共居的大家庭免不了血缘关系必然越来越远。血缘关系已疏，亲情淡薄，一家之长若要单靠“忍”字来维系家庭和睦一体，势必难以实施。故明末大儒顾炎武在《日知录》中指出：“若使姑妇勃豀，奴仆放纵，而为家长者，仅含默忍而已，此不可一朝居，而况九世乎？！”家庭成员个人素质参差不齐，单纯靠忍让自觉来维系和睦，一朝尚且难以维持，更别说九世共居同爨了。唯有规则和制度才是维系大家庭的长久之道。因此，从唐代开始，很多大家庭开始探索治家的新途径，即立约规治，以家法、家规约束家人。在唐末江州聚族而居的陈氏家族就是这样的大家庭。

江州陈氏的祖先是南朝陈后主的弟弟，在南朝至隋唐，陈氏一直是世家大族。唐文宗大和年间，陈旺迁居当时江州的德安县太平乡乐里永清村。从陈旺开始，陈氏以孝道治家，建书堂，撰写家规，陈氏家族逐渐兴旺起来。自此，江州陈氏世代同居，到宋仁宗嘉祐七年（1062年）奉旨分家时，已经同居十余代，历时二百三十年，合家共有三千七百余口。陈旺撰写的家规，已散佚无存。流传至今的江州陈氏《义门家法》，是陈旺的六世孙、唐昭宗时期任江州长史的陈崇订立的。陈崇在陈氏《义门家法》中说：“治家不可不立纲纪。夫纲纪不举，则条目不张；纲纪一振，则条理秩然矣。”又说：“齐家者，承先续后，可无法乎？”依据家法治理家庭才是“齐家”的主要方式。家法一立，家族才能“条理秩然”。

陈崇订立的江州陈氏《义门家法》共三十五条。归纳起来，分家庭成员在家庭中的职事的权利、义务，设立专业的家庭事务机构，日常生活秩序的维持，以及奖惩措施等部分。

第一，家庭职事的设立。设立主事、副主事、库司、廨院负责人、庄首、宅库、开勘司等管理人员。如设主事一人，副主事二人，统管家内外诸事。主事不是大家长，是家内大管家。选择主事，不拘年龄，“但择善于经营、多方擘画、贞廉立操、仁恕居衷者，或有干蛊之子、克家之人，委之不限年月”。所有管理人员大多从家内之人中遴选，原则上以德才为主要依据，不论年龄长少。又如库司一职，“作一家之纲纪，为众人之仪表，握赏罚二柄，主公私两途，惩劝上下，勾当庄宅，掌一户版籍、税粮及诸庄书契等物”。库司既主赏罚，又掌家内开支。以职嘱人，以人管事。家法将家族的管理职事化，无疑提高了大家庭的治理效力。

第二，设立了专业的家庭事务机构。如廨院、开勘司、书堂、书院、道院、簸法亭、公共厨房、都蚕院等事务机构。如书堂是家中十五岁以上的青年子弟“有智性明敏者”进修学业之所，而学院则是家中七至十五岁的儿童进行童蒙教育之所。书堂、书院的书籍、笔、墨、纸、砚等一切物品，以及所聘请先生的费用，统一由大家庭开支。陈家内设道院，主要让道士“旦夕焚香，上祝圣寿，下保家门”。《红楼梦》中的铁槛寺就是贾府的家庙，书中虽介绍其功能是停放贾府故去亲人灵柩之所，但由于是家庙平常少不了焚香祷祝家门平安兴旺的功能。这些事务机构是维持大家庭正常运转的服务部门，家法一般对其职能和人员配置有详细规定。江州陈氏甚至在家法中明确要求家庭成员立一人学医，为的就是给家庭成员诊断看病。这样完备的家庭事务机构与人员的配置，使得家族得以正常运转，生生不息。

第三，规定了日常的生活秩序和婚丧嫁娶等家庭大事。江州陈氏在家法中对一些家庭公共活动，详细规定了秩序方面的要求。如对日常三餐男女饮食的场所和座次以及家庭会饮时的座次都有详细规定。对于家庭中的婚丧嫁娶等家庭大事，甚至对礼节和一切用度也都有详细规定。如家法规定，“凡男女婚嫁之礼，言定后用钏子一对，绯绿彩二段，下饷钱五贯，彩绢一束”。陈氏家法甚至对迎娶新娘时所用的花粉、牲履、箱柜等都有明确规定。日常生活中讲求秩序是为了明尊卑，对婚丧嫁娶进行详细规定，既体现了大家庭的礼仪和气度，又能节用开支。是为长久持家之道。

第四，规定了家庭成员用度消费。江州陈氏家法还规定了家庭成员的日常用度。如规定家庭男性的着装，“二月中给春衣，每人各给丝十两；夏各给纻葛衫一领；秋给寒衣，自年四十以上至尊长，给绢一匹、绵五两，四十以下各给丝十两、绵五两；冬各给头巾一顶，并出库司纽配给付”。男性日常的草鞋，由于价格廉价，且容易磨损，故每月每人给三双，都是从家庭公共库司中支出。女性的胭脂粉等化妆品和如针花一类的头饰，冬至、岁节、清明等节日，库司差人买来分配。

第五，规定了触犯家规的具体惩处办法。专门设立了刑杖厅，作为触犯家法的责罚场所。江州陈氏《义门家法》规定，陈氏子弟若因为过失或酗酒虽未触犯人，但为了惩戒子弟，也要杖责五下。至于因酒而触犯他人或者无礼触犯他人，各决杖十下。不遵守家法，不服从尊长的命令，“妄作是非，逐诸赌博，斗争伤损者，各决杖十五下”，行刑时还要把家庭供给的衣服剥掉，并罚服役一年。改过自新之后，才能恢复正常家庭成员的身份。至于私自支用庄司的钱粮，去做买卖，或者去饮酒、找妓，“行止耽滥，勾当败缺者，各决杖二十，剥落衣装，归役一年”①，直至改过自新才能恢复正常家庭成员的身份。

① 费成康主编：《中国的家法族规》，上海社会科学出版社，1998，第241～243页。

纵观江州陈氏《义门家法》，陈氏通过家法设立了家庭管理事务机构，规范了家庭日常生活秩序和家庭成员的日常用度，通过设置机构管理家庭事务，用家法限定日常消费用度，特别是对违反家法的家庭成员，依照触犯家法行为的恶劣程度，科以不同等级的刑罚。在这里，刑杖厅成了家庭司法审判部门，家法则成了家内的法律。传统的大家庭用家法规范生活秩序，依家法惩处不肖子弟。家虽大，亲虽众，有家法在，家就不会出现杂乱无序的状态。

2. 族规在维护宗法秩序中的规则意识

族规是家法的升级版，是规范宗族内部关系的行为规范。东汉以后，世家大族栖身的田庄，成了经济社会的重要组织方式。由于战乱迭起，王朝频繁更替，农业生产遭到破坏，自耕农阶层承受着沉重的赋税与徭役，很多人被迫流亡他乡成为流民。为了规避赋税、徭役，编户纷纷转而投靠世家大族，成为浮户、依附民。据《三国志·魏书》记载，东汉末年田畴率宗族和依附民数百人，避难徐无山。由于山区相对安定，大量的他姓居民相继入山，在田氏宗族盘踞的聚落周围，居民达五千余家。为了维持山区正常的社会秩序，田畴就聚集族人和依附于此的流民，“乃为约束”，订立了有关于杀伤、犯盗、争讼等方面的规约二十余条。其中规定，犯重法者处死，犯轻法者抵罪。仔细分析，不难发现，田畴订立的“约束”还不是宗族规约，而是乱世之下乡民自治的乡规民约。经唐末五代十国的战乱，自汉末以来的世家大族及田庄经济土崩瓦解，小家庭成了宋代基本的社会细胞。伴随着理学的兴起，宗族凝聚意识抬头。一些理学大家如程颐、张载、朱熹等主张恢复周代的宗法，重建家族制度，宋代的皇帝也鼓励民间建宗祠、纂宗谱。宋代的家法与族规往往合二为一，很难区分。如前文列举的江州陈氏《义门家法》就兼有家法、族规的性质。明代以前，家法族规多在社会上层流行，寻常百姓家鲜有制定家法者。明代中后期，家法族规开始进入寻常百姓的生活，家法的大众化使得族规在维护宗内秩序中作用更明显。与家法相比，族规以维护整个宗族的利益为出发点，其规约的社会性也更浓厚。下面我们以乾隆年间湖南永兴县的张氏族规为例，从其族规中的具体规定来探究在维护宗族秩序中的规则意识。

永兴张氏自元代由江西迁徙至湖南永兴。张氏定居永兴后，坚持耕读传世，簪缨不绝，子孙有官至都御史等高官者。至清代乾隆年间，永兴张氏的后人张万达在乾隆四十一年（1776年）中了贡生，并成了即补的县学学官。张万达官职虽不算高，但在当地也是举足轻重的人物了。因此，作为永兴张氏"学而优则仕"的典型，张万达制定了张氏的族规——《永兴张氏合族禁条》。从张氏族规的名字上看，《永兴张氏合族禁条》不像传统的家训一样教导、教化族人，而是重在用族规惩戒、约束族人犯禁的行为，具有宗内法的意蕴。具体来看分这么几大类：

第一，对宗族日常生活的具体规定。如规定"合族子弟，务宜敦行孝弟（悌），不得侮慢尊长"，如果触犯此条，则要受到重罚。族内子弟不许开场赌博，如果违犯此条，重罚不贷，"在场赌博者，每名罚钱四千文"。

第二，对宗族内生产活动的具体规定。如规定，"塘塍蔬菜瓜豆，以及鸡鸭塘鱼之属"，严禁宗族内之人盗窃他人蔬菜和养殖家禽和鱼类，如有发现，可以"许令搜夺"，搜获赃物就要重罚偷盗者。水田耕耘之后，不许在内水田内抓捕鱼类和田螺，即使到了在稻田内捕鱼的时节，不许他人在田旁牧牛观看，以免将牛踩踏田塍，如有违反此条者，罚钱一千文。如族人的牲畜，踩踏了同族田内的苗芽，按照被牲畜毁坏的数量进行赔偿。秋收之时，族人只有等人家收割完毕，才能去田中捡拾稻、麦穗，不许偷窃他人谷物，违者罚钱六千文，如果趁着夜晚去偷盗他人谷物的，"加倍议罚"。田中的谷物或柴草，待收割后，各家挑运各家的，如果有偷挑他人谷草者，罚钱四千文。

第三，对生活生产的环境保护的规定。村落围墙是保护村民不受侵犯的藩篱，如有族人私拆并窃走村落围墙上的砖，违者重罚十两八钱。具体规定了属于族产的后龙、皮纸山、茶园头、枯井脚等地，不许砍伐，如有违犯，责以重罚。特别是对于后龙一地前后左右，族规规定不许族人在此举火、扳枝、挖勘，甚至扫落叶也不允许，如果违犯此条，“公罚不贷”。

第四，对族内的信仰和禁忌的规定。永兴张氏族规规定，四季朔望以戊日，不许族人入园动土。对于“康楮太祖”，即张氏之祖茔，本就是木本水源之地，永远不许族人在此开挖煤矿，如有违犯者，“打死勿论”，“其本人所遗之产，尽属公管”。由此可见，祖坟在族人心目中之神圣。

第五，对族内纠纷处理的规定。弥争是族规的重要功能。宗族间的大小是非，如买卖田地，或连界基产，或者水利互争，甚至因小忿引起的口角、饮酒后撒泼等小争端，族人往往就将对方告至官府，导致很多人家因此倾家荡产。张氏族规规定，若族人间有纷争，要在全体族人在场的情况下，依据族规，经过“公议处罚”；如果经族内处理仍觉不公平，才允许上告官府。

从《永兴张氏合族禁条》可知，族规在维持宗族秩序，乃至地方秩序中发挥了重要作用。它的主要功能是代替官方的法律在族内规范子弟的品行，调解族人间的矛盾，维持宗族内部的生产生活秩序。对于违反族规严重者，族规甚至规定可以“打死勿论”并没收其财产。也就是说，族规约束每一个族人的一言一行，甚至可以处置族人的生命和财产。这固然与现代法治相违背，但在传统社会，法治在宗族内部还无法完全代替家法、族规的作用，官方基本认可族规的自治功能。瞿同祖先生的研究表明，“在社会和法律都承认家长或族长这种权力的时代，家族实被认为政治、法律之基本单位，以家长或族长为每一单位之主权，而对国家负责。我们可以说家族是最初级的司法机构，家族团体以内的纠纷及冲突应先由族长仲裁，不能调解处理，才由国家司法机构处理”[①]。这里宗族成了社会稳定的“减震器”，家法族规就是调解宗族内部秩序的家内法、族内法。它弥补了官方法律在宗族内部的缺憾，即使家法族规与法律存在着矛盾冲突，最终的结果是，官方也基本默认了家族的这种权力。

3. 单一性家法族规在维护家族秩序中的规则意识

随着家族人口的繁衍，家族事务也逐渐细化。综合性的家法、族规有时很难精准覆盖家族内部的一切事务，单一性的家法、族规的制定就成了必然。单一性的家法、族规是综合性家法、族规的补充，它弥补了综合性家法、族规无法精准、深入规范家庭、家族生活的缺陷。较之综合性家法、族规，单一性家法、族规在家庭或宗族生活某一方面的规范更细化，将家庭或宗族成员的权利、义务规定得更加细致，提高了家庭或宗族的治理水平。

自先秦以来，祭祀被视为与军事战争（戎）并列的国之大事。在家庭、宗族事务中，祭祀也被摆在至高无上的位置。儒家“慎终追远”的价值观需要靠祭祀来贯彻。在家庭或宗族治理中，对于一些大家族来讲，综合性的家法、族规虽对祭祀多有涉及，但其中的规范却相对疏阔。因此，有些家族内部就对祭祀制定了专门的规约。浙江湖州菱湖孙氏自宋代以来就是书香门第，至清代康熙三十一年（1692年），出自菱湖孙氏的孙宪焞官至翰林院掌院学士，非独在孙氏家族，就是在菱湖镇也是当时的翘楚。孙宪焞通过“学而优则仕”，通仕之后又极其关心菱湖孙氏的发展。因菱湖孙氏宗族支脉繁多，从宋代到清代世袭更替、族丁兴旺，孙宪焞不仅为本房置办了不少祭产，还专门为与其血脉最近的菱湖孙氏五支三房撰写了《墓祭规约》。这则《菱湖孙氏五支三房墓祭规约》对墓祭的各个环节做了细致的规定。具体归纳如下：

---

① 瞿同祖：《中国法律与中国社会》，中华书局，2003，第27页。

第一，规定了墓祭的环节和流程。《墓祭规约》规定，因孙宪焞是嫡系且在京做官，主持祭祀的司祭一职由宪焞的祖父孙笤愚下其他四小支，轮流负责祭扫祖茔，任何一支不得推诿。规定了春、秋二祭的时间，春祭定在清明节前，秋祭定在十月朔（农历十月初一）前。同时，值祭者要派人提前一天向各支发“知单”，与祭的各支亲属要注明“到”字，不得迟缓延搁。知单的格式为：某月某日展祭某地祖茔，谨此传请。司祭某×行×拜具。四小支以下，每分须一人与祭。不许不到，违犯此条者要依家法处罚。

第二，规定了祭品的规格。《墓祭规约》规定，孙氏溪西怡善公、毅轩公及灵峰公三位先祖的墓，祭品要准备三牲（牛、羊、猪各一或猪、鱼、鸡各一）一副，佳肴各一桌，十二簋，时令水果各五碗，攒盒各一架，春粽冬团各一盘，香各一束，重四两的蜡烛各一对，楮（楮钱，祭祀时焚烧的纸钱）各四斤，锭（纸锭）各一千，旨酒、汤、饭、飘白纸不可缺。孙氏千金东园公墓、凤林龙桥公墓，武康城山笤愚公墓（孙宪焞的祖父墓地），也都按照以上规格准备。犒劳看坟人，须备墓上启土肉一方、鱼一盘，春粽、冬团十枚。《规约》还规定，在备祭品时，“总不得苟简亵越，违者罚”。

第三，祭祀祝文的格式。在墓祭过程中，需要挑选家族中一位年幼者读祝文，任何人不得推诿。祝文格式：惟皇清康熙十年，岁次（干支表示），月（干支表示），越某日（干支表示），嗣孙某、司祭嗣孙某，敢昭告于显某祖考、府君、显某祖妣某太君之墓。日时惟寒食阴月霜露，既施濡瞻扫茔，不胜感慕。谨以牲醴粢盛，祗荐岁事。尚飨。

第四，规定了祭祀后散福的环节。在溪西、凤林、千金祖茔祭祀两天，家人用完早膳后，乘舟赴祖茔祭祀，祭祀完毕后，参与祭祀者在舟中用午饭六簋，饮酒不过十杯。乘舟返回家后，参与祭祀的家族成员晚饭时的规格是菜品十簋，果碟也是十份，饮酒“无算爵”，即可以放开豪饮，但“不可及乱”。在武康城山祭祀的两天，需要在舟中住一晚，第二天早膳用粥，午饭是六簋，夜晚用膳八簋、四份果品，到了申时（大约下午三点到五点）点心随便吃。第二天晚上的散福，也是十簋，果碟也是相同数量。散福不能太过节俭、穷酸。跟随祭祀的随从不宜多带，随从午饭二簋一汤，晚饭四簋，酒每人一斤左右。

第五，规定了祭产督理的规则。祭产之下的田地，由本房子侄督理，派家人向租户催取租息。由担任司祭的子侄开始，两年一轮，周而复始。每年除了缴纳国家征收的赋税外，分为两次，所收“祭资临期付值祭者备办，不得侵挪。违者议罚，并不许掌管”。同时还规定，扫墓时，坟墓、庐舍及荫木逐一查验，注意及时修补、培植。[1]

《菱湖孙氏五支三房墓祭规约》对墓祭的各环节做了详细的规定，如在祭祀后的“散福”环节，甚至对陪同去墓地祭祀的随从也规定了饮食的规格和数量。该规约的主要内容是对“如何做”做了细致规定，但对违约者的惩戒却较为笼统。惩戒性的规条估计在孙氏家法中应有详细规定。单一性的家法族规与综合性家法族规相互补充、相得益彰，共同构成了家庭或宗族的生活行为规范。

---

① 费成康主编：《中国的家法族规》，上海社会科学院出版社，1998，第293～295页。

结语

中国传统法治文化是中华民族数千年法治实践的结晶。它以重伦理、重和谐的特质标新立异于世界法治文化之林。这种独有的法治文化建立在自给自足的农耕文明社会的基础之上。在自给自足的小农经济的基础上，宗法家族制又给中国传统法治文化打上了深深的重集体、重人伦的烙印。由民族习俗发展而来的礼与法相互配合、相为表里，仿佛车之“两轮”、鸟之“两翼”。对于二者在国家治理中的相互作用，《淮南子·泰族训》曾有过精彩的论述：“民无廉耻，不可治也；非修礼义，廉耻不立。民不知礼义，法弗能正也；非崇善废丑，不向礼义。无法不可以为治也，不知礼义不可以行法。法能杀不孝者，而不能使人为孔、曾之行；法能刑窃盗者，而不使人为伯夷之廉。”[①]从治国的方略上看，法的刚性规则和礼的柔性教化，宽猛相济，构成了中国传统社会国家治理的独有图景。中国传统法治文化的特质决定了其历史地位和意义。

一、中国传统法治文化的影响及历史意义

中国传统法治文化诞生于悠久的农耕文明沃土之上，它不仅在

① 刘文典：《淮南鸿烈集解》，冯逸、乔华点校，中华书局，1989，第681页。

中国传统政治文化中具有重要的地位，还在很长的历史时期内引领了东亚法治文化的发展。作为历史的产物，正是传统法治文化维持了中国传统社会数千年的稳定秩序。作为一种文化遗产，它的积极成分又对今天我国全面推进依法治国有借鉴意义。

第一，中国传统法治文化是中国传统政治文化的重要内容之一。传统法治文化是以中国传统法律制度及其实践为基础而形成的观念、理念或价值观。在中国传统政治文化的诸多内容中，唯有传统法治文化和传统选任文化是在治国的实践中以相对稳定的制度为基础的。政治制度的恒久性和稳固性最容易积淀出稳定的政治文化，而稳定、持久的政治文化对秩序的构建和维持贡献最为卓越。毫无疑问，中国传统法治文化自战国时期正式形成，经过秦的剧烈变动期，至汉代基本稳定下来，到了唐代达到了至臻之境，五代以后至清历代都以唐律为蓝本治国，以法理情断案的基调几乎贯彻始终。中国传统法治文化是中国传统政治文化中最为稳健的组成部分。

第二，中国传统法治文化是造就超稳定的中国传统社会的重要因素之一。从技术角度来说，法治是治理国家最为有效的手段。法治具有公平公正性和确定性，前者能使一国之人信任、听命于政府，后者又可使人明晰规则的界限，不至于违法犯罪。中国传统法治文化审理刑事案件、民事纠纷往往以法为判断曲直的第一准则，然后才参以理、情。法、理、情三者，唯有法是最客观、最实在的标准，天理、人情则是具有主观性的道德要求。尽管法官最终审定案件、纠纷时，往往以天理、人情弥合矛盾，但不可否认的是，法从来都是审理案件的首要的参考准则。也就是说，法官在证据确凿的情况下，对于案件的是非曲直心中早有明判，这个标准就是法。然而，案件的最终审理结果却不一定全然依据法来断定。法代表的是皇权，也是人间后天形成的秩序和规则；理代表的是天地秩序，具有客观道德律的功能；情代表的是人伦关系，是最现实的存在。

依照这个推理，具有道德评判性的天理、人情也有客观属性。因此，在中国传统法治文化中法、理、情更多表现为一体性，亦即说在审理案件时更多地将法、理、情通盘考虑，消除矛盾才是最好的治理方式。这种融通法、理、情的法治文化造就了超稳定的社会。

第三，中国传统法治文化在世界传统法系当中独树一帜，是东亚传统法治文化的主体。因地缘接近，环绕中国四周的东亚诸国如朝鲜、韩国、日本，甚至东南亚之越南，其传统法治文化几乎全部以中华法系为蓝本而制定实施。研究罗马法的学者每每称道罗马三次征服世界：第一次是以武力征服，第二次是以宗教征服，第三次是以罗马法征服。在古代东亚，中国除了不尚武力征服外，儒家思想和中华法系的外溢均对其他国家影响深远。正是中国传统法治文化在东亚文化圈的传播，才使得中华法系能够与罗马法、英美法、伊斯兰法、印度法相提并论、相互辉映。

二、如何“扬弃”中国传统法治文化

习近平总书记指出，“要注意研究我国古代法制传统和成败得失，挖掘和传承中华法律文化精华，汲取营养、择善而用”[①]。我们对待中国传统法治文化也应该本着全面客观的观点，一分为二，实事求是，对其负面遗产应持批判态度，对其正面遗产则应该创新发展、继承发扬。

中国传统法治文化是先人们给我们留下的丰厚遗产，我们在全面推进依法治国的今天，对其加以“扬弃”，吸收其积极成分，古为今用，才是对历史最大的尊重。因此，我们在建设法治中国的过程中要做到：

坚持依法治国与教育人民相统一。法治在过去不是目的，在现

① 习近平：《习近平谈治国理政》（第二卷），外文出版社，2017，第118页。

代社会也不是目的。我们在推行全面依法治国的进程中应该着重注意的是，法治的目的在于维护社会和谐稳定。特别是针对一些民事司法案件，法律不能简单地一判了之，赢了法律输了亲情。要重视调解环节，用法、用心、用情教育诉讼双方，以促进家庭和睦、社会和谐有序。

坚持依法治国与以德治国相统一。法律是成文的道德，道德是内心的法律。中国传统法治文化将德治作为主要手段治理社会，将刑罚作为治理社会的辅助手段。德治重视道德教化的力量，法治重视规则的刚性约束。我们在推进全面依法治国的进程中要把依法治国与以德治国结合起来。发挥法治的规范作用，用法治体现道德理念，强化法治对道德建设的促进作用。发挥好道德的教化作用，强化道德对法治文化的支撑作用。二者之间，要将依法治国摆在首位，以德治国应该居于法治的辅助地位。唯有如此才能保证法律的公平、公正性。

坚持法治的公平与公正性的统一。平等是法治社会的基本要求，公正是法治的生命线。中国传统法治文化中“法不阿贵、绳不挠曲”的公平、公正精神，永远都是法治文化的精髓。这一点不论过去、现在还是未来，不论是东方、西方，公平、公正永远都是法治的灵魂。双重标准的法治不仅摧毁了民众对法治的信心，而且使得法治自毁门庭。法不但不能达到“治”的目的，反而成为产生“乱”的祸端。要特别重视执法、司法环节，正如英国哲学家培根所说：“一次不公正的裁判，其恶果甚至超过十次犯罪。因为犯罪虽是无视法律——好比污染了水流，而不公正的审判则毁坏法律——好比污染了水源。”

鉴古知今，中国传统法治文化是一面镜子。我们应该本着实事求是的态度，反对将其全盘否定或全盘肯定的两种错误倾向，在“扬弃”的基础上加以吸收、改造。唯有此，才不负历史、不负民族！

参考文献

班固，1962. 汉书［M］. 北京：中华书局.

曾宪义，马小红，2012. 礼与法：中国传统法律文化总论［M］. 北京：中国人民大学出版社.

陈顾远，2011. 中国法制史概要［M］. 北京：商务印书馆.

陈寿，1964. 三国志［M］. 北京：中华书局.

程树德，2010. 九朝律考［M］. 北京：商务印书馆.

崔敏，1993. 中国古代刑与法［M］. 北京：新华出版社.

D. 布迪，C. 莫里斯，1995. 中华帝国的法律［M］. 朱勇，译. 南京：江苏人民出版社.

戴建国，2002. 庆元条法事类［M］. 哈尔滨：黑龙江人民出版社.

丁国祥，2011. 复社研究［M］. 南京：凤凰出版社.

董诰，等，1983. 全唐文［M］. 北京：中华书局.

窦仪，等，1998. 宋刑统［M］. 北京：法律出版社.

杜预，1988. 春秋经传集解［M］，上海：上海古籍出版社.

范晔，1965. 后汉书［M］. 北京：中华书局.

范忠信，2001．中国法律传统的基本精神［M］．济南：山东人民出版社．
范忠信，郑定，詹学农，2011．情理法与中国人［M］．北京：北京大学出版社．
房玄龄，等，1974．晋书［M］．北京：中华书局．
费成康，1998．中国的家法族规［M］．上海：上海社会科学院出版社．
冯尔康，1996．中国古代的宗族与祠堂［M］．北京：商务印书馆国际有限公司．
冯尔康，2019．古代宗族与社会结构史［M］．天津：天津人民出版社．
冯梦龙，1997．醒世恒言［M］．北京：人民文学出版社．
弗朗斯瓦·魁奈，1992．中华帝国的专制制度［M］．谈敏，译．北京：商务印书馆．
戈春源，2010．赌博史［M］．上海：上海文艺出版社．
郭成伟，2000．大元通制条格［M］．北京：法律出版社．
郭建，殷啸虎，王志强，1998．法律志［M］．上海：上海人民出版社．
郭伟成，肖金泉，1992．中华法案大辞典［M］．北京：中国国际广播出版社．
贺恒祯，杨柳，2016．袁氏世范［M］．天津：天津古籍出版社．
亨利·萨姆奈·梅因，2009．古代法［M］．高敏，瞿慧虹，译．北京：中国社会科学出版社．
怀效锋，1998．大明律［M］．北京：法律出版社．
蒋传光，2008．略论唐宋时期的社会控制模式：一个法社会学的视角［J］．上海师范大学学报（哲学社会科学版）（2）．
蒋礼鸿，1986．商君书锥指［M］．北京：中华书局．
黎翔凤，2004. 管子校注［M］．北京：中华书局．

李光灿，张国华，2001．中国法律思想通史［M］．太原：山西人民出版社．
李甲孚，1988．中国法制史［M］．台北：联经出版事业公司．
李学勤，1999．十三经注疏［M］．北京：北京大学出版社．
李拥军，2015．法律与伦理的“分”与“合”：关于清末“礼法之争”背后的思考［J］．学习与探索（9）．
梁启超，1989．饮冰室合集［M］．北京：中华书局．
梁启超，2014．先秦政治思想史［M］．北京：商务印书馆．
梁治平，2002．法辨：中国法的过去、现在与未来［M］．北京：中国政法大学出版社．
刘笃才，等，2014．民间规约与中国古代法律秩序［M］．北京：社会科学文献出版社．
刘俊文，1989．敦煌吐鲁番唐代法治文书考释［M］.北京：中华书局．
刘文典，1989．淮南鸿烈集解［M］．北京：中华书局．
刘昫，等，1975．旧唐书［M］．北京：中华书局．
罗愿，1935．罗鄂州小集［M］．上海：商务印书馆．
马小红，2017．礼与法：法的历史连接（修订本）［M］．北京：北京大学出版社．
孟德斯鸠，2012．论法的精神［M］．许明龙，译．北京：商务印书馆．
孟宪实，2001．唐朝政府的民间结社政策研究［J］．北京理工大学学报（社会科学版）（1）．
孟元老，2006．东京梦华录笺注［M］．北京：中华书局．
倪腊松，1996．研究清代贵州经济史的宝贵资料：《黑漆行规碑》［J］．贵州文史丛刊（4）．
欧阳修，宋祁，1975．新唐书［M］．北京：中华书局．
彭泽益，1995．中国工商行会史料集［M］．北京：中华书局．

彭泽益，1997．清代工商行业碑文集粹［M］．郑州：中州古籍出版社．

瞿同祖，2003．中国法律与中国社会［M］．北京：中华书局．

仁井田陞，1989．唐令拾遗［M］．栗劲，等编译，长春：长春出版社．

上海师范大学古籍整理组，1978．国语［M］．上海：上海古籍出版社．

沈家本，1985．历代刑法考［M］．北京：中华书局．

沈家本，2008．沈家本全集［M］．北京：中国政法大学出版社．

施列格，1940．天地会研究［M］．薛澄清，译．北京：商务印书馆．

司马迁，1959．史记［M］．北京：中华书局．

宋昌斌，2016．中国户籍制度史［M］．西安：三秦出版社．

宋慈，2012．洗冤录汇校［M］，北京：社会科学文献出版社．

孙诒让，2001．墨子间诂［M］．北京：中华书局．

汤姆·宾汉姆，2012．法治［M］．毛国权，译．北京：中国政法大学出版社．

脱脱，等，1977．宋史［M］．北京：中华书局．

王溥，1955．唐会要［M］．北京：中华书局．

王书奴，2004．中国娼妓史［M］．北京：团结出版社．

王先谦，1987．庄子集解［M］．北京：中华书局．

王先谦，1988．荀子集解［M］．北京：中华书局．

王先慎，1998．韩非子集解［M］．北京：中华书局．

王孝俊，2008．中国古代生育性别选择及其治理［J］．河南社会科学（6）．

吴兢，1978．贞观政要［M］．上海：上海古籍出版社．

吴仁安，2014．清末江南惊世疑案钩沉：杨乃武与小白菜（葛毕氏）一案的历史真相［J］．江南大学学报（人文社会科学版）（4）．

吴伟业，1990．吴梅村全集［M］．上海：上海古籍出版社．
武树臣，等，1994．中国传统法律文化［M］．北京大学出版社．
习近平，2020．论坚持全面依法治国［M］．北京：中央文献出版社．
夏勇，2012．文明的治理：法治与中国政治文化变迁［M］．北京：社会科学文献出版社．
许维遹，2009．吕氏春秋集释［M］．北京：中华书局．
杨伯峻，1980．论语译注［M］．北京：中华书局．
杨伯峻，1981．春秋左传注［M］．北京：中华书局．
杨奉琨，1988．疑狱集 折狱龟鉴校释［M］．上海：复旦大学出版社．
杨果，柳雨春，2011．宋代国家对官员宿娼的管理［J］．武汉大学学报（人文科学版）（1）．
杨鹤皋，2001．宋元明清法律思想研究［M］．北京：北京大学出版社．
杨鹤皋，2011．中国法律思想通史［M］．湘潭：湘潭大学出版社．
杨鸿烈，2015．中国法律在东亚诸国之影响［M］．北京：商务印书馆．
杨开道，2015．中国乡约制度［M］．北京：商务印书馆．
杨遂全，1995．中国人口法律制度研究［M］．北京：法律出版社．
杨一凡，刘笃才，2017．中国古代民间规约［M］．社会科学文献出版社．
姚思廉，1973．梁书［M］．北京：中华书局．
叶孝信，1993．中国民法史［M］．上海：上海人民出版社．
余象斗，1999．廉明公案［M］．北京：群众出版社．
袁祖亮，1994．中国古代人口史专题研究［M］．郑州：中州古籍出版社．
张传玺，2014．中国历代契约粹编［M］．北京：北京大学出版社．

张建国，1997．中国法系的形成与发达［M］．北京：北京大学出版社．

张晋藩，1999．中国法制通史：十卷本［M］．北京：法律出版社．

张晋藩，2003．中国民法通史［M］．福州：福建人民出版社．

张连伟，2006．《管子》礼法关系简论［J］．聊城大学学报（社会科学版）（2）．

张荣铮，刘勇强，金懋初，1993．大清律例［M］．天津：天津古籍出版社．

张文勇，2019．从宋代田宅案件看中国古代法官对民事证据的审查判断［J］．法律适用（16）．

张泽咸，1986．唐五代赋役史草［M］．北京：中华书局．

长孙无忌，等，1983．唐律疏议［M］．北京：中华书局．

郑香妞，2015．从杨乃武与小白菜一案透视清代法律制度［J］．兰台世界（3）．

中国社会科学院历史研究所宋辽金元史研究室，1987．名公书判清明集［M］．北京：中华书局．

中共中央文献研究室，2015．习近平关于全面依法治国论述摘编［M］．北京：中央文献出版社．

朱勇，1987．清代宗族法研究［M］．长沙：湖南教育出版社．

祝庆祺，等，2004．刑案汇览三编［M］．北京：北京古籍出版社．

后记

作为“中国传统政治文化书系”的重要组成部分，《中国传统法治文化》一书以政治文化的视角提炼、概括中国传统法治文化的历史变迁，在此基础上，重点阐释中国传统法治在行政管理、刑事司法、民事司法、社会管理等诸多领域中的功能和作用，用历史中的案例佐证历史中的法治精神、观念和价值观，以还原中国历史上法治文化的本来面目。其意义在于以下几个方面：

第一，在中国传统法律制度和法制史研究的基础上，总结、概括中国传统法治文化的缘起、法治的运行，提炼传统法治精神和价值观，展示中国传统法治文化在国家和社会治理中的重要功能和作用。这项工作本身是对中国传统法治文化研究的一种积极的尝试、探索。

第二，整理、概括中国传统法治文化，还有一层现实意义，即力争用中国的学术话语规范来提炼、概括中国传统法治实施过程中不因时代发展而逐渐消失的文化基因，为我们今天建设法治政府、法治社会和法治中国提供学理上的支撑。正如习近平总书记所言，“我国古代法制蕴含着十分丰富的智慧和资源，中华法系在世界几大法系中独树一帜。要注意研究我国古代法制传统和成败得失，挖掘和传承中华法律文化精华，汲取营养、择善而用”[①]。

第三，从传统文化普及意义上说，《中国传统法治文化》一书一改学术话语的严肃氛围，力图用通俗的语言讲述中国传统法治文化的精妙之处，同时精挑细选了不少生动的案例来诠释传统法治精神和法治观念，以此向广大读者展现与西方法治文化迥然有别的中国传统法治文化，从而在我们内心树立起那份最深沉、最持久的文化自信。

兹事体大，任重道远。当我们接过撰写此书的任务时，就感到了前所未有的困难。一则因为我们对中国传统法治文化并未有过专门研究，从事一项新的事业倍感压力巨大；二则出于我们的中国古代史专业背景，在撰写该书的过程中总是容易落入法制史的写作范式，很难从中国传统法治实践的具体内容上，对法治文化进行高度的提炼和概括。这本书仿佛是横亘在我们面前的一座高耸入云的山峰。它看似很近，却令人生畏。世上无难事，只要肯登攀。面对困难，最好的办法就是去一步一步地解决问题。一切从零开始，查阅、搜集资料，研读关于法制史、法治文化的大量典籍和著作，恶补法治文化的知识。然而这一切都得需要时间。

工作之后，才深深地体会到时间的宝贵。白天忙于教学，晚上又为生活琐事羁绊，属于自己的时间大约只能靠挤。零碎的时间，虽可集腋成裘，但最终还是导致了写作计划的拖沓迁延。幸而在业师的鞭策下，同门诸朋的激励下，泰山出版社诸位编辑老师的耐心帮助下，该书最终得以完成。

这本书是集二人之力完成的。来自青岛理工大学的王玉喜同志负责该书的绪论、第五、六、七、八章，以及结语部分的撰写，并负责统筹全稿的校对、审阅；来自齐鲁工业大学的韩仲秋同志负责

① 习近平：《加快建设社会主义法治国家》，载《习近平谈治国理政》（第二卷），外文出版社，2017，第110～111页。

第一、二、三、四章的撰写与校对。

需要指出的是，尽管能力有限，但我们在撰写过程中，时刻使秉持着一颗谦虚的心，实事求是，不夸张，不溢美，力争用平和的语言展现中国传统法治文化的积极面。我们认为，这是学者应该有的态度。

囿于著者水平，错讹在所难免，敬请读者指正。

著者谨识

2022年5月31日